文学与人生

WENXUE YU RENSHENG

（第2版）

赵 平 著

安徽师范大学出版社
·芜湖·

责任编辑：吴毛顺　　　　　　责任校对：李　玲
装帧设计：王　芳　桑国磊　　责任印制：郭行洲

图书在版编目（CIP）数据

文学与人生/赵平著. —芜湖：安徽师范大学出版社，2014.8（2018.9重印）
ISBN 978-7-5676-1454-3
Ⅰ. ①文…　Ⅱ. ①赵…　Ⅲ. ①文学—关系—人生哲学　Ⅳ. ①I0-05

中国版本图书馆CIP数据核字（2014）第184117号

文 学 与 人 生

赵　平　著

出版发行：安徽师范大学出版社
　　　　　芜湖市九华南路189号安徽师范大学花津校区　　邮政编码：241002
网　　址：http：//www. ahnupress. com/
发 行 部：0553-3883578 5910327 5910310（传真）E-mail：asdcbsfxb@126. com
印　　刷：虎彩印艺股份有限公司
版　　次：2014年8月第2版
印　　次：2018年9月第6次印刷
规　　格：700×1000　1/16
印　　张：18
字　　数：264千
书　　号：ISBN 978-7-5676-1454-3
定　　价：35.00元

目　录

绪　论　提升人生境界的学问

境界就是对象对人的意义以及人对该意义的领悟。意义问题成为文学、美学的一个焦点，无疑是和人的精神性追求联系在一起的。因为意义所指称的对象不是一个实在的对象，而是人精神驰骋的疆域；意义表达的不是人的自然欲求，而是人对动物界的超越程度和人性升华的程度。有了意义，意味着人在更加广阔的思维与价值体系中安顿了自己的位置，寻找到了安身立命的根基。

境界的核心是超越。眼睛只盯着在场和现在，不可能有超越，也谈不上境界。动物只有当前和现在，既没有过去和历史，也没有未来与憧憬，说明动物没有超越。因此，动物也就没有境界。《文学与人生》的价值就在于对人生境界的提升。

第一节　文学：追求人类感觉的解放

——文学的本质

历史上关于“文学是什么”的观念非常丰富、复杂，每一种文学观念都有自己强调的某一个侧重点而体现一定的合理性。这里先列出几种有代表性的文学定义，大家对此展开讨论。讨论的方法是抓住概念的重点和涉及的几个信息点进行理解，然后概括关于文学的四个基本问题。

“一部文学作品，不是一件简单的东西，而是交织着多层意义和关系的一个极其复杂的组合体。”韦勒克等认为，“虚构性”“创造性”或“想象性”是文学的突出特征。①

---

① ［美］雷奈·韦勒克，奥斯丁·沃伦．文学理论［M］．刘象愚，译．北京：生活·读书·新知三联书店，1984：16.

浜田正秀认为："所谓文学，就是依靠'语言'和'文字'，借助'想象力'来'表现'人体验过的'思想'和'感情'的'艺术作品'。"①

理查德·泰勒认为："像其他艺术一样，文学创作主要是一种想象活动，也就是说，它是一种作家有选择、有组织地表现生活经验的想象活动。对于文学来说，语言是表达的媒介。"②

童庆炳认为："文学是显现在话语蕴藉中的审美意识形态。"③"文学作为一种人类的文化样式，它是具有社会的审美意识形态性质的，凝聚着个体体验的、沟通人际的情感交流的语言艺术。"④

概括起来，有人说文学是一种创造性的活动，有人说文学是一种艺术作品，有人说文学是一种意识形态，有人说文学是社会生活的反映（"反映"也是一种人类活动，是一种意识形态的活动），等等。比较而言，上述最后一种说法是一种综合性的定义。

文学就是人学。巴尔扎克的《人间喜剧》分为风俗研究、哲学研究、分析研究三大部分，以风俗研究部分为例，其中又分六个生活场景：私人生活场景、外省生活场景、巴黎生活场景、政治生活场景、军事生活场景、乡村生活场景。当我们阅读《人间喜剧》90多部中长篇小说时，它的社会生活场景都是完全围绕着人物这个中心而展开的，通过新嫁娘、和睦夫妻、假情妇、遭遗弃的女人、高利贷者、诗人、发明家、银行家等，通过一个个具体的人物如夏倍上校、葛朗台、高老头、伏脱冷、贝姨等展开立体的、完整的社会生活。文学反映生活，文学的社会意识形态必定通过人的形象、人的关系、人的故事、人的命运、人的精神世界表现出来，它的社会性必定通过独特的人性表现出来。这就是"文学是人学"中人文性与社会性交融的意义。

---

① ［日］浜田正秀. 文艺学概论［M］. 陈秋峰，杨国华，译. 北京：中国戏剧出版社，1985：9.

② ［美］理查德·泰勒. 理解文学要素［M］. 黎风等，译. 成都：四川大学出版社，1987：1.

③ 童庆炳. 文学理论基础［M］. 北京：高等教育出版社，1992：75.

④ 童庆炳. 文学概论［M］. 武汉：武汉大学出版社，2000：4.

《查太莱夫人和她的情人》是著名的描写性爱、性美、性文化的小说，它以诗化的、极为动人的、美丽的描写和情境表现查太莱夫人与情人之间的性享受（肉体与精神性爱的高峰体验），单纯从这一点来看，它是表现人性的理想境界，表现人回归最完美的性自然的追求，但这种人性诗化表现的背后显然是融入了资本主义工业文明对人性压抑和伤害的内涵。查太莱是一个煤矿老板，他把金钱当作真实的东西，把工人当作物件，对妻子康妮招之即来，挥之即去，当他残废后，并不觉得妻子在性方面的压抑，反而视性为人类生活中低级的东西。小说以性美的不存在和性功能的丧失象征人性受阶级性的伤害，而以性的诗化象征人性的理想境界。这是文学将人性与阶级性交融表现的范例。

美国人类学家克罗孔有一段名言：每一个人都有若干方面像所有的人，若干方面像一部分人，若干方面则什么都不像。这句话分别指出社会中的个人身上有普遍的人性、集团的社会性和最独特的个性，但这三种性质都水乳交融地统一在个别人的身上。文学是人学，意思就是文学是以人为表现对象，而在“人”的身上，融会着人性、阶级性、地域性、时代性、民族性等内涵，即通过人的形象表现社会意识形态和人类意识形态的内容。文学不能抽象地表现其他意识形态的内容。

文学是研究人、表现人的，所以无论是作家或者是批评家和一般读者，都必须对人性、人学有充分的了解，才可以正确认识文学。人性是一个复杂的文化结构，有最普遍的人性，有集团的人性，还有人性中的个人主义成分，三者相互补充构成一个整体。人性不是一系列稳固确定、始终一致的特征，而是一些经常发生冲突的基本倾向，这些倾向所取的发展方向和它在个人生活中的活跃力量，会因伦理教育和行为限制（环境的作用）而受到决定性的影响。一个人在童年和青年时期，个人主义成分会表现得特别突出，在中年和老年时期会表现出更多的受社会环境影响的理性。但无论如何，文学中的人既是个人性非常突出的形象，又在个人性中表现丰富的集团性、普遍人性，从而构成一个复杂的“圆形人物”（典型），正是在人物性格的丰富多彩和多重结合中体现了文学是人学的深刻哲学意义。

人学研究人的形成、存在和进化，研究人的本质、人的素质，研究人的意识活动，研究人在社会历史中的地位和作用，研究人的问题、人的关系，研究人的未来发展。在人类世界里，人是最重要的，文学以其特殊的文化功能成为研究和表现人学的有力工具。概括而言，文学从下列方面表现人：

人的存在与命运。例如《奥狄浦斯王》《浮士德》《局外人》《围城》。

人的性格。叙事文学作品擅长于此，表现人的类型性格、个性性格和典型性格。

人的心理状态。最主要是人的感情和人在特殊境遇中的心理状态，托尔斯泰被誉为“心灵辩证法”大师，就是因为他在这方面有伟大的成就。

人的精神追求。包括理想和希望、探索和追求、思考和超验性体验。

“文学是人学”的命题使文学审美意识形态的特殊性得到深刻而凝练的体现。伟大的文学作品在表现审美意识形态的内涵时一般有如下价值取向：表达人对高尚理想和对真理的追求；表达对人类苦难以同情的、深厚的人道主义精神；捕捉时代的重大主题，写出人类面临的困境和命运；特别突出展示人类的精神困惑；以独特的民族性反映人类的共同性问题，但人类的共同性必须通过个别的人的形象表现出来。

文学就是人学。但在文以载道及从属论、工具论理念影响下文学曾偏离了它的本质。（1）以政治任务为中心，衍生出集中划一的主题形态；（2）审美取向、认知模式受制于政治因素，惯于以理想化、绝对论剪裁生活；（3）工农兵形象居主角，僵硬的典型人物（性格）和戏台式典型环境；（4）万变不离其宗的情节结构，单线推进的故事；（5）忽略技巧、不求差异与变化的叙事方式。20 世纪 80 年代，改革开放后，在西方文艺思潮、社会思潮的大量涌入和冲击下，文学又回到了本质上来。题材禁区被打破了，由单一主题思想追求到多主题再到主题化解，完成了主题追求到主旨探索的裂变。文学并不能直接对社会生活做出评价和裁判。当然，有一部分是可以的，但更多的是向读者提供一种人生经验、一种感受；生活的一种状态、几分幽默、几分尴尬、几分快乐、几分感伤；有所留恋热爱，有所厌倦烦恼……更重要的是人性的回归，由当代文学的无人之境——只有“鬼”“神”走向“人”的观照。将军也会流泪（李亚洲的《将军的泪》），坏人也有人性闪光时（梅超风与陈玄风的爱情真挚感人——金庸的《射雕英雄传》），资本家也是“人”（欧阳端丽的经历一样让我们感到酸楚——王安忆的《流失》）……

第二节　活着还是死去，这是个问题

——人生之内涵

大自然以数亿年的时间孕育、创造出人这个最伟大的作品，但是它在创造人、改造人的同时又不断被人所创造、所改造。人类作为大自然的对立物，从他诞生的那天起，就以大自然的主人的姿态站起来。他用神奇的大脑和灵巧的双手进行创造性劳动，一方面把大自然变为自己的无机身体，另一方面又把大自然当成自己心灵的象征，在它上面欣赏自己的崇高和神圣。而人为了自己的生存和发展，用了很长时间强化了社会力量，但同时也强化了社会对自身的束缚。无所不在的辩证法注定了人类要经历漫长的苦难历程，人类无可奈何地要以沉重的代价换取人类自身的发展。在几千年的阶级社会中，人在痛苦地寻找着自己的位置，一部人类文明史，就是人类在寻找自己位置和价值的历史。几千年的磨难使人类的自我意识逐渐苏醒过来，使他通过劳动、创造、改革等实践活动而不断地复归到自身。

意大利哲学家皮科·德拉·米朗多拉在他的著作《论人的价值》中提出了一系列动人的观念，他把人看成是一无限美丽的大千世界；他用当时还不得不用的旧的概念阐述人的辉煌世界。他说：“上帝在创造世界的最后一天创造了人，是为了让他认识这一大千世界的规律，学会热爱这一大千世界的美，赞叹它的瑰丽壮阔。”造物主对亚当说：“我不把你束缚在一个限定的地方，不强制你必须从事规定的事业，不用必然性捆住你的手脚，目的是让你自己根据自己的心愿去选择自己乐意的地方、事业和目标，并且支配这一切。其余的生物都具有狭隘的天性，因此自身内部就受到我所确立的那些规律的限制；只有你一个不为任何狭窄的范围所钳制，可以在我交到你手里的那一自然界中随心所欲地立标定界。我把你安置在世界中央，使你能更容易洞察周围的一切，我把你创造成不是天上的生物，然而又不纯粹是地上的生物，不是必然会死的生物，然而又不是不朽的生物，目的是使你超越束缚，自身成为创造者，亲手塑就自己最终的形象。你有可能沦入动物界，但也有可能仅靠你内心的意志而升华为象神一般的生物。”

什么是人生？这是一个既简单又复杂，既直观又深刻，需为之苦苦思索又必须予以回答的问题。歌德说：“人生就是为了化短暂的事物为永恒。”巴尔扎克说：“人生就是人间所有的喜剧。”罗曼·罗兰说：“人生就是一曲英雄主义的颂歌。”萧伯纳说：“人生就是一支我们暂时拿着的火炬。我们一定要把它燃烧得光明辉煌些，然后交给下一代的人们。”这些深刻的比喻只是对人生这个庞然大象的某一方面的揭示。人生是人的整个生命过程，是生命的自然过程和历史的社会过程的统一。生命的自然过程表现为人的生命具有生物有机体的所有特征，生命的运行依据生物有机体诸要素综合作用，具有生物繁衍和自保的方式，生命有节奏，生长有限度等。生命的社会过程是人生命独有的特性。人是社会人，人的生命具有社会性。它表现为，生命离不开社会，生命以社会形式表现其存在，甚至当自然生命结束时，生命的社会形式仍得以保留。这其中，生命只有用社会的规范加以肯定或约束才能存在下去，生命内容的开发和展开只有在社会所能够提供的条件下进行，生命价值的实现和认可必须而且只能在社会中得以评价和承认。

对人生的认识构成了人生观。人既有着与自然生命对应的社会生命来体现人的社会存在，也有着与自然生命对应的精神生命来显示人的意义性存在。人生活在一个意义的世界中，对意义的诉求是人之为人的根本特性，而对人生意义的诉求是最核心的层次。人生究其本质，是对主、客观世界的认识和改造，它集中在两个领域，即物质生活领域与精神生活领域。物质生活指的是人类为了生存和发展所进行的物质生产和对物质资料的支配和消费活动，包括衣、食、住、行等。精神生活是指人们为了生存和发展所进行的精神生产和精神享受活动，包括文化教育知识的学习消费，世界观、人生观、价值观的确立与选择等。物质生活和精神生活密不可分。物质生活是人类生存必需的条件，是精神生活的基础和前提；精神生活是物质生活的升华，并指导着人们的物质生活。根据心理学研究，个体人生逐步形成了自己的个人意识，它最早借助语言表达自己的要求与愿望，接着有了自我意识，有了社会意识，有了对人生问题零散的乃至较为系统的思考。个体人生的个体意识发展到一定阶段开始产生人生观。一般地说，人生观问题会出现在青年人生初期阶段，蓬勃在青年中期，确立在青年后期。

人生观就是“观”人生。苏格拉底有句名言：“未经省察的人生观没有价值。”人生观是人们在认识世界、改造世界过程中的精神产品，它既是人们对自己的生存使命和意义的追寻，又是人们借此对今后人生的指导。人生观作为人们对人生问题的观念体系与稳定的心理倾向，以人生为对象，是人们对生活的目的、意义和价值以及一系列人生重大问题的理解和基本看法，是人们人生行为的基本态度，表达了人生最高的社会需要。同时，人生观作为人生的精神支柱，对人生具有指导和调节作用，规范和调节人生实践。

第三节　文学无法脱离人生

——文学与人生的性质

一、人生丰富，文学就丰富

文学作为人学，它的基本功能是表现人，应当直面人的丰富、复杂的生命形态，与人类相关的一切都可以作为文学表现的主旨。“人学”是什么？就是吃喝拉撒睡、喜怒哀乐愁、情天恨海……

吃　《天下粮仓》吃得悲壮，《满汉全席》吃得辉煌，刘姥姥吃得快乐，刘备吃人吃得雷人，曹操吃出“宁我负天下，毋天下负我”，李鬼吃得身首异处，白毛女吃出旧社会使人变成鬼、新社会使鬼变成人的真理。《温故1942》吃得尸横遍野，《绿化树》吃得尊严迷失，《狗日的粮食》乡下吃得苦痛，《流逝》城市吃得酸辛……

《狗日的粮食》中杨天宽用二百斤谷子换来一个脖子上长着瘿袋的老婆。这女人勤快会做，身条儿力气都不缺，只是骂起人来像只母老虎，天宽怕她。两口儿很快生了六个孩子，大小八张嘴，天天得有东西来填塞。“吃”成了两口子商量的唯一大事，成了他们活着的最切实的目标。女人有各种独特的本事弄到吃食，来养活一堆活口。她从骡粪里淘玉米粒，上工时满草坡上扒野菜，刮北风似地割人家的葫芦，摘人家的南瓜。她的爪子四处撒野，收工回家总能带回一点吃的东西。多亏了这脏嘴凶心的女人，杨天宽一家才活了下来。有一天，女人把购买返销粮的购粮证和钱一并丢掉了，她像丢了魂。这个一辈子刚气、半世里逞能扒食的女人受不了如此巨大的打击，卧在席上服了苦杏仁儿。在送女人去卫生院的路上，人们意外地捡到了她失落的粮证和钱。可是，当那个小布包送到她眼前的时候，她已咽了气。这个女人给丈夫留下的最后一句话是：“狗日的！粮……食……”这哪里是骂，分明是疼呢。是不是骂？骂谁？得问在她坟上的天宽，老家伙心里或许明白。

民以食为天。吃，是人的最基本的生物本能，粮食也就必然地成了人生存的最基本的需求和条件。小说从“粮食”这一人最基本的生存需要入手，用它观照杨天宽一家所走过的单调而又艰难的生活道路。一方面，反映人因粮食的匮乏而产生的向生物性的退化，体现了作者对人性的深刻理解，另一方面，由于作品所表现的这种退化是发生在一定的社会历史关系和环境之中，因此就使得小说在表现人生物本能的同时也包含了丰富的社会性内容，包含了对于造成这种退化的社会历史关系和环境的否定与批判。

《流逝》写的是“文革”中的故事。描写一个资本家家庭在十年动乱中的生活境遇和变迁，主要塑造了主人公欧阳端丽的性格。她的性格比较暧昧，传统而背叛，懦弱而倔强，为追求一种自由理想的人生境界，执着地走过磕绊不已的人生路，并试图挣脱各种由外因所造成的约束与羁绊。繁华半生，磨难半生，终不免落进无可逆转的特定生命情景。她在历史的遭遇面前，在命运浮沉之中，成功地进行了一次角色的转型。她是作为受过高等教育的资产阶级妇女形象而被推向人生和艺术的舞台，原来她是过着富足享乐的贵族生活，然而“文革”的风暴扫荡了她的一切，家被抄，房被封……她和她的家庭从天上跌落到地下，由富足变为贫困，从“高等华人”变为“市井贱民”。国家的动乱给端丽和她的家庭带来境遇的变化，端丽做起了不折不扣的小女人，饱尝人生的酸甜苦辣，同时生活境遇的改变又引起她思想的变化，使她在复杂艰辛的家庭生活中，从阔少奶奶变为十足的传统型家庭妇女。在这样的角色转变中，一方面她退回到了传统意识为她所织就的牢笼之内，但另一方面，却又让她朦朦胧胧地懂得了另一种生活，另一种人生。

运用对比的描写也是本文的一大特色。有钱与没钱，有佣人与没佣人，有化妆品与无油米……过去，欧阳端丽的生活就像吃一颗奶油话梅，含在嘴里，轻轻地咬一点儿，再含上半天，细细地品味，每一分钟都有很多味道，很多愉快。而如今，她的生活就像吃一碗冷泡饭，她大口大口地咽下去，不去体味，只求肚子不饿，只求把这一顿打发过去，把这一天，这一个月，这一年，甚至这一辈子都打发过去……

在“文革”中，她逆来顺受，在畏惧与不安中艰难度日。但在亲历劳动后她对生活又有了另一番认识。在给人带孩子和进生产组做工时，她开始体验普通人的平凡生活、劳动的艰辛和创造的喜悦。在现实环境中，她由昔日的少奶奶变成一个勤劳能干、果断多智、任劳任怨主持一家人家政的妇女。她由软弱变得刚强，由温顺变得泼辣，由懒散变得勤快。她悟出了生活的最简单、最真实的目的：吃饭，穿衣，睡觉。而这些变化，无疑是端丽在残酷环境中的自我超越。这些生活对于以前的她简直是不可思议和不能想象的，而如今，她却将这简单的生活作为人生的终极目标。

喝　煮酒论英雄喝出英雄对决，三碗不过冈武松喝出英雄豪气，乔峰中原断交酒喝出英雄磊落，葡萄美酒夜光杯喝出英雄豪爽，大江东去浪淘尽，千古风流人物喝出一樽还酹江月的豪迈，《将进酒》喝出豪放，还有喝出了陆游“泪痕红浥鲛绡透”，喝出李清照“绿肥红瘦”的哀伤……

将进酒

李白

君不见黄河之水天上来，奔流到海不复回。

君不见高堂明镜悲白发，朝如青丝暮成雪。

人生得意须尽欢，莫使金樽空对月。
天生我材必有用，千金散尽还复来。
烹羊宰牛且为乐，会须一饮三百杯。
岑夫子，丹丘生，将进酒，杯莫停。
与君歌一曲，请君为我倾耳听。
钟鼓馔玉不足贵，但愿长醉不复醒。
古来圣贤皆寂寞，惟有饮者留其名。
陈王昔时宴平乐，斗酒十千恣欢谑。
主人何为言少钱，径须沽取对君酌。
五花马，千金裘，呼儿将出换美酒，与尔同销万古愁。

诗篇发端就是两组排比长句，如挟天风海雨向读者迎面扑来。“君不见黄河之水天上来，奔流到海不复回”，颍阳距黄河不远，登高纵目，故借以起兴。黄河源远流长，落差极大，如从天而降，一泻千里，东走大海。如此壮浪景象，定非肉眼可以穷极，作者是想落天外，语带夸张，上句写大河之来，势不可挡；下句写大河之去，势不可回。一涨一消，形成舒卷往复的咏叹味，是短促的单句（如“黄河落天走东海”）所没有的。紧接着，“君不见高堂明镜悲白发，朝如青丝暮成雪”，恰似一波未平、一波又起。如果说前两句为空间范畴的夸张，这两句则是时间范畴的夸张。悲叹人生短促，而不直言自伤老大，却说“高堂明镜悲白发”，一种搔首顾影、徒呼奈何的情态宛如画出。将人生由青春至衰老的全过程说成“朝”“暮”间的事，把本来短暂的说得更短暂，与前两句把本来壮浪的说得更壮浪，是“反向”的夸张。于是，开篇的这组排比长句既有比意——以河水一去不返喻人生易逝，又有反衬作用——以黄河的伟大永恒映出生命的渺小脆弱。这个开端可谓悲感已极，却不堕纤弱，可说是巨人式的感伤，具有惊心动魄的艺术力量，同时也是由长句排比开篇的气势感造成的。

狂放之情趋于高潮，诗的旋律加快。诗人那眼花耳热的醉态跃然纸上，恍惚使人如闻其高声劝酒：“岑夫子，丹丘生，将进酒，杯莫停。”几个短句忽然加入，不但使诗歌节奏富于变化，而且逼真再现当时饮酒场景。既是生逢知己，又是酒逢对手，不但“忘形到尔汝”，诗人甚而忘却是在写诗，笔下之诗似乎还原为生活，他还要“与君歌一曲，请君为我倾耳听”。以下八句就是诗中之歌了。这着想奇之又奇，纯系神来之笔。

《将进酒》篇幅不算长，却五音繁会，气象不凡。它笔酣墨饱，情极悲愤而作狂放，语极豪纵而又沉着。诗篇具有震动古今的气势与力量，这诚然与夸张手法不无关系，比如诗中屡用巨额数目字（“千金”“三百杯”“斗酒十千”“千金裘”“万古愁”等）表现豪迈诗情，同时，又不给人空洞浮夸感，其根源就在于它那充实深厚的内在感情，那潜在酒话底下如波涛汹涌的郁怒情绪。此外，全篇大起大落，诗情忽翕忽张，由悲转乐、转狂放、转愤激、再转狂放，最后结束“万古愁”：回应篇首，如大河奔流，有气势，亦有曲折，纵横捭阖，力能扛鼎。

钗头凤

陆　游

红酥手，黄縢酒。满城春色宫墙柳。东风恶，欢情薄。一怀愁绪，几年离索。错，错，错。春如旧，人空瘦。泪痕红浥鲛绡透。桃花落，闲池阁。山盟虽在，锦书难托。莫，莫，莫！

这首词写的是陆游自己的爱情悲剧。陆游的原配夫人是同郡唐氏士族的一个大家闺秀，结婚以后，他们“伉俪相得”，“琴瑟甚和”，是一对情意相投的恩爱夫妻。不料，作为婚姻包办人之一的陆母却对儿媳产生了恶感，逼令陆游休弃唐氏。在陆游百般劝谏、哀求而无效的情势下，二人最终被迫分离，唐氏改适同郡宗子赵士程，彼此音息也就隔绝无闻。几年以后的一个春日，陆游在家乡山阴（今绍兴市）城南禹迹寺附近的沈园，与偕夫同游的唐氏邂逅相遇。唐氏遣致酒肴，聊表对陆游的抚慰之情。陆游见人感事，百虑翻腾，遂乘醉吟赋是词，信笔题于园壁之上。词中记述了词人与唐氏的这次相遇，表达了他们眷恋之深和相思之切，也抒发了词人怨恨愁苦而又难以言状的凄楚心情。

词的上片通过追忆往昔美满的爱情生活，感叹被迫离异的痛苦，分两层。

起首三句为上片第一层，回忆往昔与唐氏偕游沈园的美好情景：“红酥手，黄縢酒。满城春色宫墙柳。”虽说是回忆，但因为是填词，而不是写散文或回忆录之类，不可能全写，所以只选取了一个场面来写，而这个场面，又只选取了一两个最富代表性和特征性的情事细节。“红酥手”，不仅写出了唐氏为词人殷勤把盏时的美丽姿势，同时还有概括唐氏全人之美（包括她的内心美）的作用。然而，更重要的是，它具体而形象地表现出这对恩爱夫妻之间的柔情蜜意以及他们婚后生活的美满和幸福。第三句又为这幅春园夫妻把酒图勾勒出一个广阔而深远的背景，点明了他们是在共赏春色。而唐氏手臂的红润、酒的黄封以及柳色的碧绿，又使这幅图画有了明丽而和谐的色彩感。

“东风恶”数句为第二层，写词人被迫与唐氏离异后的痛苦。上一层写春景春情，无限美好，至此突然一转，激愤的感情潮水突地冲破词人心灵的闸门，无可遏止地宣泄下来。“东风恶”三字，一语双关，含蕴很丰富，是全词的关键所在，也是造成词人爱情悲剧的症结所在。本来，东风可以使大地复苏，给万物带来勃勃的生机，但是，如果它狂吹乱扫，也会破坏春容春态，下片所云“桃花落，闲池阁”，就正是它狂吹乱扫所带来的一种严重后果，故说它“恶”。然而，它主要是一种象喻，象喻造成词人爱情悲剧的“恶”势力。至于陆母是否也在其列，答案应该是肯定的，只是由于不便明言，而又不能不言，才不得不以这种含蓄的方式表达。下面一连三句，又进一步把词人怨恨“东风”的心理抒写出来，并补足一个“恶”字：“欢情薄。一怀愁绪，几年离索。”美满姻缘被拆散，恩爱夫妻被迫分离，使他们感情上蒙受巨大的折磨，几年来生活带给他们的只是满怀愁怨。这不正如烂漫的春花被无情的东风所摧残，而凋谢飘零吗？接下来，“错，错，错”，一连三个“错”字，奔进而出，感情极为沉痛。但是，到底谁错了？是对自己当初“不敢逆尊者意”而终“与妇诀”的否定吗？是对“尊者”的压迫行为的否定吗？是对不合理的婚姻制度的否定吗？词人没有明说，也不便明说，这枚“千斤重的橄榄”（《红楼梦》）留给我们读者来噙，来品味。这一层虽直抒胸臆，激愤的感情如江河奔泻，一气贯注，但又不是一泻无余，其中“东风恶”和“错，错，错”云云，就很有味外之味。

词的下片，由感慨往事回到现实，进一步抒写夫妻被迫离异的深哀巨痛，也分两层。

头三句为第一层，写沈园重逢时唐氏的表现。“春如旧”承上片“满城春色”句而来，这又是此番相逢的背景。依然是从前那样的春日，但是，人却今非昔比了。以前的唐氏，肌肤是那样的红润，焕发出青春的活力；如今，经过“东风”的无情摧残，她憔悴了，消瘦了。“人空瘦”句，虽说写的只是唐氏容颜方面的变化，但分明表现出“几年离索”给她带来的巨大痛苦。像词人一样，她也为“一怀愁绪”折磨着；像词人一样，她也是旧情不断，相思不舍啊！

不然，何至于瘦呢？写容颜形貌的变化以表现内心世界的变化，原是文学作品中的一种常用手法，但瘦则瘦矣，句间何以著一“空”字？“使君自有妇，罗敷自有夫。”（《古诗·陌上桑》）从婚姻关系说，两人早已各不相干了，事已至此，不是白白为相思而折磨自己吗？著此一字，就把词人那种怜惜之情、抚慰之意、痛伤之感等，全都表现出来。“泪痕”句通过刻画唐氏的表情动作，进一步表现出此次相逢时她的心情状态。旧园重逢，念及往事，她能不哭、能不泪流满面吗？但词人没直接写泪流满面，而是用白描的手法，写她“泪痕红浥鲛绡透”，显得更委婉，更沉着，也更形象可感。而一个“透”字，不仅见其流泪之多，亦且见她伤心之甚。上片第二层写词人自已，用了直抒胸臆的手法；这里写唐氏却改变了手法，只写了她容颜体态的变化和她的痛苦情状。

由于这一层所写都从词人眼里看出，所以又具有了“一时双情俱至”的艺术效果。可见词人不仅深于情，亦且深于言情。

词的最后几句，是下片第二层，写词人与唐氏相遇以后的痛苦心情。“桃花落”两句与上片的“东风恶”句遥相照应，又突入景语。虽系景语，但也是一笔管二的词句。不是么？桃花凋谢，园林冷落，这只是物事的变化，而人事的变化却更甚于斯。像桃花一样美丽姣好的唐氏，不是也被无情的“东风”摧残折磨得憔悴消瘦了么？从词人自己的心境来说，不也像“闲池阁”一样凄寂冷落么？一笔而兼有二意，却又不着痕迹，很巧妙，也很自然。下面又转入直接赋情：“山盟虽在，锦书难托。”这一句虽只寥寥八字，却实从千回万转中来。虽说自己情如山石，永永如斯，但是，这样一片赤诚的心意，又如何表达呢？明明在爱，却又不能去爱；明明不能去爱，却又割不断这爱缕情丝。刹那间，有爱，有恨，有痛，有怨，再加上看到唐氏的憔悴容颜和悲戚情状所产生的怜惜之情，抚慰之意，真是百感交集，万箭穿心，一种难以名状的悲哀，再一次冲胸破喉而出：“莫，莫，莫!”事已至此，再也无可补救、难以挽回了，这万千感慨还想它做什么，说它做什么？于是快刀斩乱麻：罢了，罢了，罢了！明明言犹未尽，意犹未了，情犹未终，却偏偏这么不了了之，而全词也就在这极其沉痛的喟叹声中结束了。

这首词始终围绕着沈园这个特定的空间来安排自己的笔墨，上片由追昔到抚今，而以“东风恶”转折回到现实，以“春如旧”与上片“满城春色”句相呼应，以“桃花落，闲池阁”与上片“东风恶”句相照应，把同一空间不同时间的情事和场景历历如绘地“叠映”出来。全词多用对比手法，如上片，越是把往昔夫妻共同生活时的美好情景写得逼切如见，就越使得他们被迫离异后的凄楚心境深切可感，也就越显出“东风”的无情和可憎，从而形成强烈的感情对比。再如上片写“红酥手”，下片写“人空瘦”，在鲜明的形象对比中，充分地展示出“几年离索”给唐氏带来的巨大的精神折磨和痛苦。全词节奏急促，声情凄紧，再加上“错，错，错”和“莫，莫，莫”先后两次感叹，荡气回肠，大有恸不忍言、恸不能言的情致。总之，这首词达到了内容和形式的完美统一，是一首别开生面、催人泪下的作品。

拉、撒　《伏羲伏羲》小说的高潮就是从杨天青发现了厕所的秘密开始的；刘震云最爱厕所，他赋予它强大的表现力。《官人》的开篇第一句话“二楼的厕所坏了”。这篇描写中央机关官场生活的作品，选择这样一个又脏又俗的意象下笔，惊世骇俗。接下来渲染更见效果“屎尿涌了一地。天气太热，一天之后，屎尿就变成了一群蠕动的蛆虫。有人亲眼看见了一大尾巴蛆，正在往厕所对面的会议室爬”。一位位高官就在这样的背景下出场。整个机关的存在和运作，都浸染于这种蛆虫遍地的氛围之中。作为意象的厕所，当然小于作为物象的机关，大于人物，大于小说所展现的局部生活，而成为一种情调、一种象征，成为决定小说的意义与美学特征的关键因素。《新闻》也是以厕所给小说一锤定音。“各报记者经过协商，决定19点30分至20点15分，在火车站收费厕所前集合。”可是该在男厕所前，还是女厕所前，一时拿不定主意。大家一边吃着山珍海味，一边热烈地讨论。最后选择在“男女之间”。此后整整两章的内容，都是围绕这厕所展开的。所谓男女之间，即不男不女。所谓不男不女，即不伦不类。不伦不类就是小丑、败类、鄙俗、丑陋。这帮号称无冕之王的记者，在厕所的背景下纷纷登场，并向不伦不类的社会，去干些不男不女、不人不鬼、不三不四的勾当。小说的意蕴，仅仅在开头第一句就触手可及。《新兵连》在拼命渲染了军长威武、庄严、慈善，然后刻意安排我和排长在厕所讨论军长，特殊的意象和氛围揭露出军长是个大流氓。

睡　宋江错睡婆惜改变了人生轨迹，杜十娘睡出怒沉百宝箱，潘金莲睡不逢时留骂名，梁祝诗歌般睡梦化蝶，于连睡出勃勃野心丧了小儿性命，朱丽叶巧合一睡遗恨成千古，安娜·卡列尼娜为爱而爱睡出血肉横飞！贾宝玉“一场幽梦同谁近，千古情人独我痴”，演绎金陵十二钗人生坎坷，预示贾府也“功名奕世，富贵传流，虽历百年，奈运终数尽，不可挽回者”。

> 宝玉便伸手先将“又副册”厨开了，拿出一本册来，揭开一看，只见这首页上画着一幅画，又非人物，也无山水，不过是水墨滃染的满纸乌云浊雾而已。后有几行字迹，写的是：
>
> 霁月难逢，彩云易散。心比天高，身为下贱。风流灵巧招人怨。寿夭多因毁谤生，多情公子空牵念。
>
> 宝玉看了，又见后面画着一簇鲜花，一床破席，也有几句言词，写道是：枉自温柔和顺，空云似桂如兰，堪羡优伶有福，谁知公子无缘。
>
> 宝玉看了不解。遂掷下这个，又去开了副册厨门，拿起一本册来，揭开看时，只见画着一株桂花，下面有一池沼，其中水涸泥干，莲枯藕败，后面书云：根并荷花一茎香，平生遭际实堪伤。自

从两地生孤木，致使香魂返故乡。

宝玉看了仍不解。便又掷了，再去取“正册”看，只见头一页上便画着两株枯木，木上悬着一围玉带，又有一堆雪，雪下一股金簪。也有四句言词，道是：可叹停机德，堪怜咏絮才。玉带林中挂，金簪雪里埋。

宝玉看了仍不解。待要问时，情知他必不肯泄露，待要丢下，又不舍。遂又往后看时，只见画着一张弓，弓上挂着香橼。也有一首歌词云：二十年来辨是非，榴花开处照宫闱。三春争及初春景，虎兕相逢大梦归。

后面又画着两人放风筝，一片大海，一只大船，船中有一女子掩面泣涕之状。也有四句写云：才自精明志自高，生于末世运偏消。清明涕送江边望，千里东风一梦遥。

后面又画几缕飞云，一湾逝水。其词曰：富贵又何为，襁褓之间父母违。展眼吊斜晖，湘江水逝楚云飞。

后面又画着一块美玉，落在泥垢之中。其断语云：欲洁何曾洁，云空未必空。可怜金玉质，终陷淖泥中。

后面忽见画着个恶狼，追扑一美女，欲啖之意。其书云：子系中山狼，得志便猖狂。金闺花柳质，一载赴黄粱。

后面便是一所古庙，里面有一美人在内看经独坐。其判云：勘破三春景不长，缁衣顿改昔年妆。可怜绣户侯门女，独卧青灯古佛旁。

后面便是一片冰山，上面有一只雌凤。其判曰：凡鸟偏从末世来，都知爱慕此生才。一从二令三人木，哭向金陵事更哀。

后面又是一座荒村野店，有一美人在那里纺绩。其判云：势败休云贵，家亡莫论亲。偶因济刘氏，巧得遇恩人。

后面又画着一盆茂兰，旁有一位凤冠霞帔的美人。也有判云：桃李春风结子完，到头谁似一盆兰。如冰水好空相妒，枉与他人作笑谈。

后面又画着高楼大厦，有一美人悬梁自缢。其判云：情天情海幻情身，情既相逢必主淫。漫言不肖皆荣出，造衅开端实在宁。

文学与人生话题所蕴涵的内容的广泛性是可以想象的：文学所涉及的一切都是人生的形态，人生所凸显的一切也几乎都是文学的对象。于是，几乎一切与社会人生相关各种现象都可以在这一话题中得以反映。它能影响人的精神，参与灵魂的构筑，作用于人格的养成。

我们将立足于学理层面，试图通过某些文学理论、文学现象、文学欣赏、人生观念乃至于某些社会心理的探讨，分析文学与人生的关系，辨清文学现象与人生现象之间种种差异与联系，从而得出比较符合文学实际与人生实际的理论观念。

在文学美丽中感悟选择人生，在人生中体验欣赏文学美丽，构建审美人生。

二、人生有多丰富，文学就有多丰富

很长一段时间，我们的文学对我们的人生是不尊重的，为什么不尊重呢？我们的文学要突出某种高、大、全的主题。让英雄人物在那里谈一下恋爱，甚至儿女私情的东西多一些，往往不被允许，往往说这个作品的思想主题有问题。如果我们从文学的角度来说，这是非常正常的，一个人总有七情六欲，再伟大的英雄同样也有丰富的人性，也同样有自己的爱恨情仇，这是一个真实的人生。那么我们的文学，无论是写英雄还是写坏人，都应该注意到他真实的生命实体，一个基本的人性面貌。就像劳伦斯所说的，“在一个作家的笔下，每一棵白菜都应该饱含着生命的情感。”

我们不妨来看看鲁迅的《阿Q正传》。我想很多人都已经非常熟悉这部作品了，但是如果我们从人性的角度来看，这部作品之所以写得好，让我们笑也笑不出来，哭也哭不出来，就是因为涉及阿Q心理一系列的复杂人性。阿Q身上很多东西在我们每一个人，包括我自己的身上都可以找到一些非常明显的影子，比如说欺软怕硬、见风使舵、利己主义、精神胜利法、思想麻木……

再看余华的名作《许三观卖血记》。看这部小说的时候常常会让我们想到阿Q，但是它跟《阿Q正传》完全不同，它写的是一个世俗英雄，这个人有一些品质我们常人很难具备。

应该说许三观的劣性，或者性格里比较恶劣的一面，常人都会有。比如说他知道自己的老婆许玉兰和何小勇生了一乐，他就不断地惩罚许玉兰。许玉兰呢，一被惩罚，就坐在大门口，拍着大腿在那里哭、闹，把许三观内心的隐痛张扬出来了。家丑不可外扬，许三观的痛苦就在这里，出于人性的一种本能，他就想惩罚她，但是一惩罚，他老婆就到大街上闹，所以他又不敢惩罚她。

给他戴"绿帽"的何小勇遇到车祸，即将死了。按照当地的风俗，要何小勇的亲生儿子到房顶上叫魂。何小勇生了两个女儿，没有儿子，怎么办呢？所以何小勇的老婆就跑到许三观家里求情，要一乐给他老爹何小勇叫魂，许三观跳起来了。他心想，我已经丢人现眼这么长时间了，你现在还要我儿子跑到你家里给何小勇叫魂，公开叫他爸，这不是向全世界宣布一乐是何小勇的儿子，我是王八乌龟吗？大家可以看到他丰富的人性慢慢展开，许三观到底还是一个有怜悯心的人，看到何小勇要死了，终于同意让一乐到何小勇的房顶上给何小勇叫魂，当一乐帮何小勇叫魂回来以后，许三观坐在家里是非常痛苦的。从这里可以看出，他就有很世俗的一面。

但他又是一个非常了不起的人物。整部小说里许三观卖了十二次血，有效卖血是十次，他有明确的卖血目的。这十次里，我们统计出来有七次是为了一乐，而一乐又不是自己的亲生儿子。小说的震撼力就在这里。

从中我们可以看出，许三观跟我们早期看到的《林海雪原》《红岩》等小说里的英雄不一样，他大部分的时间都是在世俗里，但是关键时他会从世俗里走出一步，这一步决定了他非凡的品质。

这两部小说都展示了人的一些基本本性。文学在表现人学时，有时候会跟真善美之间产生一定的矛盾，但真正优秀的文学，是尊重人性、尊重人生各种复杂的精神际遇和生命际遇。

三、人生有多可能丰富，文学就有多可能丰富

文学不能只表现我们看得到的，还有看不到、可能存在的状况。这种可能存在的状况，可能是想象的一个人生状态，意味着文学超越了看，而进入了想和思，而不仅是看和体验。可能性的人生状态，至少包

含这样三个层面的意思：

理想化的人生状态。比如说浪漫主义，很多都是表现了人生的可能性状态，最典型的是武侠小说，还有科幻小说。它们没有办法用我们所看到的东西，或者用我们的人生经验来证明和印证。但是我们又非常喜欢看，为什么喜欢看呢？因为它表现了我们现实中无法实现的，但是我们又渴望实现的、体验到的那种人生状态。

极不理想化的人生状态。这也是一个可能性的东西。特别是现在生活的竞争压力非常大，我们的人生常常在现实的生存当中会出现各种扭曲、变异等非常态的状态。这个非常态的状态，文学同样也给予了表达，我们有时候可能会说这个表达怎么是这样的，跟我们的经验和常识相反，所以通常称它为“荒诞派”。实际上荒诞派小说也是表现一种人生的状态，只不过这种人生状态是极不理想的，或者说超越了我们平常看到的状况。

比较典型的是卡夫卡，他为世人所熟悉的《变形记》，我们只看到受压抑的人跳楼，没有看到受压抑的人会变成甲虫，文学允许通过一种可能性的状态来展示非正常的人生。

获得诺贝尔文学奖的美国文学家辛格，他的短篇小说《傻瓜吉姆佩尔》，写一个傻瓜，人家都来欺负他，然后把村里一个最淫荡的女孩子艾尔卡故意配给他做老婆。那个女的跟他结婚以后，整天让他去面包房干活赚钱回来，然后那个女的整天跟这个生小孩，跟那个生小孩，生了一大堆小孩，没有一个是吉姆佩尔的，但是吉姆佩尔仍然相信她，善待她，到最后艾尔卡死时终于忏悔了，说傻瓜吉姆佩尔是一个好人，让她知道自己的罪。

人类精神潜意识的状态。人不但有理性的层面，还有大量的非理性的层面，这些非理性的层面同样也是文学的表现内容，乔伊斯的《尤利西斯》和普鲁斯特的《追忆似水年华》，都是这方面代表性的作品，强调人在非理性状态下、潜意识状态下意识的流动，同样也是一种人生的情怀。

如果人生有多么丰富，我们就表现多么丰富的话，文学是不足以吸引人的，文学之所以吸引人，还有更大一块，就是人生有多少可能的丰富性，文学恰恰在展示那些可能性的丰富性。

第一章　文学使人生美丽

——文学之于人生的作用

高晓声曾经撰文：我们的青年，尤其是女孩子出国找工作，往往是给西方退休老人做陪读人，读诗，读小说。有读者朋友说读诗、写诗有什么用？今天谁想通过读诗、写诗组建家庭自立的话，我觉得很难。我曾经碰到过一位中国人民大学的硕士生，他的诗写得不错。他要留在北京，让我帮忙介绍工作。我介绍他到出版社去当诗的编者，他不愿意，要当专职的诗创作者，这样的工作是没有的。在他生活陷入困境的时候，我有时候要拿钱资助他。有一次他给我看了一封信，说他父亲生病了，家里秋收了。我看信后说，我给你钱，赶快回家照顾父亲，收割庄稼，写诗是次要的，以后还有很多时间。但是过了一个星期他又出现在我家门口，他没有回去。我当时非常生气，后来吵起来的时候，我记得搧了他一耳光，然后拽着他的衣服把他拖出去。我说你以后不可以再到我家里来，什么是自私？我认为这就叫自私，不因为你是写诗的人就变成了不自私。你父亲在生病，你的庄稼成熟在田地里，家里只有你一个儿子，现在你当务之急不是诗呀！你为什么不去呢？写诗比父亲更重要吗？比庄稼更重要吗？庄稼不收回来，你父亲吃什么呢？怎么可以给你钱你不回去呢？这是被诗所误的一个例子。但也有些人珍惜诗带给他们的美好时光，而且也确实使他们的人生变得美好。大家读一读下面这首写大海的诗：

有多少大海在脑海里
像鱼鳞一样翻飞
脑海多么老

它的眼睛平衡着颜色
内心的激动再也不用多出液体
平静
多么平静
生命的分量是太阳照出的老茧
一份安息具有多少沉淀
万物生灵的海洋
我感到的是红色的
生命就是强大
沉没了都在海洋中

这首诗和您读过的西方大家们的诗比起来怎么样呢？有一点味道吗？这里还有一首诗，写到诗人的家乡：

爱人
我用家乡的柴门抱住你
你坐在月亮里
围着云的纱巾
黎明是一尾发白的鱼
游在浅水的夜里
一声犬吠里
栎树下的兔子匆忙地奔跑
你辽阔的额头是清澈碧蓝的天空
划过千年一会低翔的金色翅膀
你的沉默是远处的山冈
阴风的草
每一枚星斗
都是你小小忽闪的眼睛

爱人

请看着我
请抱着我
用你不变的眼神
用今夜的绳索
用今夜的疯狂
用发甜的涛涛的红酒
斟满心灵的酒杯
让大地和无边的夜
与我们同醉

写这两首诗的诗人都是生活中最普通的人。第一个诗人是某工厂的保安，四十多岁。第二首取自一位诗人的第五本诗集，他只不过是活动板房的一个推销员，出生于农村，诗集中很多是关于民工生活的。我们同胞中最普通的一员，他们用汉字写出这么美的诗，而且他们生活在社会的基层，不是大学教授，不是讲师，只不过是活动板房推销员和民工，我们能不为这样的同胞感到骄傲吗？而且当一个男人写诗能这样来谈论自己家乡的时候，我想他爱上一个女人的话，他会以多么真挚的文字给她写一首情诗。一个女人即使和他共同生活在活动板房里，物质上没有其他享受，但至少还有诗吧！在同样的情况下，总和住在活动板房、喝醉了酒、又打麻将的男人不一样吧！我确实坚信，读书、读诗能使我们的精神提高。

对于文学功能的理解是多重的，不过析其要者，则主要在感悟人生、拓展人生、滋养人生和提升人生四大方面。

第一节　人性的烛照
——感悟人生

文学对于人生的一项基本功能是感悟人生。文学对于人生的感悟作用与人们运用文学手段体认人生具有某种同构关系，这同我们常说的“认识作用”有着很大差异。“认识作用”着重于知识方面和信息方面，意味着文学可以帮助人们增加历史知识，拓展人生阅历，而“感悟人生”则着重于感受、体验和直觉，意味着文学可以帮助人们立体地感知已逝的人生，全息般地体验过往的人生，甚至能在一定意义上对于社会、人生、历史做感性的还原。这正是除文艺以外的任何意识形式和精神创造都无法实现的功能。说到“认识作用”，文学艺术所起的作用其实非常有限。

对长征、解放战争的三大战役历史的认识，任何一部小说、电影提供的知识都不如历史书可靠、准确。但是，从对那个特定时代特定社会条件下的人生感悟的角度而言，则任何有关中国革命的专著、史书都无法与影视作品《长征》《开国大典》相比。后者让我们感同身受。

《泰坦尼克号》有两个情节让我们震撼：泰坦尼克乐队从撞船到沉没，一直坚持演奏；还有逃生时人们做到了儿童、妇女、老人优先。据说当时遇难的泰坦尼克号上真实情况就是如此。为什么应该将逃生的机会让给儿童、妇女、老人？为什么船上绝大多数人能够做到？这是人们在基本的价值观上有一个共识，有一个共同的精神认同、共同的理想。这个认同简单地说就是：活着并非人的最高价值。正因为那些人都接受这样的价值观念，才会这么做。设想一下如果只有一半人这么想，还有一半“范跑跑”，个人的生命最重要，谁要挡住我，就跟他拼命，那就没有了共同的文化、共同的认同、共同的理想，结果一定是大乱、相互残杀。《泰坦尼克号》让我们形象化地体验到人性的灿烂。

再如对法国大革命的认识，任何文艺作品提供的信息和知识都不可能有一部法国大革命史专著那么全面、透彻，那么翔实、可靠，也就是说，就对法国大革命的认识而言，任何文学作品的认识作用也不可能与专门的史学著作相比。但是，从对那个特定时代特定社会条件下的人生体认的角度而言，则任何有关法国大革命的专著、史书甚至图片册簿之类都无法与雨果的《九三年》、狄更斯的《双城记》相比。这两部小说不仅仅描写了法国大革命的一般进程，不仅仅总结了这次大革命的某些历史经验，不仅仅批判了这场社会变革中的各种理念，而且还刻画了大革命中形形色色的活生生的人物，摹写了各色人等在风雨欲来之际以及身处暴风骤雨之中的复杂心理状态和情绪反映，再现了“风暴”“达到了最猛烈最壮观的程度”（雨果语）的这一时代的微观人生视野和众多想象性细节。这些人物形象，这些心理情绪，这些生动细节，诉诸读者的难道仅仅是知识性、信息性的“认识”？难道不是还给读者带来了富有历史现实感和人生丰富性的生活体验？难道不是还在一定程度上调动了读者富有现场感的生命感性？这样一种充满着历史感性的刻绘描写，这样一种凭借文字语言对历史事件所进行的保鲜处理，除了文学以外任何意识形式都无能为力。

何况，这些文学作品不光是在社会人生和历史人物等方面为读者提供了体验和感受的对象，而且通过雨果、狄更斯这两位伟大作家富有洞察力的观察、深刻的思考和高超的艺术处理，突出地显示了人性的深度及其悲剧性，所具有的是能够直接诉诸人们心灵的震撼力量。两部小说不约而同地用深厚的人道主义良知去稀释、弱化乃至克服革命时代政治立场所带来的壁垒分明，以及政治斗争所带来的僵硬，以普遍而永久的人性光辉烛照乃至掩盖通常为政治、历史教科书中所强调的政治觉悟和时代理性，从而让读者不仅感悟到历史的真实、丰富与复杂，而且体验到人性关怀的深挚、真诚与恒久。尤其是《九三年》结尾，叛军首领、布列塔尼亲王朗特纳克被围困在图尔格城堡，劫持了三个小孩做人质，要求蓝军司令官戈万放他一条生路。戈万断然拒绝。朗特纳克在绝望中从地道逃出。恰在此时城堡起火，三个孩子很快被大火吞没。孩子“母亲的喊声唤醒他内心的过时的慈悲心”，朗特纳克毅然折返，冒着危险救出小孩，他自己则落到共和军手里。共和军首领戈万为朗特纳克关键时候表现出的人道精神深深震撼了，他发现在朗特纳克这个恶魔身上“跳”出了英雄本色，便毅然放走了这位变成了英雄的“恶魔”。戈万的老师，特派代表西穆尔丹不顾共和军官兵的哀求，坚决执行“任何军事领袖如果放走一名捕获的叛军便要处以死刑”的法令，铁面无情地力主将放跑了朗特纳克的戈万送上断头台。可就在戈万人头落地的一刹那，他自己也开枪自杀了。

还有《中国兄弟连》一笑泯恩仇，也深深地震撼着受众灵魂。

作品超越了革命与反革命、平民与贵族、复仇者与被复仇者之间的政治界限，让正义的判断建立在人性之美丑和人道之有无的视角上，让善美的人性在充满悲剧感的气氛中扛起正义的旗帜，从而使得作品洋溢着超越于历史和时代的人道主义的伟力，一种不仅诉诸人们的认知，不仅诉诸人们的体验，而且更引起人们心灵震撼的伟大力量。

阅读这样的作品，读者不仅体会到历史事件的质地感，而且能够清晰地感受到这种力量，它让人感同身受，使人感动至深，令人久久难忘。这样的心灵震撼远不是知识的获得所能达到的快感境界，同样也不是任何非文学的意识形式所能造就的审美效果。

在中国传统文学中，情形也是如此。东周列国争霸、魏蜀吴三国逐鹿的历史知识，可以从各种史书以及各类思想史、文化史文献中获得，可阅读余邵鱼的《东周列国志》，也可以阅读陈寿的《三国志》。却不能如同罗贯中的《三国演义》般地让读者在生活化的情境中体验那段远去的鲜活的历史，也不能让读者从想象性的故事和人物身上咂味永远消逝了的硝烟与牺牲、苦难与豪奢、忠诚与背叛、赤诚与奸诈、权术与计谋、恐惧与狂欢。这种立体的感应必须来自于这类文学作品，而不是来自于史著或其他历史文献。认知风云际会的历史时代是这样，认知平凡琐碎的日常生活更是如此，甚至认知人本身也是这样。关于人的意识解剖，弗洛伊德在100年前从一个医生的角度做了举世瞩目的工作，然而他所做的工作还必须与大量的文学现象的解说联系起来，这是因为仅用科学的表述只能在理论上“认识”人及其意识，而要真正把握人及其意识的复杂性、丰富性，还必须借助于文学的“感悟”。

或许有人会问，文学确实能够让人立体地、全面地“感悟”历史，在这方面的功能超过任何一种历史专著与历史文献，但是人们为什么要那样去体认诸如法国大革命、列国争雄、三国争霸的历史？作为知识和信息，从史书上得的岂不是更加准确？作为人生经验和教训，从历史文献上也能读个明明白白，何必一定要作那种立体的、全面的“感悟”？一个简单而复杂的回答是，人们对于过往的历史常常并不满足于知识的获得和经验的总结，还需要有血有肉、原味鲜活的故事，需要生命鲜亮、生龙活虎的人物，需要生动细腻、活色生香的情境；正因为这些故事、人物、情境是今天的人们所无法体验的另一种人生，人们才对它们特别感兴趣。正如《三国演义》电视剧插曲所表现出的况味：

暗淡了刀光剑影
远去了鼓角铮鸣
眼前飞扬着一个个
鲜活的面容
湮没了黄尘古道
荒芜了烽火边城
岁月啊你带不走
那一串串熟悉的姓名
兴亡谁人定啊
盛衰岂无凭啊
一页风云散啊
变幻了时空
聚散皆是缘哪
离合总关情啊
担当生前事啊
何计身后评
长江有意化作泪
长江有情起歌声
历史的天空闪烁几颗星
人间一股英雄气
在驰骋纵横

从读者角度考察，他希望欣赏到跟自己不一样的人、不一样的人生、不一样的状况，从中领略到人生应该有什么样的生活方式。虽然每个人的生活方式不一样，不过从各种不同的人生——文学作品里面所呈现出来的——他可以欣赏并从中得到一些所谓心灵的粮食、精神的粮食。

另外，读者未必一定都欣赏跟自己不一样的人、不一样的人生，他们同样欣赏跟自己相类似的人、相近的人生，这样求得一种人生价值的证同。有时这样的证同的重要性一点也不比人生补偿差。大学生爱读青春小说及反映大学生生活的文学作品就是这个道理。如安徽师范大学皖江学院学生的习作《百转千折》很受皖江学院青年学子的青睐：

百转千折

孙佩佩

［一］

觉来正是平阶雨，独背寒灯枕手眠。（李商隐）

又是一年夏天。

记得上次说起这句话时，我正把所有的杂志、小说锁进柜子，并发誓与黑色的六月拼个你死我活。年轻气盛就是如此，总有对于希望的忠诚，心甘情愿地做千军万马中的一员，拼命去挤独木桥。背水一战，兵荒马乱。

黑色的六月，我们站在最黑暗的光影中。前人的种种描述，当亲身经历时，也不过是一晃而过的两天。意识被阻截，神经麻木地考试，自然也不会恐惧到无所适从。一直以来认为最无法跨越的东西，就在我们一步步地前行中，不知不觉地跨过。所谓痛苦不过如此。成绩公布那天，手机被打到爆。询问，安慰，惋惜。凡此种种，在那时的我看来都是多余。一个人在房间里，可以做到面无表情地流泪。

彼时，失落的情绪一直蔓延，仿佛被遗弃的玩偶。浓稠的黑暗如墨汁般倒灌进胸腔。

［二］

绿蚁新醅酒，红泥小火炉。晚来天欲雪，能饮一杯无？（白居易）

F是我从小到大的朋友。瘦小，小麦色皮肤，却给人生命力顽强的感觉。她是学美术的艺术生，最大的理想是能考上国美学珠宝设计。她的结果离国美还差一截。家人反对她复读，主要是学国美需要一定的经济基础。但当我看到她满屋子的水粉素描时，觉得一切的外在都不重要，重要的是她对美术散发出的逼人的灵气与执着的追求。

我记得我们拿着书，走在梧桐斑驳的树影下谈论我们的未来；我记得你摆弄着地球仪，让我讲解地球运动的习题；我记得我骑车载着你，跑遍整个城市，为了寻找一本几乎绝版的英语资料；我记得你冬天搓着冻红的双手，涂抹着黑白素描和色彩斑驳的水彩；我记得你决定复读时，眼神决绝：人生可以选择的机会不多，再给自己一次机会，来过，是成是败亦不后悔。

这些，我都记得。

你呢？

［三］

年年，如社燕，漂流瀚海，来寄修椽。（周邦彦）

相比之下，小音却过着与我们截然不同的生活。性格倔强，有目的地走自己未来的路，并敢于把自己的想法付诸实践。当家人面对她无奈的成绩逼迫她走进高四时，她却背上自己的旅行包，完成自己旅行的意义。

她知道自己的年华不应该死在黑色的考试中，并且对她来说，高考没有任何资格阻碍她的人生轨迹。意志强大，足以改变一切。

每天都有人背着行囊匆忙出发，匆忙回归。一如迁徙的候鸟，短暂循环。

我们参与的人生太潦草。

［四］

寒山转苍翠，秋水日潺湲。（王维）

现在的我，生活在香樟与水杉首尾相连的校园里。没有逼迫，没有反抗，没有甘心，没有情愿。我始终是个懦弱的存在，在分崩离析的岁月里。

我们心里都有那根底线，只是底线的弹性不同。平息不甘之后，一切清晰如镜。

写过的便条收集在盒子里，总觉得日后会整理出有价值的只言片语；有些东西始终不敢扔掉，总觉得以后还用得着。譬如回忆，不敢下定决心删除，即使痛苦，也会一遍遍地反复咀嚼。不敢相信索然无味。

走过的路，写过的字，听过的歌，看过的书，都会有你们的影子，倒映在光河的两岸。

时光之河。

百转千折之后，我们又回到终点。每一个终点都是一个新的起点，努力经营起一段新的人生。

人生就是经历，这是成长者留下的脚印一串串。虽然有深有浅、有正有斜也有歪，但坦诚率真执着，更感人！

文学在以个体的自我意识来表现人生时，也就会以内含着人类群体自我意识本质的方式，反映人类的意志力量。如，当我们读到诺瓦利斯的“我漫游进死亡/那天，每一种痛苦都会成为/激动的喜悦/一瞬间，我自由了/沉醉在爱的源头/无限的生命，在我心中有力地生长”（《夜之颂歌》）的诗句时，所感受到的是诗人以个体体验死亡的方式，表现对生命、人生的充分肯定。

第二节　却顾所来径
——拓展人生

人生是有限的，无论作为个体还是作为族群，人生拥有的时间、空间以及经历、体验都是有限的，并且这种有限性还作为一种虽不十分清晰但大致都能了然的普遍意识几乎伴随着人生的整个过程。问题是，在这过程中，人们的精神追求总是想突破这种有限性，对自己所未曾经历过的过往云烟，对自己尚未抵达的未来人生，甚至是对许多不可能的生命形态和人生形式，都充满着去重现、去幻想的欲望，以此拓展自己的人生。这样的拓展必须带有虚拟性体验和感受的质感，而非抽象的观念和推证的逻辑所能满足。于是，需要文学艺术责无旁贷地发挥其人生功能。这也是无论人类的科学技术、传播手段如何发达，文学总不会退出人生舞台的重要原因。

人生拓展的要求具有两面四向度并进的特点：从人生经验、精神（包括情感）体验两方面产生的拓展要求，分别在时间的过去与未来、空间的天地与异域等维度上全面展开，从而构成了文学内涵的丰富性，虽然文学对人生各个维度的拓展所用的力量不会完全一样。

一般来说，从时间方面来看，文学习惯于“却顾所来径”，对于人类过往的故事、斑斑陈迹的历史会投入较大的关注，而且，对未来世界的幻想也投入极大热忱。从空间方面来说，现实的异域风情和异国情调想象很能满足我们的好奇心。对于满目青山绿水的内地读者，总是愿意体验一下寸草不生的新疆的山带来的情感冲击。《西部的山》虽算不上好作品，却会带来不一样的震撼与冲击。

西部的山

你不得不在乎这些山。

无论你以什么方式进入西部，它总是迎你而来，又一直在你身边，好像也在随你赶点。

你便不得不在乎它的存在了。

你开始审视这个独特的群体。纵目一望，这山便一座一座拥挤到你的眼前。挡住你的视线，使你看不到更远的地方。于是征服它的愿望油然而生。于是，你开始登临，开始憧憬“一览众山小”。

然而，你焦灼，干渴，腿软，气馁，因为它无可攀援，因为你伸手触摸的是饥渴的山岩和凄厉的语言。

终于，你站在山脊。远远望去，你顿感掉入苍苍褐黄之中。你惊异于它的简单，拙朴，嵯峨，险峻，惊异于它的绵延不绝。仿佛是冥冥中有谁在挥毫。画下了这横贯天际的巨大尺幅。整个西部在你目之所及处展开一种深远的背景。

吞吐日月的狂想，早已悄然而逝。

你开始苍白，困惑，无所适从。你感到他在默默审视你的心和脸的位置，手脚和灵魂的位置。你感到被一览无余。于是你开始俗，开始浅薄和渺小，以你的虚荣和它对峙。然而你感觉到它的力度和深度，正不可阻挡地从任何一个角度包围你。你不得不惊异于它的寂静，沉着，持重，它不事喧嚣，它对你赤裸裸的表白。它给你的感觉不止在山，阅读它，你感觉在阅读一部凝重的历史。

你无法与它对抗啊。上帝的手，已在岁月匆匆间，把西部民族的属性，揉进了这山。千年万年过去，裂帛之威不减，擎天之势不弱。它沉默的山体承载过西部民族的辉煌，承载过语言与爱情，承载过一代代人的希冀与梦想。它的儿女从它的身边策马而去，沿河床或雪山灌溉的土地，种植村落，种植艺术和生命。于是，便有女人鲜艳着西部，有黑黝黝的肌块剽悍着西部。

所以，一开始你就注定要输。你俗，你不敢像它那样朴实，纯真，袒露胸襟，那样无遮无掩地袒露着一段古意；你不能像它那样地冷静，沉着洞察一切。你仿佛看见一位饱经世事沧桑，体悟到生命底蕴的老者的沉思。它静默，如箴言。它的精髓却以一种急遽的语言，抵达你的灵魂。在开拓与畏葸、拼搏与苟且间选择的你，一步跨入历史的纵深。

它丑陋而贫瘠啊。它是历史最深最痛的伤口。凌厉的荒漠大风，割尽了它生命的枝蔓。它没有葳蕤的季节，绚烂的花事。没有醇酽的茶和飘香的酸奶。只有星星点点的骆驼刺默守着一片荒凉。斗转星移，那一点似有似无的绿意，也受太阳的诱惑，受云和雨的诱惑，越去越远了，偶尔有一只鹰从山的怀抱中冲天而起，箭一般射向空旷而辽远的天空。间或有寒鸦鼓噪，凄厉怆婉，勾魂摄魄。

看着这些，你不得不从诗里走出，从风花雪月里走出。你诗人的情怀全部冻结，心中的苦痛便是这涌动在眼际的山色。你心灵深处沉淀着比山岩比雷霆风暴更沉重的东西。

贫与丑便是这山中最一目了然的部分了。

这便是历史最残酷最有力的穿越方式了。

然而它丰富，它深刻。无论是有着煌煌巨制的大手笔，抑或腰缠万贯的大亨，或智者，或凡人，面对它，你都无所适从，都会觉得一无所有，你只能踉跄着跨入历史。在它的深处，朝觐者膜拜的身影，恍惚地踅到岁月背后；壁画上伸出了历史的手和现代紧紧相握；智者的额纹上刻着西部的哲思；牧羊的小伙读懂了它对岁月意味深长的宣言，就杖一曲民谣，走四方去了。他唱得特别无羁无绊，特别高亢任性。那韵律就肆意流淌，那歌声就开遍四季。

然而它恢宏壮阔，博大精深。在历史丰厚的背景的映衬下，它呈现出巨大的张力和深邃的内涵。它默默地承受着历史的重量，承受着岁月深的浅的狠的轻的风噬雨蚀。世间所有的寂寞，仿佛都在这儿吐纳，这时，你的目光再沉重再疲倦，也不得不掠过山梁，栖在历史的纵深。你的那种前无古人后无来者的心境，在这儿得到印证。

你于是在有意无意间品味一种精神，后来索性闭上眼睛，任你孕育的意境在心头上涓涓流淌；索性赤裸双足聆听来自灵魂的声音和来自天籁的声音，心就避开了红尘中荣辱沉浮的纷扰，灵魂就找到了洁净的去处，心底就坦荡无怨。你觉得自己就变成了一滴水，在它的怀里透明，挥发。

就这样，这山的品格，在完整与不完整之间，攫取你的心，使你人格透明，使你的自私、浅薄、虚荣都无可逃遁，使你在历史和现实的坐标中迷失，使你不得不全方位思考，关于人生，关于自我，不得不想，是不是该把人生站成一种深度。

就这样，西部的山，在你的沉思之外，支撑起一种壮丽……

文学习惯于海阔天空，对现实的人类所能看得见却无法抵达的天空，对现实的人类所幻想但无法感受的地府与泽国，会保持持久而浓厚的兴趣。相对而言，在以幻想为基本构思法的文学作品中，文学家的思维似乎更喜欢上天入地，不但是伟大的科幻小说家凡尔纳通过著名的《月界旅行》和《地底旅行》显露出了这种上天入地的兴趣，其他幻想性作品的作者一般也都愿意将想象的热忱投入未知的海底与地底或是天空和太空。至于斯威夫特的《格列佛历险记》，表面上看似乎是列国风光故事，其实那大人国、小人国并非真的存在于地球之上，作家的想象还是超出了我们的世界，在一个个完全未知的和无法验证的世界里作精神的翱翔。这种情形同样体现在古典神话小说《西游记》中。作家并不是要在现实空间上刻画故事，而是要在虚拟的幻想空间展示自己的想象，以补偿现实空间对于人感觉的限制。

人生的精神拓展不仅包含认知方面，还包括情感方面。人类在文明发展过程中育生了许多方面的情感需要，而人类个体的情感体验总是无法完全覆盖这些情感需要，于是通过文学艺术的补偿功能延伸这些情感体验，填补各种情感空白，这也是文学艺术作品之于各个时期的人们都有长久魅力的一个重要原因。人类需要亲情的呵护，可并不是每一个人在每一个历史阶段都能够有条件体验各种亲情，于是可以通过文学作品拓展自己这方面的情感体验，从而间接地但是审美地满足这方面的情感要求。于是一个失去了母爱的读者可能特别钟情于表现母爱的作品，一个该有孩子的读者如果依然膝下无子，则很可能偏爱表现儿童生活的作品。爱情是人人都可能有机会加以体验的情感，也能够给每一个人留下深刻的印象，并很可能影响很多人的一生，但爱情的丰富性却几乎是每一个人都无法领略的，于是爱情的描写成为文学创作和欣赏活动中具有永久性的热点。

人是情感动物，就总体而言，人的情感需求的丰富性甚至会远远超过人对于物质需求的广泛性，这也正是人作为高级动物的基本素质。人的情感需求的丰富性不仅体现在对诸如爱情、亲情等积极、美好的情感充满着体验和感受的愿望，而且体现在对于一些诸如悲哀、痛苦、孤独、绝望等消极情感也有着体验与感受的兴趣。在现实人生中，每个人对这些消极情感都避犹不及，但这并不妨碍相当多的人都对这些情感保持着某种偏爱。亚里士多德认为这样的消极情感可以“引起怜悯与恐惧”，使得人的情感“得到陶冶”与净化①，德莱登（John Dryden）又认为这些悲剧性的情感可以“改正或消除我们的激情——恐怖和怜悯”。② 不过无论怎么说，人们都更愿意在欣赏的意义上间接地体验和虚拟性地感受这一类情感，而不可能喜欢在实践的意义上直接地实现这种情感。一个正常的人无论如何也不会企盼着遭受迫害，妻离子散，遭遇车祸，但在艺术欣赏和文学阅读中又常常会偏爱这一类情境，因此《水浒传》中林冲“风雪山神庙”的场景便能成为屡演不衰、屡看不厌的戏剧题材。

永远的蝴蝶

陈启佑（台湾）

那时候刚好下着雨，柏油路面湿冷冷的，还闪烁着青、黄、红

---

① 转引自：伍蠡甫．西方文论选：上卷［M］．上海：上海译文出版社，1979：57.

② 转引自：伍蠡甫．西方文论选：下卷［M］．上海：上海译文出版社，1979：309.

颜色的灯火。我们就在骑楼下躲雨，看绿色的邮筒孤独地站在街的对面。我白色风衣的大口袋里有一封要寄给在南部母亲的信。

樱子说她可以撑伞过去帮我寄信。我默默点头，把信交给她。“谁叫我们只带来一把小伞哪”。她微笑着说，一面撑起伞，准备过马路去帮我寄信，从她伞骨渗下来的小雨点溅在我眼镜玻璃上。

随着一阵拔尖的刹车声，樱子的一生轻轻地飞了起来，缓缓地飘落在湿冷的街面，好像一只夜晚的蝴蝶。

虽然是春天，好像已是秋深了。

她只是过马路去帮我寄信，这简单的动作却要教我终生难忘了，我缓缓地睁开眼，茫然站在骑楼下，眼里裹着滚烫的泪水。路上所有的车子都停了下来。人潮涌向马路中央。没有人知道那躺在街面上的，就是我的蝴蝶。这时，她只离我五公尺，竟是那么遥远。更大的雨点溅在我的眼镜上，溅到我的生命里来。

为什么呢？只带一把伞？

然而我又看到樱子穿着白色的风衣、撑着伞，静静地过马路去了。她是要帮我寄信的。那是一封写给在南部母亲的信。我茫然地站在骑楼下，我又看到永远的樱子走到街心。其实雨下的并不大，却是一生一世中最大的一场雨。而那封信是这样写的，年轻的樱子知不知道呢？

妈：我打算在下个月和樱子结婚。

人既要体验和感受悲哀、痛苦、孤独和绝望的情绪，又不能让这些情境危及自身安全，便只能接受非直接的方式和虚拟的途径。文学艺术能够为人们提供这种欣赏的文本，能够为人们提供这种间接体验和虚拟性感受的理想情境。在这一意义上，文学艺术恰能最大限度地发挥其之于人生的情感拓展和补偿的功能。

在人生的情感体验中，失恋的痛苦是最令人不堪的感受之一，但几乎每一部文学作品所写到的失恋的感伤都能深深地打动读者的心。设想有两部作品或者表现两个场景，一个是热烈的喜庆场面，有如范进中举、皇甫少华奉旨完婚般的热闹；一个是凄惨的悲情场面，有如林黛玉焚稿断痴情、祝英台梁山伯双双化蝶般的凄苦，读者和观众更愿意看哪一部作品、看哪一个场面？答案当然是明显的：后一种作品、后一番场面更受欢迎。其中的审美心理比较复杂，但简而言之，是人们其实都不愿意在现实人生中体验这样的凄惨和悲苦情感，而乐在虚拟的情境中补偿感受这种情感的凄美。

人生的诸多情感，特别是悲剧性的情感，在人们看来都具有一种引人入胜的凄美；人们在现实人生中并没有很多的机会去体验，更重要的是人们对此不想、不希望作直接的体验，于是便希望通过文学艺术去感受，去补偿，去满足这种情感的期待。在这里，人们对这类悲剧性情感既想感受又拒绝直接体验的微妙心态极为关键，这种心态往往是文学发挥其精神和情感补偿功能的重要依据。人们为什么对于文学作品中表现的喜庆、热烈场面不那么热衷呢？那是因为，尽管人们同样期待着这样的情感体验，但它们绝不是人们在实际人生中试图拒绝的对象。更多情形下人们期待着这种情感体验的直接发生，文学艺术等载体的虚拟性表现不仅对于一般观众来说没有十分的必要，而且还似乎在这种虚拟化的处理中占了读者和观众人生期待之先。高明的文学家都自觉或不自觉地注意到这样的欣赏习惯，总是尽量避开喜庆的场面而较多地刻画悲情场面。高鹗在续写《红楼梦》时，将宝玉成亲和黛玉焚稿安排在同一时间，可他实写黛玉之死，虚写宝玉之婚，实在是很明智的处理方法。西方有《罗密欧与朱丽叶》凄婉爱情悲剧，中国也有“罗密欧与朱丽叶”式的爱情悲剧——化蝶。其实真正爱得惊天动地的是《牡丹亭》，真正做到了爱得死去又活来！然却不如梁山伯与祝英台的故事流传广泛，就因为《牡丹亭》是个大团圆的结局。

第三节　心灵的呼吸

——滋养人生

文学是以春风化雨的方式滋养人生的。它将其所表现的人生，所创造的美，直接作用于人的情感世界、人的心灵世界，让人能够在文学世界中产生情感的共鸣，获得哲理的启悟、情操的陶冶和人格的升华。阅读文学作品时，读者会在充分人情化、人性化的文学世界里，感受到真善美的力量，引发共鸣，进而激发自我情感活动，并对文学世界进行重塑，深化对文学世界里和现实的人生的理解和认知，使自身获得性情陶冶，人格升华。

沈　园

陆　游

城上斜阳画角哀，沈园非复旧池台。
伤心桥下春波绿，曾是惊鸿照影来。

梦断香消四十年，沈园柳老不吹绵。
此身行作稽山土，犹吊遗踪一泫然。

阅读此诗句，读者心中会产生与陆游同样的悲伤、哀怨。尽管陆游的事儿与己无关，但人的恻隐之心、人的共鸣之情，会使我们由此感到心灵的震撼，感受到一种人类共有情感的召唤，进而在每一个人心中升起一种人类特有的、也是共有的崇高情怀，并使人的心性能够得到这种崇高情怀的滋养。

从社会人生的宏观方面说，文学对人生的主要功能便是使人生的余裕得到开发，得到利用，得到滋养。人生需要充实，也需要余裕，没有余裕的人生不是高质量的人生；人生需要劳作，也盼望休息，一个具体的人的休息是睡觉，是聊天，是玩乐，总体人生的休息则是游戏，是文艺的创作与阅读、欣赏。于是人生需要工作，也需要文艺，没有文艺的人生就如同没有余裕，没有畅快的心灵呼吸。无论从创作还是从欣赏角度看，文艺其实都是人类心灵的一种呼吸。生理的呼吸当然重要，离开了生理的呼吸，人类的生命便无法保持；心灵的呼吸也相当重要，没有了心灵的呼吸，那种人生便会显得死板无趣、索然无味、了无生气，连爱情也是粗糙的，正如虎妞的爱，真挚但粗野雷人。

人类文明走过了辉煌的历程。记载着这一辉煌的固然有蜿蜒的中国长城、颓败的古罗马废墟、神奇的玛雅文化和三星堆文明，还有悠远的运河、古老的墓园，可是人们认知这一辉煌的主要途径还是各国各时代的文学作品。文明史的种种艰难与辉煌，种种血腥与王道，都生动而丰富地载留在文学之中。这还不包括上述所有的物质遗存其实无不经过人类文艺思维的装扮与包装。由此可见，人类的文明内涵其实在大量地展示着精神文明，主要是文学艺术的风采，人生的一般轨迹都离不开文学艺术。文学艺术是人生无法离开的，有了它，人生就得到了圆润的处理，得到了美化，得到了生动的传达。如果没有文学艺术，人类的文明会是以及将会是一副什么样子？或许那些物质遗存还在，但它们可能只会以粗糙的形式和笨拙的样态出现，令人为祖先羞愧而不是为人类骄傲。从这样一个宏观意义上说，文学艺术确实对于总体上的人生起到了一种滋养和美化的作用。

从个体方面说，文学的活动，包括鉴赏和创作，对于自己的人生都是一种精神的和情感的滋补。人生大多情形下是枯燥而苦涩的，需要文学创作的情趣加以滋养。有情趣的文学家可以通过文学创作填补人生的空虚，转换人生的哀伤。

念奴娇·赤壁怀古

苏　轼

大江东去，浪淘尽，千古风流人物。
故垒西边，人道是，三国周郎赤壁。
乱石穿空，惊涛拍岸，卷起千堆雪。
江山如画，一时多少豪杰。

遥想公瑾当年，小乔初嫁了，雄姿英发。
羽扇纶巾，谈笑间，樯橹灰飞烟灭。
故国神游，多情应笑我，早生华发。
人生如梦，一尊还酹江月。

这首词是公元1082年（宋神宗元丰五年）苏轼谪居黄州时所写，四十七岁的作者被贬黄州已两年余。被贬黄州的坎坷处境，与他振兴王朝的祈望和有志报国的壮怀大相抵牾，心中有无尽的忧愁无从述说，于是四处游山玩水以放松情绪。然终因耿耿于壮志难酬、空有报国情的纠结而不能自拔。今天面对赤壁古战场豁然顿悟，以美妙诗词排解了心中积怨。乱石穿空，惊涛拍岸，卷起千堆雪的东去大江，淘尽千古风流人物。自然的恢弘、永恒，人生之渺小、短暂，纵使你雄姿英发，羽扇纶巾，谈笑间便使敌人樯橹灰飞烟灭又能怎样？功名利禄尘与土，神马都是浮云。可笑自己曾经沉迷其中而不能自拔。一切郁闷化作云烟，苏轼便在“人生如梦，一尊还酹江月”的感叹中走向解脱。

释放人生苦痛的艺术达到一定境界时，人们可以转换一切哀伤。即使面对死亡也能坦然而从容！甚至能将悲哀的生离死别化解成一绺轻盈的烟影，一行美妙的歌叹。

生命诚可贵
爱情价更高
若为自由故
两者皆可抛

人生不仅需要生活的情趣和欢笑，也需要灵魂的净化与眼泪。后一方面的精神享受属于人生更高层次的欢悦：心灵的怡悦。能够帮助人们抵达这种心灵的怡悦的，便是文学艺术。大量的文学作品我们之所以喜欢读，大量的戏剧我们之所以喜欢看，主要不是为了取乐，为了热闹，为了博取哈哈一笑，很多情形下正好相反，是为了进入作品所描述的悲苦情境之中，为了那一份心心相通的宁帖与安静，为了一掬同情、怜悯和感动之泪。流泪的感动对于人的心灵确实是一种净化，对于人的精神无疑是一种滋补。人到痛苦的时候会流泪，但不等于流泪都意味着痛苦，因情感的感动而流的泪，就是一种欢畅的宣泄。

在日常人生中，人的感动比较难以发生，只有经过文学艺术的渲染，才能比较集中地激发这种感动，无论这种感动是不是达到催人泪下的效果。文学中令人感动的情形很普遍。我们可以为《焚诗稿》的悲惨所感动，也可以为《中国兄弟连》中的真诚和大义所感动。

文学艺术中能够让人们感动和流泪的因素很多，不过能够让人感动和流泪的大都是人性中的善。这种人性善的感动，对于人的情感的真纯，无疑是一种极为有益的滋养。

第四节　让你活得有笑容

——提升人生

一、文学是人类价值建构和精神生长的过程，是人类生存意义的自我确证

（一）文学使人类的存在有了意义

人是生存在社会上的动物，这种生存是以理智和情感为指导的，具有方向性和目的性的。因而，生存是主观的动态的过程性的，而存在应当是客观的静态的一种物质状态。人的生命过程不是存在而是生存。作为与万物共生的人，他的最基本的使命是为自己的存在寻求意义，我是谁，我为什么而生，我为什么而活着，而文学最基本最伟大的功能就是给予意义，是对人类的生存赋予意义。

比如我们知道的荷马史诗、希腊悲剧、《圣经》、但丁的《神曲》、歌德的《浮士德》、莎士比亚的戏剧、托尔斯泰的人道主义，还有中国的《史记》、唐诗宋词、元代杂剧、清代的民间戏曲等，不管它们是什么题材体裁，实质上都是告诉人们生活的意义。

文学不是哲学或宗教，它不提供生存的理论，而是以它对世界的感悟保障人类的精神永远有一个支点，这个支点即理想。不管是在精神迷茫的时候，还是在情绪晦暗的时候，或者在我们陷入迷狂的激动时刻，文学总会给予我们可靠的心灵指引。比如像《神曲》《浮士德》这类抽象的充满哲理性的作品，可能对于那些理性的有意于追求人生意义和生命价值的人有着强烈的启示意义，成为许多人生命中最基本的精神动力。而具有同样价值的是，相对通俗的唐诗宋词、元代杂剧、清代的民间戏曲，包括传统的说书等，都在文学的意义上引导和安慰着芸芸众生。人们通过阅读，以至聆听和观看文学，领悟到人生或世界的某种真

相，点燃起心中生存的信念，寻找到个人的生存目标……从古至今，概莫能外。

至于在今天，类似于传统的文学性阅读已经很少见了。无论学生还是成年人，都在忙于读实用的书籍，比如考试秘诀、职场秘诀、发财秘诀、官场厚黑学之类。一些想读文学而又没有耐心的人，则去读网络文学作品，或是读那些本身没有生活经历而又很乐于写作的所谓“新锐作家”的喃喃自语，这种作品有时是纯粹个人情感经历，有时是参考了别人的作品后对生活的想象。这些现象的存在使许多人误以为真正的文学已经没有了或死掉了，还有许多人认为那些所谓的私人写作、肉体写作或青春写作就代表了当前的文学。这些现象和认识都是不对的，是没有亲近文学和信任文学而产生的暂时性的灵魂失重状态。

那么，我们现在文学中的意义在哪里？从青春文学、网络文学和肉体写作的作品来看，生活是没有意思了，人生不是忙于挣钱就是忙于吃喝玩乐，从这些作品中似乎看不到任何方向感。但是还有能给人以温暖的作品，诸如贾平凹的《秦腔》《高兴》是在不动声色的日常生活描写中传达出对生存的热爱和对生活意义的寻找；严歌苓的《第九个寡妇》和铁凝的《笨花》，都是在大的社会背景中对小人物的人性挖掘，让读者从中感受到人的尊严和人性的美丽；杨显惠的《夹边沟纪事》《定西孤儿院》以一种近乎冷漠的笔调回叙中国五六十年代的右派和孤儿的非人生活，却越发显示出强烈的批判意识和人道主义激情，具有罕见的震撼力；《说走就走》写战乱年代一个儿童眼中的各色人等，实际上则表达了中国民间的英雄观、价值观。它们所表达的对生活的热爱、对人的信任，以及对人类普遍价值的信任，足以对普通读者形成真正的文学影响力。其实，有独特文学价值的好作品还有很多。

读这些作品，可能也会让我们伤心，让我们叹息，让我们看到生活的不容易，但在另一面，书中的人物、故事、场景和价值观能鼓励我们摆脱或忘记生活中的灰暗、颓唐、失望和迷茫，最根本的是它们能给我们生存的勇气、信心和方向。在这些文学作品中，我们普遍地感受到人的尊严，由此我们也更加热爱和珍惜自己的生活。文学不一定非要像大时代的宣传品一样被人人诵读，但文学最可贵之处在于它不管在什么时代什么环境中，总会让人懂得生活并不是茫无头绪的存在，而是充满着可能性与选择性的生机勃勃的过程。

（二）文学帮我们建立价值系统

简略地回顾一下文学的历史和人类的成长史，大致可以看到，文学始终伴随在人类的精神生长和文化成长过程中，在人类的文明演进过程中，它全面而无微不至地帮助人类建立了自己的价值系统。“文学在一种文化的价值建设的全过程中始终全面承担着价值生成、价值判断、价值传播、价值演化、价值消解、价值更生等系列功能。”“所谓价值，就是人对自身存在的肯定，是人类为了鼓励自己生存下去而为这个世界建立的精神秩序。在价值的指引下，人感受到生命的可贵和存在的意义……文学作为价值的载体，它的最终使命恰恰是让人在日常生活中认知和接受人类的普遍性的价值追求。”① 人的价值观的形成，一方面来自社会的规范，比如政府的引导之类，一方面来自生活中环境的影响，比如家人亲戚邻居的榜样作用。而在官方律令和家人的言行之间，文学对人的影响可能更广泛一些。比如中国人都比较熟悉的《史记》，里面的人物传记部分，其实就是中国传统价值观的重要源头。司马迁通过对他笔下人物的褒贬，提出了做人的标准和人生的价值取向等原则，并被后来的人们所接受，由此形成了中国人最初的一批人生样板暨中国文学的英雄原型。所以，《史记》最了不起的价值并不在于他记录了汉代之前3000年的历史，而在于它为中国人提供了作为价值象征的人生的榜样。你可以读几篇其中的人物传记，然后再想一想这些人物，你会发现咱们现在还在照着这些人物的样子生活着。比如，刘邦和项羽的描写，突出了项羽的人格魅力，提出了不以成败论英雄的观念，使李清照在几百年后还在感叹“至今思项羽，不肯过江东”，使项羽成为中国历史中罕有的受到不同阶层人喜欢的英雄。越王勾践虽然没有项羽的英雄气质，但他的卧薪尝胆、十年复仇精神也成为中国人磨炼自己精神意志和开创事业的榜样。屈原对理想的执着，孔子“知其不可而为之”的对信念的投入都是中国知识分子的人格样板。侠客列传，刺客列传，滑稽列传公然

① 曾凡．文学与价值生成［N］．光明日报，2004－11－10.

列入正史，则让拘谨的中国人有了更为开放的人生选择。中国文化的现实精神，中国文学的现实主义传统，都与《史记》以来的精神脉络相通。《史记》提供了面对现实的批判态度，提供了不以成败论英雄的道德判断标尺，提供了知识分子独立人格的样板，提供了知识分子参与社会改造的理想，最重要的是它提供了文学参与文化价值建设的鲜明范例。《史记》所确定的价值尺度对后世中国人的价值判断和文学形象塑造所产生的样板作用是巨大的，它的平民性、道德取向而非成功取向，包括它对权威和既定秩序的批判性态度，都渗透到中国人的日常生活中和中国文学的细节中。

至于外国作品，我们熟悉的海明威的《老人与海》、笛福的《鲁宾孙漂流记》、马克·吐温的《哈克贝利·费恩历险记》、但丁的《神曲》、歌德的《浮士德》、莎士比亚的《威尼斯商人》、塞万提斯的《堂吉诃德》、薄伽丘的《十日谈》，包括《基督山恩仇记》《一千零一夜》《吉檀伽利》《钢铁是怎样炼成的》等，都明确地在不同文化价值观的形成过程中起着决定性的作用。

通过树立英雄榜样，通过英雄的现身说法而逐步建立起公众的价值信仰，再通过榜样的力量和信仰的力量使公众将公认的价值观融入自己个人的日常行为即生活细节中，文学就这样以潜移默化的方式在我们成长的过程中帮助我们建立起了完整的价值系统。它以形象的方式告诉人们，人是什么样的，人应该怎么样。而我们，在阅读书籍，听民间说书和观看戏剧——这些都是文学，而在当前的影像时代，电影电视的故事也仍然是文学——的时候，就接受了既定的精神秩序和系统化了的价值观，我们就成了文化和文明的一部分，这就是文学的力量。

（三）文学承担着文化的自我修正功能

文学给虚悬着的人类精神建设起一个支点——理想，它使我们觉得活着是一件有意义的事。文学同时又告诉我们，人是什么样的，人应该怎么样，使我们有了具体的生存目标和方向。但我们为之奋斗的一切在某一天某一刻可能会显得非常的陌生非常的不可思议。如果一个社会在总体上陷入这种迷茫的状态，则可能导致价值观的紊乱和文化秩序的失常。在这种时刻，又往往是文学可以挺身而出，发挥文化自我修正的功能。

比如文艺复兴就是对欧洲中世纪的宗教专制主义的反叛与修正，而现代主义文学则又是对资本主义的高度垄断和机械化生活秩序的批判。中国以“新时期文学”为标志的一段文学历史和文学思潮，正是对此前的文化禁锢和思想禁锢的反叛，其中所洋溢的对现实的参与精神、批判精神，对个性自由和人性解放的追求，对理想主义、现代化、民主化的向往等，对我们今天的改革开放和文化多元化局面起到了决定性的作用，绝不是像今天一些对生活毫无所知的时髦学者所说的“伪理想主义”。

当前文学的被边缘化，或许正好可以用来说明文学所承担的文化自我修正的功能。

文学是人类价值生长的过程，也是人类文化的镜子，它照耀着人类的灵魂，同时也照耀着人类的行为，使人成为人。所以，文学总是与人的生活融为一体的。有些时候，它显得高人一等，有时候它又显得无足轻重。它的重要性仅仅体现在人类精神对它的渴望与依赖上。所以，最近几年来，所谓的文学边缘化，只是中国人暂时不那么需要文学，不那么依赖文学而已。当然，其中还有一个小小的因素可能是，以韩寒、安妮宝贝等一些年轻的写作者对文学有一些误解。他们以为凡是拿起笔虚构的文字都叫文学，以为自己所信奉的才是真正的信仰。这样，他们就排除了传统的文学判断标准和价值判断标准，把人类过去的生活和过去的文学活动都归属于无意义的范畴。而事实上，中外文明史都让我们明白，一些喧嚣一时的显赫一时的闪亮一时的，无论是人物还是思想，总会被历史遗忘。江水滔滔进入大洋之后，水边曾经喧嚣一时的泡沫早就在阳光下变成了空气。所以，文学写作，只是指那些对人和世界有所感悟的人所写下的文字，至于那些把文学当作技术当作玩具当作游戏的写作，不应当进入“文学的”关注视野。

从文化生长的角度看，最近十几年来中国人对文学的感觉和态度说明中国社会正在发生着巨大的变化，整个价值系统和生存坐标都在调整和变化过程中。人们不再相信以往的真理和以往的秩序，而在迅速地引进了西方一百年甚至几百年才积累和形成的文化观念价值观念之后，又发现这些观念和理论并不能帮助我们理清自己的现实处境。由此，中国人开始躲开英雄主义与理想主义，借着经济改革的大潮变得只相信金钱与利润，只愿意为金钱和权力而奋斗。在这样的背景下，我们前面举到的文学家和文学作品如《第九个寡妇》《笨花》《藏奖》《等等灵魂》《羊的门》《城的灯》《双手合十》《说走就走》《英格力士》才显出其可贵的品质。它让读者感到温暖的同时，也让读者对人对社会保持着信任和信心。

所谓文化的自我修正，就是指这些文学的努力文学的叙述以其对生活的直观感悟默默地温暖着读者的心灵，于不知不觉中影响着读者对生活的判断，使读者能在纷乱嘈杂的多元化声浪中渐渐找到一条清晰的精神生长脉络，从而也为自己的生存找一个合适的方向或目标。譬如，《藏奖》使我们对责任感、使命感、忠诚感重新萌生出痛彻入骨的体验，使我们对游戏人生的态度生出羞愧；《夹边沟纪事》让我们更懂得珍惜生命和尊重生命；《第九个寡妇》让我们相信即使是一个最弱小的女子也能凭人格的力量和人性的力量同命运抗争；《能不忆蜀葵》则告诉我们，只要自己愿意，就可以活得高贵而有尊严。正是这些作家的默默努力，在默默地影响着商品世界中的公众，使人们越来越看到文学与游戏之间的区别。当整个社会中的多数人不再相信那些私人写作、肉体写作和青春写作，甚至也不再相信那些所谓先进的理论时，已经失去方向的当代文化就已经在不经意中回到了它的正常发展轨道中。

二、文学境界所具有的超越性使人们从日常生活的琐屑机械状态中解脱出来，从而获得一种精神自由

金钱成为一些人的价值标准的当下，财大气粗、物欲横流、自甘堕落、坑蒙拐骗、见死不救、物质刺激、不择手段……人性迷失了，人们的精神家园荒芜了。

文学借助于道德，借助于善，借助于理想的人格，而使自己变得充实、纯洁，变得崇高，从而具有撼动人心、净化灵魂的移风易俗的力量。道德则借助于文学，使理性的规范变为活生生的有血有肉的人物形象，变为他们的具体行为，特别是他们内心深处的细微活动与冲突。经过作家的铸造与渲染，道德不再是平板的训诫，而是被充分地情化了，

并且装上了想象的翅膀，活化了。一个形象化，一个情化，这就使一系列正面的道德准则、道德理想，能够向美的界域升华，具备更易于被人们接受的美的品格。正因为如此，文学从它产生的第一天起，就肩负着道德教化的任务，并且内化为重要的功能。

如果说立足于道德批判的文学着眼于人性恶的针砭，那么，倾向于道德感动的文学则着眼于人性善的激发。当人性善被某种道德的感动激发出来，那种力量就不单是善，而且还包含着美。在日常生活中，因道德感动而产生美感的情形也会经常发生。例如，汶川地震中，可乐男孩；宝宝妈妈：亲爱的宝贝，如果你能活着，一定要记住我爱你！

“9.11”事件整整一年之后，公布的资料表明：当时飞机上、大楼里的人们在生命最后一刻，留给爱人、亲人、友人的一句话几乎都是“我爱你”。

这不是花前月下轻声慢语；不是夹起公文包临出门时的漫不经心；不是手机、电脑上随意敲出的随心所欲——此时，飞机以每秒130米的速度冲向摩天大厦；此时，几千度的烈焰席卷而来；此时，数万吨的水泥、钢筋在头顶崩溃。人类最恐惧、绝望、痛楚而无法醒来的噩梦——死亡正迎面扑来，一句“我爱你”是生命的最后一次表白，最后一丝牵挂，是万语千言凝成的一句地老天荒的告白。

在茫茫的苍穹下，在无尽的时间里，有始有终的生命总那样短促而脆弱，更不用说天灾人祸对生命随时随地的浩劫。但有一种东西可以超越这一切，这就是爱，这种爱带给人生的美虽然悲壮但却永恒。

现实人生中的这种道德感动现象，只能说明道德感动转化为一种美感具有某种可能性，其实既不会十分常见，也不会非常热烈。但到了文学表现中就不一样了，许多文学家致力于人生中道德情感的开掘，用文学的笔法营造巨大的道德冲击力以打动读者，使得读者内心中掀起强烈的情感回应，从而产生久远的文学感动力。尤其是那些对人性之善美具有相当信心的传统现实主义文学家，他们在激发和调动人性中善美因素方面所表现出来的巨大热忱，是对人性之善和美抱相对悲观态度的现代主义文学家所不能理解的，当然也可能是后者所不屑为的。但从19世纪的欧洲文学到20世纪美国的先锋性文学发展过程中，最能够打动人且让读者久久难忘的，往往还是那些具有道德感动力的作品，如雨果的《九三年》、狄更斯的《双城记》，还有美国大片《风语者》《泰坦尼克号》等。

《泰坦尼克号》这段对白，总让人酸楚的同时为人性伟力所折服：

“我爱你，杰克。”

露丝当然明白杰克的心意，她用力握着他那双手，两个人的手都已经感觉不出温度了，但是他们知道，手是握在一起的。

“……别这样……没到告别的时候，……没到，……你明白吗?”

杰克的牙颤抖得厉害，他感觉自己最后一点体温正在消失，生命正悄悄地离开他的躯体。死亡的期限已到，杰克感到了自己的责任。

“我很冷……”

杰克鼓起最后的力量郑重地告诉她。

“……你会得救……会活下去……”他颤抖地喘息着，“呃……会生……好多的孩子……子孙满堂……你会长寿……是死在暖和的床上……不是这儿……不是今晚，不是……这么死，你懂吗?”

他的头已经抬不起来了，海水扑上他的脸，呛了他一下。

露丝被冻得浑身打颤，她眼睛又要闭上，嘴里喃喃地：“……我身体麻木了……”

杰克已经感到他的时间不多了，他要把话说完，他必须使露丝活下去。

此刻，他不顾自己的颤抖与喘息，略有些急促地对露丝说：“……我赢得船票……是一生……最幸福的事情……”

“我……能认识你……是我的幸运，露丝……我满足了。”

他艰难地停了一下，又鼓起劲儿说下去，“……我还有……还有一个心愿……你必须答应，要活下去……不……不能绝望……无论……发生什么，无论……多么……艰难……快答应我，露丝……答应我，一定做到……”

"……我答应……"

露丝失声痛哭起来。

"……一定做到……"

杰克的声音渐渐弱了下去。

露丝哭着应道："我一定做到，杰克……一定做到……"

杰克、乔峰、朗特纳克、戈万、西穆尔丹这些人性祭坛上神圣的庙祝，人生疆场上伟岸的英雄，道德圣殿里善良的祭司，复杂世事中品格的超人，他们本来就有着非同寻常的道德情感、超乎一般的善良意志、震撼人心的献身精神，意味着对一般道德水准的强烈对照，意味着对富有宗教内涵的高尚道德的无限趋近，以及对任何世俗化道德的坚定拒绝；而对于处在一般人生状态和正常道德能力下的读者来说，就意味着是一种巨大的震撼、冲击、感召和触动。于是，这样的文学描写可能疏离了人生，但却能以巨大的善美之力给人造成深刻的感动，令人久久难以忘怀。

正是由于雨果、金庸对于道德及其感动力和感化力的推崇远远超乎于普通人生的价值水准和逻辑范围，有人认为他们鼓吹的是"抽象的道德理念"，有人则认为他们所持的是童话般的人道主义臆想。前一种说法有欠公允，无论是冉阿让还是戈万、西穆尔丹抑或是乔峰的道德表现，尽管体现出超常的意志力和非凡的牺牲精神，但都是以活生生的生命为代价，以感同身受的痛苦体验与面临死亡和绝望的生命感受为内容，读者从中不仅体察到道德的完美和人性的升华，更能体味出在一种道德梦幻中的生命的张扬，在人生的河床中人格之花的最灿烂的绽放，这一切美好和生动绝非理念的力度所能抵达，这一切艺术的描绘远非抽象的说教所能完成。确实，这些理想的人物表现出作家的一种瑰丽而迷离的道德梦幻，可以被理解成普通人生彼岸的道德之光，但那耀眼的光芒烛照着人生的幽暗，为悲惨而迷茫的人生导航，使美好情操的笙箫在孤独的人生旅程中不断吹响，使充满罪恶和灾难的人生产生道德狂欢的回响。一个个完美的生命在道德的热焰中毁灭，一曲曲人性的赞歌在这毁灭中涅槃而起，它以动人的旋律铺展开道德的盛宴，让一切能够感动和应该得到感动的灵魂酌起一杯杯人生的苦酒含泪饮下，忧伤的心田从此永无宁日。这就是这一类文学道德感动力量发挥的基本路径。

文学造就了我们的心灵，为此它不再粗俗，不再浅陋，也不再虚伪和贪婪，它如蓝天下的白云自由舒展，又如林中的月光，朦胧而神秘；它像冬天的雪，在肆虐的北风中拥有一方圣洁；它像一棵春野的小草，顽强而不乏快乐地追求阳光、和风和朝露。可以这么说，如果没有文学，我们的心灵一定像冬夜一样黑暗，像徙鸟一样没有家园。

第二章　昔我往矣，杨柳依依

——人生情境与文学情境

情境就是情景和境地。文学与人生的关系，应该具体到具体作品的人生情境与文学情境的关系中加以说明。文学的魅力就在于对人生情境的再现、表现与超越、克服。作家的人生体验、人生情境与文学创作的联系是深刻的、复杂的，一定的人生经验特别是富厚的人生积累是作家文学创作的基本资源，这往往能决定一个作家最基本的文学创作内容；一定的人生经历和人生境况也可能成为作家文学价值观念的基本依据，也往往可以决定一个作家的基本价值倾向和流派特性。

第一节　包法利夫人，就是我

——人生情境与文学情境的关系

一、人生情境

人生情境是在特定时间、空间主体所面临和遭遇的对人生意义有着重大影响的环境、事件或关系。

人生情境不同于人生环境，环境是相对于主体而言的一般外部条件。比如，我们可以从自然、社会、人际交往，从政治、经济、文化等方面来理解人生环境，这都是从一般的、社会的意义上理解人生环境。情境则是指相对于社会常态环境而言的特定主体面对的特定时空中的特殊的、具体的环境或事件。比如，小到具体的某个人的家庭、家乡、班级、学校，大到某一民族、某一代人生活在其中的社会、时代。

二、文学情境

文学情境就是文学作品中表现的特定的或虚拟的人生情景和境地。它与人生情境有着相当密切的联系，一般来说人生情境是文学情境之母，文学情境在一定的条件下体现着人生情境之精华。但两者之间的差异性很大。笼统地说，人生情境呈现出自然的和人文的必然状态，体现着“真”的内涵；文学情境呈现出文学家创造的精神形态，体现着“美”的要求。如果说从文学的起源看其与人生的丰富而复杂的关系，强调的是文学情境与人生情境的联系，那么，从文学创作的特殊性考察其与人生现象的一般性的关系，则强调的是文学情境与人生情境之间的差异。

从上述意义上看，我们可以说情感的感动乃是文学创作之母。如果说这样的定义在理论上尚多有可商榷之处，则用之于文学对人生情境的提炼，应该说十分对症。人生情境如果要在一定的文学处理中上升为文学情境，则必须融入相当的情感因素，使之焕发出令人感动、让人产生美感的情绪效果。

人生情境通过作家体验、浸入情感、上升为文学情境。我们从文本中呈现的文学情境感悟自己的人生，却不可以推导等同于作家的人生境况。很多读者每对一本小说发生兴趣，就对作者也发生兴趣，并把小说里的人物和情节当作真人实事。有的干脆把小说的主角视为作者本人。高明的读者承认作者不能和书中人物等同，不过他们说，作者创造的人物和故事，离不开他个人的经验和思想感情，这话当然很对。杨绛指出，创作的一个重要成分是想象，经验好比黑暗里点上的火，想象是这个火所发的光；没有火就没有光，但光照所及，远远超过火点儿的大小。创造的故事往往从多方面超越作者本人的经验，要从创造的故事里返求作者的经验是颠倒的。作者的思想情感经过创造，就好比发过酵而酿成了酒；从酒里辨认酿酒的原料，也不容易。许多所谓写实的小说，其实是改头换面地叙写自己的经历，提升或满足自己的感情。这种自传体的小说或小说体的自传，实在是浪漫的纪实，不是写实的虚构。一如《围城》里写方鸿渐本乡出名的行业是打铁、磨豆腐，名产是泥娃娃。有人读到这里，不禁得意地大哼一声说：“这不是无锡吗？钱钟书不是无锡人吗？他不也留过洋吗？不也在上海住过吗？不也在内地教过书？”有一位专爱考据的先生，竟推断出钱钟书的学位也靠不住，方鸿渐就是钱钟书的结论更可以成立了。忙得杨绛先生提笔为夫申辩，为《围城》做些注解：

> 钟书从他熟悉的时代、熟悉的地方、熟悉的社会阶层取材，但组成故事的人物和情节全属虚构。尽管某几个角色稍有真人的影子，事情都子虚乌有；某些情节略具真实，人物却全是捏造的。
>
> 方鸿渐取材于两个亲戚：一个志大才疏，常满腹牢骚；一个狂妄自大，爱自吹自唱。两人都读过《围城》，但是谁也没自认为是方鸿渐，因为他们从未有方鸿渐的经历。钟书把方鸿渐作为故事的中心，常从他的眼里看事，从他的心里感受。不经意的读者会对他由了解而同情，由同情而关切，甚至把自己和他合而为一。许多读者以为他就是作者本人。法国19世纪小说《包法利夫人》的作者福楼拜曾说：“包法利夫人，就是我。”那么，钱钟书照样可说：“方鸿渐，就是我。”不过还有许多男女角色都可说是钱钟书，不光是方鸿渐一个。方鸿渐和钱钟书不过都是无锡人罢了，他们的经历远不相同。
>
> 我们乘法国邮船阿多士Ⅱ（Athos Ⅱ）回国，甲板上的情景和《围城》里写得很像，包括法国警官和犹太女人调情，以及中国留学生打麻将等，鲍小姐却纯是虚构。我们出国时同船有一个富有曲线的南洋姑娘，船上的外国人对她大有兴趣，把她看作东方美人。我们在牛津认识一个由未婚夫资助留学的女学生，听说很风流。牛津有个研究英国语文的埃及女学生，皮肤黑黑的，我们两人都觉得她很美。鲍小姐是综合了东方美人、风流未婚妻和埃及美人而撰捏出来的。钟书曾听到中国留学生在邮船上偷情的故事，小说里的方鸿渐就受了鲍小姐的引诱。鲍鱼之肆是臭的，所以那位小姐姓鲍。
>
> 苏小姐也是个复合体，她的相貌是经过美化的一个同学。她的心眼和感情属于另一个，这人可一点不美。走单帮贩私货的又另是一人。苏小姐做的那首诗是钟书央我翻译的，他嘱我不要翻得太

好，一般就行。苏小姐的丈夫是另一个同学，小说里乱点了鸳鸯谱。结婚穿黑色礼服，白硬领圈给汗水浸得又黄又软的那位新郎，不是别人，正是钟书自己。因为我们结婚的黄道吉日是一年里最热的日子。我们的结婚照上，新人、伴娘、提花篮的女孩子、提纱的男孩子，一个个都像刚被警察拿获的扒手。

褚慎明也是个复合体，小说里的那杯牛奶是另一人喝的。那人也是我们在巴黎时的同伴，他尚未结婚，曾对我们讲：他爱"天仙的美"，不爱"妖精的美"。他的一个朋友却欣赏"妖精的美"，对一个牵狗的妓女大有兴趣，想"叫一个局"，把那妓女请来喝点什么谈谈话。有一晚，我们一群人同坐咖啡馆，看见那个牵狗的妓女进另一家咖啡馆去了。"天仙的美"的爱慕者对"妖精的美"的爱慕者自告奋勇说："我给你去把她找来。"他去了好久不见回来，钟书说："别给蜘蛛精网在盘丝洞里了，我去救他吧。"钟书跑进那家咖啡馆，只见"天仙的美"的爱慕者独坐一桌，正在喝一杯很烫的牛奶，四围都是妓女，在窃窃笑他。钟书"救"了他回来。从此，大家常取笑那杯牛奶，说如果叫妓女，至少也该喝杯啤酒，不该喝牛奶。准是那杯牛奶作祟，使钟书把褚慎明拉到饭馆去喝奶；那大堆的药品准也是即景生情，由那杯牛奶生发出来的……

总之，人生情境的描写只是对人生逻辑的合法性负责，文学情境的刻画则须对美的规律负责。文学创作应是对人生情境的一种审美提炼，文学欣赏也是在对人生情境的领悟意义上的一种审美提升。反之，可以让我们艺术化地看取人生，人生观理论让我们理性对待人生。文学诗化我们的环境，美化我们的生活，滋润我们的人生历程。让我们艺术化地适应人生情境，创造美丽人生，做告别庸俗的审美人。

第二节　距离产生美

——文学对人生情境的审美提炼

文学艺术表现的美不过是在时空方面分别拉开距离，形成一定的张力，然后再加以克服，以图一种快感的获得。文学之美显然不能等同于人生之境，它必须与人生的情境拉开相当的时空距离，使得创作者和接受者立足于人生之境却能对那一种被表现和凸显的美的境界保持一种对象化的姿态。但当创作者和接受者确认了这种美的对象与现实人生之间的距离之后，之所以能够继续认同它，是因为它能够在这种美的对象中获得人生情境的某种对应或者证同。这两方面的作用才是审美活动的一个完整周期。

美的本质：人的本质力量对象化。

于是，文学和艺术之美虽然与现实人生情境拉开一定的距离，但终究离不开人生百相；离开了人生百相，文学就成了天马行空的东西，甚至像外星系的星团和黑洞，与人生没有什么关涉性，人们就不会将它当作审美对象加以阅读或接受。于是一般来说，人们总是倾向于阅读与自己的人生体验有某种亲近之感的作品。

人们在解析文艺之美的时候总是习惯于追溯到远古人类的游戏，其实那些游戏之所以被称为审美的活动，就是因为它们符合这种与人生既拉开时空距离同时又导向对这种距离的克服的游戏规则。例如原始人的围猎舞，寻根文学对老少边穷远古洪荒的情有独钟。

由此看来，一种美感的形成或者完成，必须经过拉开与现实人生的距离，同时又在另一层意义上克服这种距离，让审美快感在复归人生这一特定的路径上得以实现。

在审美体验中，一味地“移情”，不但不能增强美感，反而会使美感消失，甚至会产生苦痛感、不幸感和绝望感。就是因为移情过深时，审美主体与对象之间的界限完全消失，他们眼中的艺术世界还原为实际生活本身，这样审美欣赏就变成了自伤身世，审美主体也就可能陷入苦痛的深渊，甚至演变为一场灾难。那些《维特》迷们自杀、观看《白毛女》战士向“黄世仁”开枪，他们是情感丰富的人，却不是好读者、好观众。因为他们都在不知不觉之中因移情过深而从艺术世界退回到现实世界，审美欣赏竟然演变成生活悲剧。所以，审美主体与对象之间保持一定的距离是审美体验的必要条件。儿时，外婆总是习惯于用“很久很久以前”“在很远很远的地方”等句式开始给我们讲述故事、神话，也正是这种距离的设定才越发让我们感到神奇与感动。

一、有位佳人在水一方·空间距离美

这样的审美经验可以推广到任何一个审美对象的鉴赏过程。例如，面对一簇美艳的鲜花，人们如果感到震惊，感到恋恋不舍，那是因为发现了此花之美的与众不同，实际上由此花生发了对于平日所见之花的一种距离之感；然而面对这美艳之至甚至叹为观止的鲜花，人们想描摹之，歌颂之，更想攀摘之，甚至想连根移栽于自家庭院，即总是唤起一种让这样的花与自己的现实人生发生某种更紧密的关系的臆想，这就是对于自己心造的距离加以克服的欲望。①

好一朵茉莉花，
好一朵茉莉花！
满园花开比也比不上她！
我有心摘一朵戴，
又怕看花的人儿骂。
又怕来年不发芽！

这首苏州民歌的前半部分便是距离的产生和强调：那一朵被歌颂的“茉莉花”卓尔不群，满园的鲜花都比不上她，因而她成为审美的特别对象；后半部分则是对这种距离感的克服，想到占有这朵花，让这朵花直接为自己的人生作点缀。当然，这样的想法不能付诸实施，一旦付诸实施便成了对美的摧折；但这种想法的产生，又实在是审美过程中的一个必然环节。总之，面对美丽的对象譬如鲜花，最终的结果最好只是观赏、描摹、歌唱，其他什么也没有发生过，无论怎样，欣赏鲜花之美的过程总须在这种距离的形成与克服努力中完成。

① 朱寿桐．文学与人生十讲［M］．北京：北京大学出版社，2006：115－116.

将进酒

李　白

君不见黄河之水天上来，奔流到海不复回。

君不见高堂明镜悲白发，朝如青丝暮成雪。

人生得意须尽欢，莫使金樽空对月。

天生我材必有用，千金散尽还复来。

烹羊宰牛且为乐，会须一饮三百杯。

……

颍阳去黄河不远，登高纵目，故借以起兴。但黄河源远流长，如从天而降，如此壮阔景象，定非肉眼可以穷极，作者是想落天外，一下拉开了足够的距离，依此彰显出人生原在朝暮之间，在黄河带来的人生感叹中又弥合着这距离。

空间距离也具有美化事物的作用。在近处看起来平常、不快甚至丑陋的事物，将它们放在一定的距离外去观照就可能变得奇崛、愉快甚至美丽。

这里还有一个距离悖论问题：一方面，作品是否能够感动我们，引起共鸣，与作品所描绘的生活情境与我们自身的独特生活经验、体会相吻合程度成正比，越是吻合对艺术的领会就会越深切入微，作品就越能打动我们；另一方面作品情境与我们越是贴近，我们就越容易把艺术世界与自身的生活经历混为一谈，我们就越容易从艺术世界退回到自身经历的现实世界。所以，应是“若即若离”，拉开距离又弥合，弥合的同时又拉大了距离。

美国大片《男人百分百》里总裁黛茜的位置原应属于百分百男人，他自然不甘心，使尽浑身解数目的就是要夺回自己的东西，对黛茜关心、呵护、支持……耍尽各种手腕。“礼包销售案”——要求所有高管一周内拿出各自的营销创意，这是他逆袭的机遇。通过关爱、抚摩女强人孤独、寂寥的灵魂，用爱情骗取黛茜的信任。黛茜女性还原、女儿心声自然流露……偷听黛茜心声获得黛茜创意—— 一夜爱情，黛茜把自己的创意送给了他。第二天，他假惺惺地对黛茜说，我已经把咱们两个的创意整理出来了，你看要不要签上你的名字？被爱情击倒的黛茜说，什么你的我的，你的就是我的我的就是你的呀，就签上你的名字吧？黛茜的创意技压群芳，使他大获成功，阴谋得逞了。可，不幸的是自己真的坠入情网……最终放弃复仇。电影让我们发现：天天待在办公室，并不使我们动容。可是，当我们成为电影观众时，才体味出各自的苦辣与酸楚！拉开了空间距离成为我们欣赏的对象，才猛然看清，同时又使得我们得到心理证同，获得感悟：天天算计、冲突……心与心的隔膜。一旦我们能静下心来倾听自己和他人灵魂的声音，便可以拯救我们的灵魂。

《下岗也风流》中的皮依渺小到没有人注意他，什么好处都没有他的事。连公司照合影都没有自己合适的位子，而被排除在外，每次照相自己总被挤在镜头之外，所以，无数个合影相片上都没有自己……后因自己的软弱殃及无辜同事，而勇敢站出。谦和不是软弱！自尊捍卫我们的尊严……再次照相终于站在了镜头之内。

《穿普拉达的女王》中的米兰达事业辉煌，敬业、干练……人又美丽，本身就是杂志封面女郎。粉面含春威不露，丹唇未启笑先闻，但为人刻板、挑剔……手下乡下女孩安德丽娅几乎被她逼崩溃了！办公室没有温馨，紧张烦恼……下班也没有休息！不断接老板电话，没有自己的生活。在绝望时，安德丽娅决定辞职，辞职之前，向朋友倾诉，而朋友却告诉她，挑剔、批评是她在履行职责、例行公事，不是针对谁的！辞职就是逃避！……一天台风，所有航班被取消，而米兰达要她搞到机票……危机过后，米兰达终于挑剔地接受、肯定了安德丽娅，而安德丽娅却走向街的深处。这时她的穿着有了自己个人化性格表现，时尚不很超前、把握潮流，表现她自信自主。办公室物化环境，让人迷失人性，但它又是城市的根基，在这里汲取养料、水分，才使城市枝繁叶茂，没有商业较量，美好生活的基础就会面临危机！如何在沉浮中把握自己？在水泥森林中，就让我们期待火红盛开……

由上述诸例更可知，审美过程中必须有对于文艺表现对象与实际人生之间距离的克服，最重要的必须在心理上展开，实际上体现为人生中的主体对于文艺表现中对象的一种心理认同，是事实上人为拉开的距离为心理认同所弥合了，这样才产生了美感。如果前述“茉莉花”真的从实际动作中消除与对象的距离，那便是肆无忌惮地“摘一朵戴”了，还有什么美？再美的鲜花离开了繁茂的枝叶戴在人的头上，也不可能再焕发出令人称羡的美。再如：

关 雎

关关雎鸠，在河之洲，窈窕淑女，君子好逑。

参差荇菜，左右流之。窈窕淑女，寤寐求之。求之不得，寤寐思服。悠哉悠哉，展转反侧。

参差荇菜，左右采之。窈窕淑女，琴瑟友之。参差荇菜，左右芼之。窈窕淑女，钟鼓乐之……

蒹 葭

蒹葭苍苍，白露为霜。所谓伊人，在水一方。溯洄从之，道阻且长。溯游从之，苑在水中央。

蒹葭凄凄，白露未希。所谓伊人，在水之湄。溯洄从之，道阻且跻。溯游从之，苑在水中坻……

皆因距离——求之不得、在水一方才使得“淑女”“伊人”更加牵魂！

明白了文学之美之于人生体验之间时空距离因素的关键性，则不难理解文学情境与人生情境之间的重要差异乃在于时空距离的运作。文学情境之所以能够“移人性情”，能够让人产生远超出于人生之境的美感，常常就在于这种时空距离的运作，是时空距离的运作使得人生之境得到了审美的提升，从而成为审美感动的不二法门。

因此，文学创作的要旨便是在空间感和时间感上拓展人的感兴，开拓人的思维，牵引人的思绪朝更悠远或更久远的方面延展，这样才能将人生情境往文学情境上提升，才能使得人们在一种更加自由的时空感上愉快地完成审美的想象。寻根文学获得成功的秘诀也正在于此。如韩少功的楚国神秘，贾平凹的商州风俗，郑万隆的异乡异闻原始丛林，张承志的草原大漠，张贤亮的沙漠、戈壁、绿洲……

中国传统国画中的“留白”，标志着国画艺术的上乘水平和崇高境界，其目的也是激发人们的审美想象，留待人们的想象去填充那妙不可言的“白”，让人们在这种想象中感受到进入艺术情境的欢悦。中国传统第一美人只能是秦罗敷：

陌上桑

日出东南隅，照我秦氏楼。秦氏有好女，自名为罗敷。……行者见罗敷，下担捋髭须。少年见罗敷，脱帽著帩头。耕者忘其犁，锄者忘其锄。来归相怨怒，但坐观罗敷……

巨大的肖像留白给读者根据自己不同美的标准去遐想完成。

文学史上有两首唐诗常处于人们的比较阅读中。一是王维的《渭城曲》，一是高适的《别董大》①：

渭城曲

王　维

渭城朝雨浥轻尘，
客舍青青柳色新。
劝君更尽一杯酒，
西出阳关无故人。

这是非常经典的送别诗，内中充满着前路渺茫、人生难测的焦虑与伤感，文字空灵而情调优雅，千百年来感动了无数文士才女的心，惹下了多少迁客骚人的泪。由此诗的意境敷衍而成的《阳关三叠》等音乐作品已经成为中国音乐宝库的经典杰作，许多文人墨客竞相写作“阳关”题材，已足以构成至今人们深入研究和深深回味的“阳关文化”现象。应该说，这是一首不朽的诗作。

但是自从高适的《别董大》出来之后，情形发生了某些微妙的变化，人们开始将高适的这首明显取意于王维的诗与《渭城曲》一比

① 朱寿桐．文学与人生十讲［M］．北京：北京大学出版社，2006：121.

高下：

别董大

高　适

千里黄云白日曛，
北风吹雁雪纷纷。
莫愁前路无知己，
天下谁人不识君。

人们感兴趣的自然是后两句，高适写到此处一定十分得意，一方面将友人董大写得名震四方、威风遐迩，传达自己的友情更显得真诚深挚，另一方面也对将别的友人有了一个美好的安慰，这似乎才是待友之道和送别之词的“正经”。更重要的是，他借助王维的意境，在此基础上翻新出异，立意超乎王维之上，足以造成令人拍案叫绝的艺术效果。许多人正是这样理解高适诗歌的妙处，确认高诗比王诗来得高明。

王维和高适都是唐代诗人中的出类拔萃者，他们的诗各有千秋，皆宜称赏。不过就此二首，说高诗高于王诗，完全是一种偏颇之论，而且这种偏颇正是来自于不懂得文学情境需要“留白”，需要提供一定的想象空间。

偏爱高诗者显然主要是从人生情境出发理解“送别”场面和相关情景，觉得天下人都认识，天下人皆能友善地对待乃至接待这位即将远行的董大，这是人生的一大幸事、一大乐事；这样的人生情境，自然是人人向往、人人称羡。然而从文学情境来看，前路充满着“知己”，天下所有的人都熟识，于是伴随着的永远是前呼后拥，挤挤挨挨，热热闹闹，没有了空虚，同时也失去了独自徜徉的空间；没有了寂寞，同时也失去了“万里一身孤”的诗趣；没有了零落，同时也失去了自由的体尝。只有完全沉浸在世俗人生的氛围之中，人们才会欣赏这种情境；只要懂得诗并偏向于诗的人，一般不会对这样的情境加以欣赏。于是，从文学情境来说，王维诗刻画出的“西出阳关无故人”的景象虽然令人倍感凄凉，但充满着古悠的意趣；虽然声韵悲苦，但葱茏着忧伤的诗意；

虽然语气凋零，但洋溢着迷茫的清商。更何况那种友人之间“再无故人”的生死相依、生离死别的情感，比起高适诗中一句轻飘飘的“谁人不识君”，好似推卸责任一般的友情表现，不知真诚、深挚多少倍。

王诗与高诗的差异，就是文学情境与人生情境的差异。王诗将阳关以西的巨大空间，连同未来的迷茫、孤零甚至生死未卜的巨大空白，留给了阳关之别的友人和自己，留给了千百年和千百万的读者。人们可以伴随着诗人凄苦哀伤的乐步，去想象，去思量，在想象和思量中咂味人生的艰难与无常，那便是一种诗意的领略，一种美学之境的漫步与徜徉。

人生重别离，更重别离之后生死茫茫音讯杳然。最令人悲伤同时也最动人的往往是这种“西出阳关”式的别离。由于这样的别离充满不确定的因素，充满着人生的孤独感和飘零感，充满着前路的迷茫和生命的“留白”，因而同时也充满着浓郁的诗意。

二、“遥想公谨当年，小乔初嫁了”·时间距离美

超越人生情境的另一路径是“时差”。

一流的作品会自觉不自觉地将文学表现中的空间“留白”与人生情境的“时差”结合在一起以提升文学情境的境界。

人生处在时间之中。属于人生的每一日每一时都在不停地消逝，而且消逝了的时间永远无法唤回。于是，每一个人的人生积累，其实不过是那些无法唤回的消逝了的时间痕迹的汇集，甚至只是这些消逝了的时间被岁月风干后渣滓的堆砌。每一个人都不会愿意让自己的生命历程只是以一种淡淡的痕迹出现，也不会十分甘心自己的人生积累就那样白白地让岁月去风干，于是便常常用感叹的声腔，用怅惘的调值，带着神往的笑靥甚至忏悔的泪水，去湿润那些行将风干的残片，去唤醒那些开始淡化的记忆。由于这样的努力不可避免地要与当下的人生拉开时间的距离，而且充满着不得不然的深沉和无可奈何的忧伤，一般来说都能够顺理成章地体现出文学情境之美。

哪怕是一个普通人对于过往人生的回忆，也往往因客观上的时间距离和主观上的情感因素作用而显得富有情趣，富有诗意。一般人回忆过去经历的事件都是以欣赏心态进行描述的，包括儿时“小偷”“小摸”恶作剧……

许多人走上文学创作的道路，都常常是因为往事的记忆激动着自己的心扉。文学作品表现的昔年往月的人生情境，之所以能够感动作家自己同时也能较普遍地感动读者，是因为这样的人生回忆拉开了与现实的时间距离，这种时间距离提醒着每一个人：逝去的人生永无挽回的可能，从而唤起人们对于往事悠悠、日月匆匆的怅惘感兴，于是自然地产生了认同，产生了美感。运用时间的距离将人生情境升华到文学情境，也就是在文学构思的意义上与人生现实打“时间差”，或者制造和开发“时差”，这是文学创作的常见手法。

人生短暂，转瞬即逝，如白驹过隙，似飞鸟过目，是风中烛光，倏忽熄灭，是叶上朝露，日出而晞。世界给人留下的是有限的此生和无限的沉寂，人无可挽回地走向死亡。人类奋力抗争总以人的失败告终，人类悲壮的企慕化为碎片在西风中萧瑟。与其痛苦而无望地挣扎，还不如忘却营营。时间性存在是一种情理性存在。在时间的帷幕上，映现的是人的具体活动场景，承载的是说不尽的爱恨情仇。时间意味着秩序、目的、欲望、知识、真理……时间意味着一地鸡毛，也意味着说不完的占有和缺憾。“昔我往矣，杨柳依依，今我所思，雨雪霏霏。”时间记载了我们多少遗恨和缺憾、失落和迷茫！文学艺术就是要撕破时间之皮，走到时间背后，去寻找自我性灵的永恒安顿，摆脱时间性存在所带来的苦痛。

中国人的时间观念就有一种超越思想。所谓“荣落在四时之外”，就是要悬隔时间，截断时间之流，撕开时间之皮，到流动的时间背后，去把握生命的真实，拷问永恒的意义，思考存在的价值。

要做一个真实的人、本然的人，就必须自己成为自己的主人，不要匍匐在万物之下、他人之下、既成的理念之下，更不要匍匐在欲望之下，要斩断时空的纠缠，从而高卧横眠得自由。

“时差”的开发和运用所以能使文学移人性情、感动读者，如前所说，是因为时间距离的拓展能强化某种人生体验的悲剧感，让时间的流逝这种任何人都只能徒叹奈何的现象表现于较为一般的人生体验，从而唤起人们的情感认同。既然是任何人都无可奈何，则任何人都会唤起这样的认同，审美的普遍性因此便得到了凸显。去年今日此门中，人面桃花相映红，人面不知何处去，桃花依然笑春风。昨夜风吹雨骤，浓睡不消残酒。试问卷帘人，却道“海棠依旧”。知否，知否？应是绿肥红瘦！

虞美人

李　煜

春花秋月何时了，往事知多少。小楼昨夜又东风，故国不堪回首月明中。

雕阑玉砌应犹在，只是朱颜改。问君能有几多愁，恰似一江春水向东流。

作为一个“好声色，不恤政事”的国君，李煜是失败的；但正是亡国成就了他千古词坛的“南面王”地位。正所谓“国家不幸诗家幸，话到沧桑语始工”。《虞美人》就是千古传诵不衰的著名诗篇。

这首词刻画了强烈的故国之思，取得了惊天地泣鬼神的艺术效果。“春花秋月”这些最容易勾起人们美好联想的事物却使李煜倍添烦恼，他劈头怨问苍天：年年春花开，岁岁秋月圆，什么时候才能了结呢？一语读来，令人不胜好奇。但只要我们设身处地去想象词人的处境，就不难理解了：一个处于刀俎之上的亡国之君，这些美好的事物只会让他触景伤情，勾起对往昔美好生活的无限追思，今昔对比，徒生伤感。问天天不语，转而自问，“往事知多少”。“往事”当指往昔为人君时的美好生活，但是一切都已消逝，化为虚幻了。自然界的春天去了又来，为什么人生的春天却一去不复返呢？“小楼昨夜又东风，故国不堪回首月明中。”“东风”带来春的讯息，却引起词人“不堪回首”的嗟叹，“亡国之音哀以思”，大抵只能如此吧。让我们来想象：夜阑人静，明月晓风，幽囚在小楼中的不眠之人，不由凭栏远望，对着故国家园的方向，多少凄楚之情，涌上心头，又有谁能忍受这其中的况味？一“又”字包含了多少无奈、哀痛的感情！东风又入，可见春花秋月没有了结，还要继续；而自己仍须苟延残喘，历尽苦痛折磨。“故国不堪回首月明中”是

“月明中不堪回首故国”的倒装。“不堪回首”，但毕竟回首了。回首处“雕栏玉砌应犹在，只是朱颜改”。想象中，故国的江山、旧日的宫殿都还在吧，只是物是人非，江山易主；怀想时，多少悲恨在其中。“只是”二字以叹惋的口气，传达出无限怅恨之感。

以上六句在结构上颇具匠心。几度运用两相对比和隔句呼应，反复强调自然界的轮回更替和人生的短暂易逝，富有哲理意味，感慨深沉。前两句春花秋月的无休无止和人间事的一去难返对比；三四两句“又东风”和“故国不堪回首”对比；五六两句“应犹在”和“改”对比。“又东风”“应犹在”又呼应“何时了”；“不堪回首”“朱颜改”又呼应“往事”。如此对比和回环，形象逼真地传达出词人心灵上的波涛起伏和忧思难平。

最后，词人的满腔幽愤再难控制，汇成了旷世名句“问君能有几多愁，恰似一江春水向东流”。以水喻愁，可谓“前有古人，后有来者”。刘禹锡《竹枝词》“水流无限似侬愁”，秦观《江城子·西城杨柳弄春柔》“便作春江都是泪，流不尽，许多愁”。这些诗句或失之于轻描淡写，或失之于直露，都没有“恰似一江春水向东流”来得打动人心，所谓“真伤心人语”也。把愁思比作“一江春水”就使抽象的情感显得形象可感。愁思如春水涨溢恣肆，奔放倾泻；又如春水不舍昼夜，无尽东流。形式上，九个字平仄交替，读来亦如满江春水起伏连绵，把感情在升腾流动中的深度和力度全表达出来了。以这样声情并茂的词句作结，大大增强了作品的感染力，合上书页，读者似也被这无尽的哀思所淹没了。

全词抒写亡国之痛，意境深远，感情真挚，结构精妙，语言清新；词虽短小，余味无穷。

对岁月流逝的感慨，常常与萧瑟、落寞的心情联系在一起，才显得特别动人。

春江花月夜

张若虚

春江潮水连海平，海上明月共潮生。

滟滟随波千万里，何处春江无月明？
江流宛转绕芳甸，月照花林皆似霰。
空里流霜不觉飞，汀上白沙看不见。
江天一色无纤尘，皎皎空中孤月轮。
江畔何人初见月？江月何年初照人？
人生代代无穷已，江月年年只相似。
不知江月待何人，但见长江送流水。
白云一片去悠悠，青枫浦上不胜愁。
谁家今夜扁舟子？何处相思明月楼？
可怜楼上月徘徊，应照离人妆镜台。
玉户帘中卷不去，捣衣砧上拂还来。
此时相望不相闻，愿逐月华流照君。
鸿雁长飞光不度，鱼龙潜跃水成文。
昨夜闲潭梦落花，可怜春半不还家。
江水流春去欲尽，江潭落月复西斜。
斜月沉沉藏海雾，碣石潇湘无限路。
不知乘月几人归？落花摇情满江树。

时间距离一直拉到了“江畔何人初见月？江月何年初照人？”时间距离让我们感江月之悠悠，叹人生之凄愁。

这样的文学情境在叙事性文学中常常被采用，往往是小说家渲染怅惘、忧伤情绪，感叹人生悲凉的常用手段。这样的情绪渲染在小说创作中非常普通，因为各路小说家都已了解，岁月悠悠的“时差”能够有效地激发起人们的沧桑感、悲剧感和摇落、怆然之感。

遥远的梦……

婚礼上，你给我讲了你那遥远的故事……

你说你是山里人，她也是山里人，不过，她是矿山人，而你是“农山”人。

完全是偶然，你说。你的家乡还很穷。乡上只有一所学校，初中毕业，就意味着完成学业了。虽然你不甘心，但这却是现实！

听说你舅母娘家弟媳的姑家表兄在矿上谋事儿，只说试试看，不想成功了——矿山子校高中班收了你这位农村学生。帮忙的就是她爸。

是舅母娘家弟带你去的。送到她家便自个儿回去了。第一次到她家做客，那时，她穿着一件水红连衣裙。你说，她像一位骄傲的公主——虽然当时你并没有看清她是白还是黑，但你愿意这么说。

那天中午，吃的是馍馍和稀饭，桌上共有几个菜你已忘了，也根本就没看清。印象最深的是馍馍，雪白雪白的馍馍。也许是因她在对面坐，你那顿饭是低着头吃的。她父母很客气，时儿让你吃菜，时儿让你吃馍。他们越让，你越把头低得很，越是不敢吃，只会一句话："先喝点儿稀饭，有点渴。"越是这样，她就越是忍不了笑。她笑得很脆，像百灵，你说。

你说，当时很尴尬，以为她在笑话你。后来，才知道她并没有恶意，只是觉得好玩儿。那当然是熟悉之后的事儿了。

"你为什么不吃馍馍，总是喝稀饭？"

"这是乡下的规矩。"

"规矩……？"

"是的，乡下还穷，多是'贼来不怕客来怕'，客人须客气些。要做到'二少一多合个半'。就是要少吃菜（尤其是好菜），少吃稠饭，多喝稀饭，一共只能吃个半饱。否则，便遭人嗤笑。"你说，当时你说得很认真。她竟哭了，莫名的，她为什么要哭？你说你真的不知道。

然而，从此她再没笑过你！

不久，下雨了，好大好大，泥水很深。你只有一双鞋子——妈妈做的千层底儿布鞋。看着鞋子弄脏弄湿你心疼，你说你真想赤脚走路。下午，她竟拿来一双皮鞋——她哥哥的，还钉了掌子，走在教室里山响，同学们都用异样的眼光看着你，似笑非笑，而只有她目光是温和的。

为了表示感谢，你亲自把皮鞋送到她家，当然是在天晴之后。

到她家，你径直走向水龙头——你想应该给人家洗洗干净。

不想，她妈妈却极力劝阻：“你放下吧，我们洗。”

“没事儿，我来洗吧。”你以为她妈妈是客气。

“不用，不用。”她妈妈说着便来“夺”皮鞋。正在此时，房间里传出甜甜的声音；“李青峰，快来看这道题怎么做?”

于是，你便放下皮鞋。她并没问什么问题，她告诉你为什么妈妈坚决不让你洗皮鞋。“那是皮子的，不能洗，”她很温和。你说，你是第一次穿皮货，确实不知原本不能用水洗，你很感激。

那以后，你说你和她的距离越来越近了，兄妹般。

期中考试刚完，都关心各自的成绩，你和数学老师挺要好，你看了她的卷子，当时还没批改，不知为何，你说，你竟拿起笔来替她补作上了那道题——那道使她十分懊恼的题，当时竟忘了笔迹不一样，事情自然暴露了。

鬼使神差，她在打听英语分数时，第一个问的便是你考了多少。英语老师原本有点生气（因她的成绩太令老师失望），“你怎么不先问自己，而每次都先问李青峰考多少，李青峰、李青峰，他是你什么人？……”当时是在教研室里，人很多，话太尖刻了，她流泪了。

两件事联在一起，那还了得?！立即风言风语弥漫了校园。

从此，你不再问她英语，走路总躲着她，她也成了忧郁公主。

终有一天，她在校门口截着了你。她给你看了样东西，是“转学证”。“我是来向你道别的。”当头一棒。

“为……为什么?”

“不为什么，我们家调走了，”她笑得很勉强。“你很有前途，好好学……希望你再做客别忘了吃馍馍……”

“我会记着皮鞋不能用水洗的。不过，要是回乡下做客，还是多喝点儿稀饭好。”

“会好的，一切都会好起来的。”说着她转过身去，把背留给了你。

“是的，我也相信!”

“我去后，会给你来信的，告诉你通讯地址。你也别忘了给我回信……”说着，她头也不回地走了，不，是跑了，你凄然地说。

后来呢，我问你。你说两年也没接到她的信，她真狠心，我为你不平。而你好像没听到我的话，继续说下去。领取大学录取通知书的那天，班主任送给你一包东西，打开一看是信，是她的信，是她给你的信。数了数共二十一封……

你说不下去了，哭了……

这种感触在陈子昂的《登幽州台歌》中得到了另一番表现。这首脍炙人口的千古绝唱最关键的乃是一个“独”字：

前不见古人，
后不见来者。
念天地之悠悠，
独怆然而涕下。

这首诗歌的动人心魄之处不仅在于超越了诗人的人生情境，汇聚了古往今来关于天地悠悠、孤独怆然的诗性感叹，更在于它在时间概念上开辟了十分空灵的空间，从而拉大了与人生情境的距离。“前不见古人”，是旷古的时间回溯，“后不见来者”，是渺远的时间延宕，当前所见只能是“天地之悠悠”，那又是时间的飘忽不定、不可捉摸，所有这样的时间界定都使诗歌表现的文学情境远远疏离了作者当时的人生情境。这样，读者真正理解它或大致走近它的唯一途径，便是领悟作者所沉浸的同时也是作者希求表达的诗性感叹，而不是弄清作者叹息的具体人生内容。

这首诗歌除了在时间距离意义上的“时差”处理外，还同时采用大幅度的空间“留白”的诗法，使得诗歌在时空交错、时空混沌的状态中更疏离了任何人生情境，并笼罩着一层似真似幻的朦胧与苍茫。诗歌的“前不见古人”“后不见来者”也未尝不可理解为方位关系，“天地之悠悠”更可以视为空间的无际无涯，于是整首诗的文学情境又可以说是在一个莫大的难以把捉的未知空间展开。不可捉摸的时间与难以把捉的空间强化了人生的虚渺感和孤独感，印证了人生的无奈和无助，于是只有“独怆然而涕下”了。

人们在用“时差”处理的方法超越人生情境而进入文学情境的时候，早已掌握了夸大人生情境与文学情境“时差”的奥妙，并常常乐此不疲地加以运用，所取得的文学成果甚至在各民族的文学历史上都相当可观。

在中国，“山中方一日，世上已千年”的传说，典型地体现了先民从“时差”的角度试图超越人生情境而企求在文学情境中获得自由的审美心性。

三、想你时你在天边，想你时你在眼前·心理距离差

其实，上文谈到的距离还不是我们说的产生美的距离——准确地说，距离产生美中的“距离”是指“心理距离”，不仅仅是指刚才说的时空长度。如《远与近》只是心灵隔膜与距离。

远与近

顾 城

你，
一会儿看我，
一会儿看云。
我觉得，
你看我时很远，
你看云时很近。

这里的远与近是时空的物理距离，更是心理距离。一般地说，人与人的距离总是近于人与云的距离的。就是说“你”与“云”的距离应该比“你”与“我”的距离要遥远，然而，“你”却让“我”体味到“你”与“我”的距离要比“你”与“云”的距离遥远得多。这是物理距离与心里感觉的置换。“你”面对“我”是那么的神秘难测，让我捉摸不透；而“你”面对着“云”时却是那么的坦然率真。“你”看“云”时是那么专注，看“我”时却是如此的飘忽……“你”和“我”之间永远都有一道无形的隔膜，温情地阻断了我们情感的交融、心灵的交流。

传　奇

刘　兵

只是因为在人群中多看了你一眼
再也没能忘掉你容颜
梦想着偶然能有一天再相见
从此我开始孤单思念

想你时你在天边
想你时你在眼前
想你时你在脑海
想你时你在心田

宁愿相信我们前世有约
今生的爱情故事不会再改变
宁愿用这一生等你发现
我一直在你身旁从未走远

“想你时在天边，想你时在眼前”，这种距离的强大反差，是“只因为在人群中多看了你一眼，再也没能忘掉你容颜”之后产生的心理体验的反映。

心理距离是距离的一种特殊形式，是指在我们审视事物时，在事物与我们自己实际利害关系之间插入一定的距离，使我们能够换一种眼光看世界。如雾海航行：试想大雾弥漫，对于船上的水手和乘客来讲，都是一件很糟的事。茫茫雾海里，水手因判断不清方位和信号，担心触礁而精神极度紧张，感到的是万分焦虑；乘客则除了担心船出危险，还会因为船速放慢而耽误旅行日期而心神不宁。一切都因为这场大雾变成了不安和恐怖。但假如所有船上的人能暂时忘却大雾造成的麻烦，忘却危险性与实际的忧闷，把注意力转向“客观地”形成的周围的景色，那么海雾也能成为浓郁的趣味与欢乐的源泉。因为那迷茫的大雾所造成的天水一色的情境像透明的薄纱，简直是一幅奇妙无比的画卷；那船处在雾海深处所造成的远离尘世喧嚣的沉寂，也给人一种恬静安宁自由快适的感觉。同一情境两种结果，距离之故也。

心理距离说的核心是强调审美体验的无关功利的性质。事物具有两面性：一面是“正常视像”，一面是“异常视像”。前者指事物与人的功利欲望相关；后者指事物与人的功利欲望无关。总是被事物的功利欲望所羁绊是见不到美的，超功利是美的本质特征。三女神争夺金苹果的神话就是人类祖先对美之思考。

第三章　好一个"情"字了得

——情爱人生

爱情是什么？苏格拉底说：爱情是一种渴望。按照一般世人公认的，更具体的界定是：爱情是两个异性人对彼此之间灵魂与肉体的完美结合的一种渴望。在这个定义之下，我们应对与爱有关的概念进行如下辨析：

第一，"理念的爱"与"世俗的爱"。"理念的爱"是对"爱情"抽象的、"本质化"的提炼，由此我们至少得到这样一些关于爱情的属性：超功利性、恒久性、排他性。不难发现，这些属性的"绝对形态"在世俗生活中根本不存在。但是我们又不得不承认，人们对"世俗的爱"的标准，正是"理念的爱"的标准。只不过这些标准在现实中无一例外地都被打了折扣。换句话说，"理念的爱"之种种规定性，在"世俗的爱"里都不能绝对化，它们只是一些相对的标准。因此可以说，这两种爱既相互背离，又相互依存。

第二，"恋爱"与"恩爱"。上述"爱情"的定义，必然地包含了"爱情"与"婚姻"的永久性悖论："爱情"既然是对两性之间精神与肉体的完美结合的一种渴望，而"婚姻"则是这种渴望在某种"相对意义"上的满足。从逻辑上讲，"渴望"与"满足"两样东西显然不能同时存在（人们之所以"渴望"是因为他们没有满足，同样，人们满足之后对这个提供满足的东西就不再"渴望"了）。汉语中严格地区分着两个词："恋爱"与"恩爱"，可以看作是这一法则的旁证。"恋爱"与我们前面所说的"爱情"是一种东西，作为一种渴望，它只存在于意识之中，可以说是两性精神上的相互拥有，主要体现一种"审美的价值"（因为它不关涉功利）；而"恩爱"却与我们通常意义上的"爱情"不同，它是两性在物质上的（当然包括肉体的）互相给予，因而它更多地体现着“实用的价值”。

第三，“爱的目标”与“爱的过程”。由于上述原因，人类的“爱情”生活体现着“目标”与“过程”的永远追逐和永难相交。一方面，人类设立了天国中的、指向绝对理想的、纯粹的、精神领域中的“至爱”，它是无止境的；另一方面，人对这种“至爱”的追求也是无止境的。人追求着那个目标，误以为它能够实现，可是每当将其抓在手中时，发现它又逃脱了，向更远的地方退去。于是又有了新一轮的追逐……更重要的是，当人追求的时候，以为“爱情的价值”存在于目标之中，而实际上是由于纯粹的“爱情”并不具有现实载体，所以，爱情对于人生的真正价值存在于追求的“过程”之中。“追逐”和“逃离”构成了文学中“爱情主题”的无限张力，也构成了它在现实人生和艺术世界中的永恒魅力。

情爱人生，广义上指以人与人之间的美好感情为人生的价值追求，以能否实现和谐的人际关系为行为指归的人生历程。

狭义而言，就是把人固有的爱情需求尽可能彰显出来，在追求发展理想爱情中找到自己的价值以及生存的意义的生历。

第一节　我拿什么奉献给你·爱情与事业

——鲁迅《伤逝》、托尔斯泰《安娜·卡列尼娜》

《伤逝》把主人公子君、涓生对人生之路和生命意义的探求过程，放置于中国近代文化转型和“五四”新文化运动这一大的时代背景中，表现了社会环境对人的制约。子君、涓生追求恋爱自由、反抗封建势力而终归失败的命运，深刻地表现了个性自由和精神解放必须伴随着对社会环境的改造，从而使作品的人生与生命这一核心主题在更广阔的背景中得以充分拓展，极大地丰富与深化了作品的内涵。

鲁迅在小说中对恋爱婚姻进行了深刻的反思，赞扬了子君和涓生对恋爱自由、婚姻自主的热烈追求，同时，也否定了他们的恋爱至上主义。这一点在子君身上得到了集中体现。“五四”新思想、新文化的传播，使觉醒了的青年知识分子奋起反抗封建礼教和封建势力的压迫与束缚，争取恋爱自由和婚姻自主，这是“五四”时期追求个性解放的重要内容。作品为我们展示了子君和涓生这两个“五四”觉醒者在接受了西方自由平等、个性解放思想之后，勇敢地反抗封建专制，热烈追求恋爱自由、婚姻自主。作者赞美了他们热烈而纯真的爱情，特别在子君身上，作者倾注了更多的赞扬，称颂了她反叛旧势力和封建礼教的勇敢和坚决，赞美了她追求恋爱婚姻自主的明朗与果敢。子君从涓生那里受到个性解放思想的影响，促使她生命意识的觉醒，并产生了新的追求，对人生充满了自信与希望。她与涓生在思想上产生共鸣，并在此基础上建立了纯真的爱情。仅和涓生交往了半年，子君就发出了“我是我自己的，他们谁也没有干涉我的权利”的宣言，这富有时代特征的宣言，闪耀着反叛封建专制和封建礼教的思想火花，反映了青年知识分子争取恋爱自由的觉醒意识，也表达了“五四”时期知识女性要求摆脱一切束缚、追求人格独立的坚强意志。面对封建顽固势力的恶意窥视和讥笑，她毫不畏缩，“坦然如入无人之境”地“前行”，这时走在一旁“有些瑟缩”的涓生也不禁为之“骄傲”，从而增进了对子君的爱慕，感受到追求理想人生的希望。

作者用漫画式的手笔勾勒出“鲇鱼须”和“雪花膏”这两个封建恶势力帮凶的可憎嘴脸。在涓生的视线里，“照例是那鲇鱼须的老东西的脸又紧贴在脏的玻璃窗上了，连鼻尖都挤成一个小平面；到外院，照例又是明晃晃的玻璃窗里的那小东西的脸，加厚的雪花膏”，这两个可憎可鄙的“老东西”和“小东西”的监视和窥探，表现出那个时代黑暗污浊的氛围。而当他们走在路上时，更会时时遇到“探索，讥笑，猥亵和轻蔑的眼光”，这一切就像一张巨大的网，使追求自由和解放的进步青年处于封建势力的笼罩之下，从而揭示出他们生存环境的险恶，黑暗势力的强大与涓生、子君的势单力孤形成了巨大的反差，使得他们对美好人生的追求步履维艰。

这时的子君光彩夺目，在这位刚刚觉醒的可爱的新型知识少女身上，不仅散发着个性的光辉，而且体现着“五四”青年反抗黑暗、追求光明、向往自由的精神。子君对封建势力的反抗是英勇无畏的，面对封建家庭的阻拦，她毫不犹豫地与之决裂。她敢于蔑视传统的世俗观念，不考虑涓生这个小公务员的无权无钱，勇敢地接受了他的“纯真热烈的爱”，并把涓生看作给她带来思想启蒙并引领她走上新生活的“精神导师”。子君对涓生的向往体现了她的人生追求，而涓生的“新思想”和对她“纯真热烈的爱”，使子君义无反顾地叛逆了她的封建旧家庭。他们争取恋爱自由和婚姻自主的斗争取得了胜利。

在当时冰心、庐隐、冯沅君等许多作家的笔下都颂扬过“恋爱胜利”，“恋爱胜利”可以说是许多“五四”小说的结局，但鲁迅站在时代的至高点上关注着青年的人生道路及恋爱婚姻问题。当时许多同类题材的作品中，小说往往以青年们经过抗争取得了恋爱的胜利为结局，重在揭露旧式家庭的压迫，讴歌觉醒者的抗争。例如，冯沅君的《隔绝》《旅行》以“大胆、敢言”，着力表现了“五四”觉醒的青年追求个性解放、恋爱自由的坚强意志和反抗封建礼教、封建道德的勇敢精神，反映了女主人公对纯洁爱情的向往和追求，向封建道德和礼教发出了无所顾忌的挑战，这是“五四”时期反封建战斗精神的真实写照。同时，作品也展示了“五四”青年知识分子在爱情追求中的思想局限，对流行的个人主义进行了反思，使作品融汇了较多的社会情绪和时代精神，这在一定程度上与《伤逝》有共同之处。但《伤逝》的视野更宽阔、更深远，鲁迅的目光越过了爱情，否定了流行的爱情至上主义，把“恋爱胜利”作为起点，借涓生之口提出“爱情必须时时更新、生长、创造”，“人必生活着，爱才有所附丽”，作品重点关注同居期间涓生、子君的生存状况，从中探寻着人生和生命的意义。在这一点上，鲁迅是超前的、深刻的。

由于被自由恋爱的胜利与婚姻生活的幸福蒙住了眼睛，子君和涓生丧失了警觉，这时他们身上表现出青年知识分子身上的普遍弱点：单纯、幼稚，耽于幻想而又不切实际；充满理想的激情又拙于应付现实生活；狂热、盲目又软弱、动摇；锐意进取又不谙世事等。这些弱点使他们看不到周围黑暗的现实和封建礼教的残酷迫害。他们对爱情的大胆追求，对自由婚姻的选择，都与封建礼教背道而驰，是向封建势力公开的蔑视和挑战，封建势力决不允许这种自由的意志充满人间，各种旧势力联合起来对他们进行了残酷的扼杀。

《伤逝》以涓生被革职辞退为标志，向着悲剧的结局急剧地发展。在那一系列令人感到极度凄凉的笔墨中，围绕涓生的失业以及失业后的挣扎，围绕子君的养狗饲鸡以及同房东太太的明争暗斗，我们看到他们的家庭生活怎样从宁静幸福到空虚枯燥，爱情自身的热力怎样由热烈逐渐降低终至消散。涓生、子君这一对经过“五四”新思潮涤荡的纯真而热情的青年，他们面对当时还很坚固的封建堡垒和仍很强大的旧的习惯势力，为了争取恋爱自由和婚姻自主，高奏爱的凯歌，勇敢地冲出封建牢笼，幸福地结合了。可是，爱情的幸福却如此短暂。他们在暮春同居，冬末离去。他们以无畏和生命经营的“满怀希望的小小的家庭”，为时还不到一年，就演出了爱的悲剧。这曲凄婉的爱的悲歌令人扼腕痛惜之时，更深切地引起了我们对爱情这一永恒主题的长久思索，回味其中深永的含蕴而思考自新自救之路。我们不禁要问：相爱的男女幸福地结合了，但他们能否始终真诚、热烈、永享幸福？他们的爱情靠什么来巩固和发展？涓生切肤之痛的呼号“人必生活着，爱才有所附丽”，给了我们最好的回答。是的，生活，独立的经济生活，独立的精神生活，是爱情最坚实的基础。涓生、子君的爱情大厦就是在经济压力和精神空虚的双重打击下轰然坍塌的。

涓生、子君是“五四”时期中国社会下层知识青年的代表，年轻、单纯、耽于幻想、富于激情。在新思潮的冲击下，产生了摆脱封建礼教桎梏的强烈愿望。由于在厌恶封建束缚、接受个性解放思想和追求理想生活等问题上的共鸣，涓生、子君产生了爱。涓生是一个小公务员，寄居在会馆的偏僻的破屋里，境遇微贱，子君未曾嫌弃，还热烈地爱上了他。这不仅反映出子君的纯朴、善良，也说明他们的爱情不以金钱地位为转移，而是建立在人生理想一致的基础上。这时，他们的精神世界是相通的、充实的，也才赋予了他们的爱神奇的力量，在险恶的际遇中支持着他们的全副精神，义无反顾地毅然前行，去追求自由的爱情生活。他们付出巨大努力，赋予了极大热情和希望，终于换来了吉兆胡同小小的家，这给他们带来了一时的欢乐。子君确曾感到了欣慰和满足，但现实却不久就粉碎了他们美好的梦。你看：奋斗换来的并不是诗情画意般的天国，而是平凡生活中的屡屡磨难。尽管“家具”很简单，但也要用去“筹来的款子的大半”，又何谈“雇一个女工”“置一间书斋”呢？涓生的被辞退，使得这个本来在生活上就非常拮据的家庭又断了财路，真好似雪上加霜。又是投稿和登广告的不奏效，只好“吃了筹钱，筹来吃饭”。尽管杀鸡扔狗，还是每况愈下。似乎老天也故意为难，“冬季又逼近得这么快，火炉就要成为很大的问题”。无奈何，只得穿着单衣，人睡冷床。这一切，与涓生和子君那美好的梦，形成强烈的反差，也就无怪他们面对着自己开拓的路一筹莫展了。像涓生这类社会下层小知识分子，由于没有社会地位，没有稳定的经济收入来源，一旦在生活上失去了短暂的支撑能力，就会陷入比精神上的失落更加严重的打击。涓生抛弃子君，虽然也有寻求新路和自我超脱的一面，但隐含着的是更重要的经济原因。他失业了，没有了经济来源，投稿又不被采用，陷入了走投无路的生活困境。这时对涓生而言，支撑一个小家庭的开支，显然要比糊住自己的一张嘴要困难得多，可以说，他是在经济上不堪负重的情况下，做出毁灭这个小家庭的决定的。小说虽然没有明写涓生不愿意再养活子君了，但读者完全可以感受到，如果经济条件稍微好一些，涓生做出抛弃子君的决定，可能会更迟缓一些，至少不会那样坚决地把子君推向绝路。经济打击这双黑手就这样瓦解了他们的生活，又谈何爱情呢？

在经济打击逼近他们的生活时，如果涓生、子君能互相鼓励、互相扶持，携手同行，如同追求自由爱情时那样勇敢地面对生活，就有可能激起新的力量，最终渡过生活的难关。可是，在经济的打击还没有彻底到来之前，由于精神的隔膜和虚空，他们的爱情自身热力已经开始降低和消散了。即使没有经济的压力，他们也一定会相互失望和感到空虚。当他们奋不顾身、无畏地反抗封建传统，终于得到理想中的爱情时，却再也没有什么新的追求来“更新”这原有的爱情，而这“凝固”了的爱情本身却又无法唤起他们的新精神，他们爱情生活的全部“乐趣”，“只是在灯下对坐的怀旧潭中”，去回味自己壮怀激烈、叱咤风云的那段有理想的生活。尽管那时的处境也是艰苦的，但精神上却很富有。而眼前的生活，却无情地摧毁了他们的精神支柱。实际生活中，他们不得不为两个人的温饱而出外奔走，或在内忙碌。涓生“每星期中的六天，是由家到局，又由局到家”。在局里便是埋着头抄、抄，“抄些公文和信件”。子君则倾注全力做饭做菜，“终日汗流满面”，两只手也“粗糙起来”，还要饲鸡喂狗，和小官太太暗斗，完全成了管家婆，甚至连和涓生谈天的功夫也没有，何况读书和散步。同居后，涓生“渐渐清醒地读遍了她的身体，她的灵魂，不过三星期，似乎于她已经更加了解，揭去许多先前以为了解而现在看来却是隔膜的东西”，发现子君不过是个平凡而庸俗的女人。子君虽然日夜操劳，却仍招来涓生的厌烦，怨她不爱花，不读书和学习，即使她对现实生活不甚满意，但因了对涓生的爱，强装出的笑容，也让涓生“尤其不乐”。矛盾冲突在潜滋暗长，精神生活又有何幸福可言？从子君方面说，理想既已实现，她就要倾注全力来维护。她的幸福观是保持既得的利益，是宁静的生活，而不是热情的进取，这与比较清醒的涓生是迥然有别的。涓生才发出了感慨：“安宁和幸福是要凝固的，永久是这样的安宁和幸福。”他才向子君提出：“爱情必须时时更新、生长、创造。”子君虽也“领会地点点头”，但怎样“更新、生长、创造”，涓生能说而不能行，不能像引领子君冲出封建家庭那样去开导子君摆脱其在家庭生活中的从属地位，反而在经济压力来临时，冷漠地向子君宣布“我已经不爱你了”，无情地将子君推向了毁灭的深渊。生活就是这样一块试金石，从经济和精神两方面检验了爱情和人性。

涓生个性中就有些卑怯，虽然子君的觉醒是受了涓生的启迪、影响，但如果没有子君的大无畏，涓生多半不敢向社会公然挑战。和子君同居后，面对社会压迫，在生计断绝的困境中，他的自私、卑怯和虚伪膨胀起来，熄灭了爱情，一心只想救出自己而离弃了子君，过后又悔恨怨哀不已。子君显示出觉醒者大无畏的反叛精神，然而却不能摆脱几千年封建主义精神的奴役在中国女性心理上的全部积淀。当爱情得到了满足，有了自己的小家庭，心理积淀泛起，蒙盖了觉醒，变得平庸琐屑。从这里，我们看到鲁迅对人的性格矛盾发展的深刻理解，而这种理解本身就是人的意识的深刻表现。鲁迅先生将涓生和子君这两个普通青年的性格发展和悲剧性命运，通过具体的生活真实地展现出来，就是要将沉溺于爱情之中的时代青年，警醒起来，告诫他们：不能“只为了爱——

盲目的爱——而将别的人生的要义全盘疏忽了”；生活是严峻的，“人必生活着，爱才有所附丽”；面对生活，必须做好充分的物质和精神的准备，才可能有持久、热烈的爱情。

《伤逝》的故事中，子君最后是悲惨地死去了，走向了那连墓碑也没有的坟墓。她的悲剧不仅是爱情悲剧，而且是人生悲剧。她的人生就是恋爱、结婚、当妻子、料理家务，总之是围绕着爱情的产生、发展和消亡而转动。一旦生活失去经济保障、又无独立充实的精神可支撑时，她就会被昔日甜蜜的爱情无情地抛弃直至毁灭。女性为了爱容易受伤，爱情悲剧中女性往往受到毁灭性的打击。子君的悲剧，千千万万妇女经历过、经历着、将要经历。归根结底，就是她们在生活中没有独立自主的经济生活和精神生活，甘心成为社会传统势力和男权中心思想的俘虏。始终要揪着别人的衣角走路，在家靠父母，出嫁靠丈夫。依附于男人，靠男人的供养来生活，一旦丈夫自身难保，又不愿意相濡以沫时，她们的悲剧便不可避免地发生了。在现代社会中，越来越多的女性取得了经济独立的自主权，但类似的爱情悲剧仍然时有发生。原因就是这些女性经济虽然独立了，精神上却严重地依附于男性，在两性的爱情生活中，只有对男性盲目的爱，完全消亡了对自身的爱。这种两性关系实际上是主仆关系而不是爱情关系。在这种关系中，女性甘愿为奴，男性心安理得安享女性的奉献牺牲，结果是女性肉体上或精神的被吞没和毁灭，这并不是真正的爱情。真正的爱是一种意志行为，是两个原本没有血缘关系的、素不相识的男人和女人生命的呼唤与应答、生命的承诺与相托。因此，勇气、智慧、责任、沟通、合作、互补等便是男女之爱，便是这种爱的结合形式——爱情婚姻的不可缺少的内容。爱只有一个证明，这便是两个自由、独立的主体的自我价值的实现，便是两个人的自由和欢乐，便是双方从生活实践中体验到他们自己，体验到每一个人身上的生气和力量，这是对相爱的人的勇气、智慧、能力、责任感的挑战。这实际上就是鲁迅先生的《伤逝》在新的历史条件下，对现代爱情的启示。在当今时代，爱处于岌岌可危的处境，爱遭遇到危机，遭遇到怀疑、误解、亵渎、颠覆。爱的危机其实也是人的危机，爱的受难也是人在受难。人的心灵被经济、政治、技术、商品、物欲所挤压，爱正在失去它的栖息地，甚至在人的心目中失去它存在的理由。在这时，我们再来重读鲁迅先生的《伤逝》，难道不能让我们静下心来重新好好思考一下吗？

还不仅仅是经济基础的问题，还有事业、婚姻、家庭、责任、亲情、友情，才能为我们的爱情保鲜！这是安娜要告诉我们的人生哲理。

《安娜·卡列尼娜》是托尔斯泰的三大经典之一，安娜·卡列尼娜的爱情悲剧显然不是经济基础的问题。

不管《安娜·卡列尼娜》的主旨如何丰富，青年男女更愿意读出其中的爱情故事。小说通过安娜与伏伦斯基的故事，探讨了爱情问题，这个爱情悲剧在哪里？安娜反对一切的谎言，反对一切的虚假和欺骗，反对一切都是罪恶的社会，追求一种纯洁的爱。她单纯善良，待人真诚，心地纯洁，厌倦上流社会，追求新生活。安娜的选择说明了她对生活的要求不是世俗的趋利避害，选择伏伦斯基意味着告别安逸的贵族太太的生活。她对生活有向往，也很悲观，她仿佛一开始就知道了故事的结局，最终觉得没有寻找到自己想要的东西，终于因幻灭而自杀。托尔斯泰通过这个故事寄托了他对爱情的严肃思考。

如果说整部小说都是在思考人为什么活着，作者安排安娜死亡是为了说明：爱情给予不了一个人解放的出路。安娜即使不死亡，也没有出路，尤其是和性、肉体有关的世俗爱情。

列文也在考虑这个问题，作者安排列文与吉蒂两次结合是有用意的，我们设想一下如果吉蒂第一次就和列文在一起会是怎样？这和经过一番波折才和列文在一起效果是完全不一样的，这里插入了一个细节是：吉蒂到乡下去，参加劳动，思想观念发生了变化。二人终于结合，这里引出吉蒂与列文建立的爱情，不是抽象的靠不住的一见钟情，如果匆匆忙忙两个人就结合在一起，就和她姐姐的命运一样了。整个上流社会却以此为时尚，充满了虚伪的爱情，以找情人为荣。到后期《复活》中，对性、肉体的爱情也是同样的安排，聂赫留多夫和喀秋莎也没有在一起，通过聂赫留多夫的忏悔，作者否定了他年轻时荒唐的性爱，喀秋莎最终选择跟革命者一起流放，也表达了托尔斯泰的精神理想，崇尚精神恋爱。作家在描写安娜与伏伦斯基性爱的时候用了大量的省略号，这也是有意的省略，反映了托尔斯泰的恋爱观念。

托尔斯泰对安娜、伏伦斯基的爱情态度其实是复杂的，并不是一味的同情，也有谴责的成分。一见钟情往往容易，但是爱情的第二天怎么样，婚姻靠什么来维持？小说一开始“幸福的家庭都是相似的，不幸的家庭各有各的不幸，奥勃朗斯基家一切都乱了！”这也算点出上流社会的病灶，奥勃朗斯基是上流社会中年男人的代表，过着上流社会千篇一律的生活，也不缺钱，靠变卖地产过日子。妻子年老色衰了，奥勃朗斯基对妻子的身体已经厌倦。人到中年，爱情靠什么维持呢？每个人都要经历这一步。托尔斯泰通过奥勃朗斯基的婚姻来讨论这样的一个问题，奥勃朗斯基抱怨生活，对他的妻子——吉蒂的姐姐已经没有爱情了，并在外面有了情人，而自己的老婆因生了五六个孩子而年老色衰，如果说花前月下是浪漫的，到老了的时候，两个人在一起的理由在哪里？通过对爱情与婚姻的思考，作家仍然没有离开“人为什么活着”这一主题。对安娜和伏伦斯基结婚后的生活描写，作家也是持悲观态度的。谚语说，婚姻是爱情的坟墓，不要说婚姻，就是爱情，时间长了，也失去了新鲜感，如何保持爱的持久能力，这是我们共同面临的问题。其实如前文探讨过的，鲁迅的《伤逝》也探讨过这一问题，在这部小说里，鲁迅讲述了平凡的生活如何销蚀浪漫的爱情，子君和涓生都是新文化运动初期接受个性解放等新思想的新一代青年，他们当初的爱情也是轰轰烈烈的，子君冲破家庭的重重阻力，大胆地喊出：“我是我自己的，他们谁也没有干涉我的权利。”可是结婚以后就开始互相抱怨，出现隔膜，再加上生活贫穷，最后还是分手，子君最终被家里人领回，抑郁死去。

爱情与日常生活不应分裂。托尔斯泰通过列文和吉蒂结合的过程，找出了可靠的爱情与共同理想和献身社会之间的关系；通过对列文夫妻生活的肯定，表达了他对爱情的理解，列文关心农场改革，也乐意寻找属于自己的幸福生活；还通过列文对农村、对农民问题的关注，列文、吉蒂对生活意义的寻找过程，作家告诉了我们高尚的爱情是建立在共同信仰的基础之上，最终才能获得内心平静。

安娜·卡列尼娜出身俄国贵族上层社会，是俄国第一代王朝的后裔。安娜不仅天生丽质，光艳夺人，而且纯真、诚实、端庄、聪慧，还有一个“复杂而有诗意的内心世界”，她是一个集外形美和内在美于一身的贵族妇女。可是还没有尝过爱情滋味的她在18岁的时候，就由姑母做主，嫁给一个比她年长20岁、保守、虚伪的官僚卡列宁。当她回顾自己的婚后生活时，她感到“八年来他窒息了我的生命，窒息了我身上的一切有生气的东西，他从来没有想过我是一个需要爱情生活的人”。婚后的生活如一潭死水，没有爱情！

安娜年轻、美丽、精力充沛，更激起她内心对爱情精神生活的渴望。她与伏伦斯基在火车站那一次美丽的邂逅，重新唤醒了她对生活的追求，“那股被压抑的生气”在她的脸上发出了“光彩”。伏伦斯基的爱激起了她对生活的渴望，对爱情的向往，与此同时，她也痛苦地意识到自己与卡列宁婚姻生活的虚伪，她道出了心底的呼声“我是个人，我要生活，我要爱情！”于是，她恋爱了，和那个英俊潇洒的伏伦斯基，心底那压抑许久的爱情被唤醒，她堕入情网，品尝到了爱情的甘美甜蜜，她终于从那种压抑、沉闷、没有爱情的婚姻生活中苏醒过来。

当然托尔斯泰在刻画安娜寻找爱情的正当性的时候，并没有过分地将卡列宁丑化，意在揭示这是社会悲剧而非个人悲剧。伏伦斯基唤醒了安娜，但是，“唤醒一个人与唤醒后与他共同生活是完全不同的两码事”，《伤逝》的故事也是如此。雷蒙·威廉斯追问：作为一个人，伏伦斯基是否能够对自己在安娜身上燃起的爱情负责？这是一个简单的道理，大多数男人能够让女人生育，但真正可以当父亲的就没有那么多了。必须把持久的关怀、持久的爱的能力当作一种生理需要，成为我们的身体感觉。

恋爱是大学不可缺少的阶段，每个人都会体验、完成这个成人仪式。同学们刚刚进入大学，所有的新生活都将来到你们面前，包括爱情。少男少女往往将爱情简单等同于九百九十九朵玫瑰，或者理解为肌肤相亲、情侣服饰，当然不能否认亲密关系表达的正当性，但爱情到此为止是不够的，爱情如果仅仅建立在物质的关系上，也是肤浅、没有想象力的。

安娜人生悲剧的一个重要因素是她用情太专、自我迷失。她所生活的时代和环境都盛行婚外恋，她周围的许多男人女人只把婚外恋当作人生游戏，因此婚姻恋爱兼而有之并相安无事。而安娜则不同，她要么不爱，一旦爱了，就爱得天昏地暗死去活来。她追求爱情，不逢场作戏玩弄感情，而是用心去恋爱，用心去呵护彼此相爱的心，全身心的投入让她忘记自己是一个有丈夫有孩子的人，她只知道，恋爱的美妙。后来她的丈夫发现了她和伏伦斯基的事情，但是为了顾及他那官僚主义的面子，他选择不和她离婚，反而许诺她表面上维持家庭体面、暗地里充当伏伦斯基的情人，可是贵族上层的丰厚物质生活及上流社会的地位荣誉，都遏止不了她对自由爱情生活的热切向往，于是，她不顾一切后果，公然和伏伦斯基生活在一起。甚至当爱情已经不复存在，她仍不肯承认失败的事实，不肯放弃无望的爱情，试图不择手段地用一厢情愿的爱去网住对方远去的心。她把爱情当作人生唯一的追求目标，一旦爱上一个人，就死心塌地不顾一切地把对他的爱看得比生命还重要，愿意为对方毫无保留地奉献或牺牲自己的一切，这也是许多女人的致命弱点。把自己生命的全部热情和精力都投入到某个男人身上，往往正是悲剧的开始，因为这种过于投入的爱情往往是狭隘、盲目、虚妄的，它是以牺牲女人的人格、尊严和个性为代价。生活中除了男女情爱之外，还有许多其他无比广阔、精彩的内容。一味地沉迷于男女情爱当中，无异于把自己与其他广阔精彩的社会生活内容隔绝开来，其结果是，这样的女人在丧失了自己的独立和魅力的同时，也渐渐地被所爱的人所轻视乃至抛弃。

伏伦斯基的出现，唤醒了安娜深藏于心底的爱的本能，在她看来，无论是年龄、相貌、风度，还是对自己的温存、热情和驯顺，卡列宁都无法与伏伦斯基相比。伏伦斯基与安娜的首次见面是在莫斯科火车站。当时，伏伦斯基被安娜迷人的美貌和优雅的风度所倾倒，一见钟情，并立即开始追逐。虽然这种追逐在开始还有着一个上层贵族青年的花花相，但是后来，由于安娜对爱情的严肃、认真、热烈和执着，他被充分感化了。有那么一段时间，他实在地进入了他所扮演的“热烈的恋爱者”的角色：“他觉得以前所浪费和分散的精力，现在却集中在一点，并且精神抖擞地去追求一个崇高的目的，他因此感到幸福。”以致对于吉提的爱、母兄的干扰和威胁、上流社会舆论的压力，乃至自己的锦绣前程和财产都在所不顾，他无所畏惧地把安娜的爱视为“比我的生命还要宝贵”，完全地沉溺其中。

同样，安娜也热烈地投入其中。尽管在开始时，她对于伏伦斯基的“轻佻”可能不以为然，但在接触中，尤其是比照卡列宁，她对于伏伦斯基的诸多素质相当倾心，如年轻英俊、和蔼可亲、气宇轩昂、风度翩翩等。而当她与伏伦斯基相亲后，就更是为伏伦斯基的热烈所折服，以至于全身心地交托。这固然是不满丈夫后的感情补足，但也见出了她生命激情的复苏：她对伏伦斯基越了解就越爱他，她对他的迷恋连自己都吃惊：她竭力想在他身上找出一点不好的东西，可是怎么也找不到。她不敢在他面前暴露自卑感，她觉得这种情绪万一被他发现，他可能不再爱她，现在她再也没有比失去他更可怕的事了。这样，二人的情感之焰就激烈地点燃了。

然而，爱情这个字眼对两性来说，是有着不同的意义的，这种分歧正是造成男女间裂隙的潜在危机。拜伦说过，男人的爱情是男人生命的一部分，而女人的爱情是女人生命的整个存在。尼采在他的诗集里也表示了同样的意见，爱情这个词，事实上对男人和女人表示了不同的意义。女人对爱情的意义了解得很清楚，她不仅需要忠心，而且要求整个身体和灵魂的奉献，没有保留，没有对其他事物的顾虑。这种无条件的性质造成所谓的忠诚，这种情感是她唯一的所有。至于男人，假如他爱上一个女人，他所要的是从她那儿得到爱，因此，他要求女人的远胜于要求他自己的感情，假若有些男人，他们能完全放弃欲望，他们必定不是男人。男人在他们生命的某一段时间，可能是热情的恋爱者，但事实上不可能成为“伟大的情人”，在他最心神荡漾的时刻，也不会放弃其他的东西。换言之，他爱女人仅仅是他生命中有价值的东西之一，他希望女人整个地活在他们的生命中，但并不希望为她而浪费自己的生命。然而，对于女人，情况就正好相反，爱一个人就意味着要抛弃一切，只为她所爱的人的利益而存在，通过她的肉体、感觉和行为，从而把爱情变成一种宗教。身为贵族出身的安娜不了解“人没有爱情是不行的，但仅仅有爱情是万万不行的”这一真理，把爱情视为生命的全部。这使得她真情热烈，也使得她痴愚疯狂。她不止一次对伏伦斯基也对自己说：

“对你我来说，重要的一点是，我们是不是彼此相爱，别的用不着考虑。”

伏伦斯基不是神，就会有一般男人所有的短处和劣根性，在跟安娜相处了不短时间之后，伏伦斯基忽然发现失去了很多。他在社交圈中成了一个人们关注的焦点，他作为一个有身份的男子，在功业上呈示了令人难以忍受的空白……他想安排好与安娜的关系，去做点有意义的事，但觉察到异常的艰难。于是，他困惑、厌倦，也烦躁了，自然的，对于安娜的爱也受到了不可免的冲击。“她整个身体变宽了……他觉得他对她不那么爱了，但他知道，他同她的关系是再也割不断了。”他觉得心灵里产生了一种最难满足的欲望，一种百无聊赖的情绪，他每天设法消磨十六个小时，就“像一头饥不择食的动物，不由自主地忽而研究政治，忽而阅览新书，忽而从事绘画”，至于以前在国外享受过的单身汉生活的乐趣，他想都不敢想了。然而，安娜不同，她在爱情中找到了快乐，就天真地相信她对他是不可或缺的，她的快乐在于为他服务，他也一定会表示感谢，也必须感谢。安娜在跟伏伦斯基发生关系后呜咽着说：“一切都完了，我除了你，什么都没有了，你可要记住。”这样，她对他的爱就变成了急切的要求，她要从爱人身上证明自己的存在，要占有对方去补偿损失。她对他奉献自己，也准备接受他的奉献；她愿意给予他所有的时间，也要左右他的时间；她为他而生存，他也必须为她而生存。然而伏伦斯基做不到，这是多么危险的不一致，这种不一致决定了二人的冲突，也开始显露了不幸的端倪。自然的，安娜对这种冲突诱发的缘故是不可能觉察不到的，只是惊惑于所爱的男人为何如此快便变心，于是变得十分焦心。伏伦斯基投掷给另外女人的每一个眼光都使她的整个生命产生浪击，认为每一个女人都是敌人。她竭力把自己关在她爱的贝壳中，但妒忌增加她的孤独，使她的依赖性更重。无奈之中，她也挣扎努力，她“比平时更着意打扮，仿佛只要她穿上最合适的衣服，梳了最适宜的发式，他就会重新爱她”。殊不知，她的爱人已经转移了兴趣——尽管伏伦斯基也欣赏她的美，但已“同以前完全不一样了，现在他对她的感情没有丝毫神秘的成分，因此她的美更使他比以前倾倒，却使他感到不愉快”。安娜刻意为爱人所做的一切已丧失了魅力，已只是她自我拯救的一种方式罢了。万不得已，安娜也尝试着卖弄风情，招引男人，以期已经对她漠不关心的情人对她再发生兴趣。但这样的计策非常冒险，而伏伦斯基对她与花花公子维斯洛夫斯基的调情“显然毫不在意，相反还鼓励她这样做”。这说明，在爱情破裂的痛苦中，安娜的尝试更成了情人的负累，她对他的缠绕不休，反使他更厌烦。这样，二人的情感冲突就更加剧了。

诚然，对于情感何以如此糟糕，二人都是有一定思考的，但因为二人已不平静，心灵深处已埋下了恼怒和厌烦，因而，谁都认为错在对方，并且一有机会就竭力相互指责。安娜将一切痛苦都怪到伏伦斯基的头上，她感到不公平地被牺牲了。而伏伦斯基则抗议她的“勒索”，认为他是被迫在物质和道义上供养一个他已经有些受不了的女人，感到他是个被牺牲了的人。双方的委屈、抱怨、敌对使他们的生活充满无休止的争吵。托尔斯泰说：一个家庭要采取任何行动之前，夫妻之间要么是完全破裂，要么是情投意合才行。当夫妇之间的关系不确定，既不这样，又不那样的时候，他们就不可能采取任何行动了。许多家庭好多年一直维持着那副老样子，夫妻二人都感到厌倦，只是因为双方既没有完全反目也不十分融洽的缘故。伏伦斯基和安娜他们之间最近已经不情投意合了。

对于她说来，整个的他，以及他的习惯、思想、愿望、心理和生理上的特质只是一种东西：就是爱女人，而她觉得这种爱情应该完全集中在她一个人身上。这种爱情日渐减退，因此，按照她的判断，他的一部分爱情一定是转移到别的女人，或者某一个女人身上去了，因此她就嫉妒起来。她并非嫉妒某一个女人，而是嫉妒他的爱情的减退。她还没有嫉妒的对象，她正在寻找。有一点迹象，她的嫉妒就由一个对象转移到另外一个对象上。有时她很嫉妒那些下流女人，由于他独身的时候和她们的交情，他很容易和她们重修旧好；有时又嫉妒他会遇到的社交界的妇女；有时又嫉妒他和她断绝关系以后他会娶的什么想象中的女人。

安娜的爱的自私、专横与疯狂更加强化了这种状态。

> 使他们不和的恼怒并没有外在的原因，想要取得谅解的一切企图不但没有消除隔膜，反倒使它更加恶化了。这是一种内在的恼怒，在她那方面是由于他对她的爱情逐渐减退，而在他那方面是懊悔为了她的缘故使自己置身于苦恼的境地，而这种苦恼的境地，她不但不想法减轻，却使它更加难以忍受了。两个人都不提他们恼怒的原因，但是每个人都觉得错在对方，一有借口就向对方证明一下。

当然，如果在这时候，二人还有性爱的兴趣，事情或许还有转机，但事实上，二人都无此欲望。尤其是安娜，“他们难得的片刻温存，也不能使她感到安慰，因为她在他的温存中看到他心安理得的神情，这是以前没有的，因此引起她的恼恨。”她感到她的情人在利用她，把她当作得到快乐的工具，她觉得她被羞辱了，惹起了极大的酸楚和憎恨，这就使得二人的和好又失去了一条途径。他们之间的关系已陷入了冰冻。不过，破裂的爱情固然也使男人痛苦，但毕竟还有其他的东西可以弥补，使他活下去，如事业、重回社交界。为了逃避与安娜的“家庭冷暴力”，积极投身竞选工作，让他很充实。

> 伏伦斯基来参加选举，一方面是因为在乡下觉得无聊，而且为了向安娜宣布一下他的自由的权利，也因为要帮助斯维亚日斯基竞选，好报答他在地方自治会选举会上为伏伦斯基所花费的那番苦心，主要是为了严格地履行他所承担的作为贵族和地主的全部义务。但是他丝毫也没有想到选举这件事会引起他那么大的兴趣，会使他这样动心，或者他竟然能做得这样好。

而被抛弃的女人就不再拥有什么。其实，安娜也感觉到，爱情里应该有事业或有事儿做，只是不自觉而已。所以，她也在拼命地工作，并且，做的是比贵妇人跻身社交界（当时公认的是贵族女性的正当事业）

更有意义的事情：

> 她所从事的工作，首先，是写作。她在写作一部儿童作品……现在她收养了一个英国小姑娘，她得照料一大家子人哩。……他们——我是说伏伦斯基——有一个英国调马师，那一行的能手，不过是个嗜酒如命的酒徒。他完全沉溺在酒里，得了酒精中毒症，抛下家庭无人照管。她看见了他们，就帮他们的忙，越来越关心他们，现在他们全家都由她负担。可是她并不是以恩人自居，只破费点钱就算了，她还亲自为那些男孩子投考中学补习俄语，并且把那个小姑娘收养到家里。

对爱情生活而言，安娜做的这一切意义重大。只是安娜并没有真正理解，伏伦斯基更加不理解。但是，安娜感觉到对自己很有意义。所以，伏伦斯基一句气话给了安娜以毁灭性的打击：

> “你对那女孩的偏爱我丝毫不感兴趣，这是实情，因为我看出来这是不自然的。”他残酷地毁灭了她为了能够忍受她的痛苦生活而辛辛苦苦地替自己创造出来的世界，他不公正地责备她矫揉造作和不自然，那种残酷和不公正，激起了她的愤怒。

安娜就如此地感到空虚和绝望，她清晰地看出她同他的关系：“他在我身上追求的是什么呀？与其说爱情，不如说是满足他的虚荣心，他从我身上得到了一切的东西，如今再也不需要我了……我在爱情上越来越热烈，越来越自私，他却越来越冷淡，这就是我们分手的原因。”事情发展到这种地步，摆在安娜面前的就只有两条路：一是回到丈夫身边，二是死。

由于除了爱情之外她已别无所有，因此爱情的消逝对于她来说便意味着失去了人生的一切。她感到悲痛欲绝万念俱灰生不如死，感到整个人生已经没有了任何意义，产生消极轻生的情绪和行为也就不足为奇了。女人若想活出生命的精彩，必须具有不依赖男人而立足于社会的能力，必须用理智驾驭自己的感情欲望，决不能让它像匹脱缰的野马拖着自己在情爱的荒野里狂奔乱跑。同时还必须学会珍惜自己，珍惜生命，珍惜生活所赋予她的一切。更重要的是，女人在任何情况下，都不可以迷失自己，更不可以丧失自己做人的尊严和对生命的热爱。

安娜对家庭和婚姻都缺乏必要的责任感和义务感，这是她悲剧的又一个因素。由于沉醉于婚外恋的激情浪漫之中，她自然也就忽略了自己的婚姻和家庭，忽略了自己作为妻子和母亲应尽的责任和义务。男女双方一旦组成家庭，就对这个家庭负有不可推卸的责任。婚姻家庭单靠爱情是不能长期维持的，必须靠双方履行各自的责任和义务，共同抵御婚外情感的诱惑，忠于自己的配偶，这样的爱情和婚姻才能幸福持久。正如奥地利心理学家阿德勒所指出的那样，真正幸福的爱情和婚姻是一种坚定的合作关系①，为了共同的利益，双方的行为必须受合作的约束，必须彼此遵守和履行相应的协定。

第二节　激情燃烧的岁月·性爱与情爱

——王安忆《小城之恋》

“性”的内涵是什么？对于人类历史与社会现实来说，“性”至少有三种存在方式，即生物存在、社会存在与心理存在。性的生物存在显示着性的发生现象，即性能量或张力的产生、积聚与释放的过程与方式。其基础是由生物的生殖机能遗传决定的“性本能”。性的社会存在显示着性在生态—社会整个系统中的实际状况即被这个系统按照自己的标准判定为“性”的那些现象。它的基础和本体是生态系统与社会系统之间的相互作用。性的心理存在显示着处于生态—社会系统中的人所感受到的性的状况，即对于人的主观来说（不论意识还是无意识），性实际是什么样子，它的基础和本体是具体的人。

“灵魂”与“肉体”一体两面。“性”与“文明”之间的冲突是任何人都无法回避的事实。一方面，“性”作为一种生物存在，保留着人

① 沈敬国，王依军．情爱婚姻论［M］．广州：广州文化出版社，1988：91.

类最根本的动物性痕迹，它先于“人”而产生，凝聚在人的生理属性之中，因而人从动物进化为“人”的过程，必然“逻辑地”包含着“动物的性行为”上升为“人的性行为”的过程。正因为如此，我们在马斯洛的“需要层次论”中，才见到这样一个有趣的格局：在人的第一需要（温饱）和第二需要（安全）两档中，集中体现着人的纯粹的自然属性，而在第四需要（尊重）和第五需要（自我实现）两层上，则集中着人纯粹的社会属性。只有在第三层次（爱及相属关系）上，才混合着人的生理的与心理的、自然的与社会的、精神的与物质的双重纠葛。“爱”，在这里作为人的“自然”与“社会”两极需求的分界线，实在地标示着“灵”与“肉”的可分离性；但同时，它们又被框进了同一个需求档次，这又恰恰说明，它们从根本上无法真正割裂开来。

道德以强大的征服力驱动人按照社会规范来约束原始的冲力。首先，性道德要求性行为遵循情感性的原则——性行为的发生是建立在爱情的基础之上；其次，性道德要求性行为遵循禁忌性原则——血亲不能作为性指向，违反自然法则的性混乱和僭越人伦关系的乱伦都不符合性道德；第三，性道德要求社会契约性原则——单一的、固定的性伴侣是社会发展的必然要求，婚姻是人类规范两性关系的基本形式；第四，性道德要求性行为隐蔽性原则——私人空间内的性行为才符合道德。性道德是对前道德时代性混乱的约束，原始人类对于性快感的追求在道德原则下遭到了严重的压抑，因为道德本身就隐含了对于性本能的制约，性的活力与道德的约束力构成了二元对立的统一体。性分为两种：一种是出于本能的原欲，另一种是合乎道德理性的性，这种性多与爱完美结合，是真善美的产物。

《小城之恋》里的“他”和“她”也是两小无猜，青梅竹马。但是他们从小离家，生活在剧团里，这里没有家庭的温暖。“他”和“她”勤于练功，却因方法不当，练坏了身形。“她”被拉到练功房中央让大家参观她畸形的身材，“她自然觉着了羞耻，为了克服羞耻，便做出满不在乎的傲慢样子。”不仅在工作上，“她”受到了打击，生活上也不尽如人意。由于练功太勤“她”的汗味很重，“于是同屋的女孩儿便说她有狐臊臭，都不愿与她床挨床。”而“他”“十八岁的人，却依然是个孩子的形状，只能跳小孩儿舞。待他穿上小孩儿的装扮，却又活脱脱显出大人的一张脸……若不是功夫出色，团里只怕早已做出了别样的考虑”。剧团在排演双人舞《艰苦岁月》时，曾考虑让“他”出演小红军，最后却因为“他”身体过重，动作笨拙，而没能出演。没有关爱和失败的童年使“他”和“她”走到了一起。

《小城之恋》的“他”和“她”“并不懂什么叫爱情，只知道互相是无法克制地需要”。他们渴望更纯粹、更自由的性。“那爱抚好像是从毛孔里渗透了，注进了血液，血是那样欢畅地高歌着在血管里流淌。幸福得几乎要叹息……”从而获得一种审美上的快感。“两个身体是那样的相亲相爱，爱得无法爱了。”“他们爱得过于拼命，过于尽情。”“他”和“她”在剧团里是孤独的，不是因为被拒绝的耻辱让他们感到孤独，而是一种自满自得。他们用孤独表达他们蔑视伙伴，“似乎整个人类都被他们嘲弄了似的”。他们的孤独也暗示他们的爱不凡与脱俗，而爱到忘情无法掩盖时，他们情感风暴就席卷了整个剧团。“有如他们好得那么招摇一样，他们也常常坏得惹人非议。”这对恋人没有信仰，没有旁人的关怀，彼此用生命爱着对方。然而，爱到极致，就是憎恨，就是毁灭。他们因为自己不符合社会、道德的爱而痛苦着，在相互折磨中分享爱，分享痛苦。我们不妨摘录一段他们晚上交欢之后回到宿舍沉浸在幸福之中复杂的心理描写：

> 这一夜是出奇的幸福，经过激动的抚摸与摩擦的身体，是那么幸福地疲乏，骄傲地懒惰着……幸福得几乎要叹息，真恨不能将这幸福告诉每一个人，让每一个人都来嫉妒他们。可又必得将这幸福牢牢地圈在心里，不可泄漏一点一滴。因为这全是罪孽。尽管她什么都不懂，可却懂得这是犯罪。什么是应该的，她不知道，可什么是不应该的，她却很知道。而什么都懂的他，便更明白这是非同小可的犯罪了。

他们越是彼此折磨，就会越痛苦，彼此的纽带也会越紧。他们的爱不能为墨守成规、因循守旧的社会所容忍。他与她就在这因袭的传统的性羞耻感心理的阴影下，在享受生命快乐的同时背负着偷吃禁果的羞耻感和罪恶感，并且这种羞耻感和罪恶感在日渐一日地销蚀着他们的快乐，使他们“互相怀恨”、折磨、摧残，他们甚至因为“彼此都记载了对方的丑陋的历史”，就“都希望对方远走高飞，或者干脆离开这世界，带走彼此的耻辱，方能够重新地干干净净地做人”。“对于他，她是唯一可以提供发泄的出路，对于她，他也同样是唯一的出路了。”他们“互相怀恨了，这是认真的怀恨，很严重的怀恨。”“她对他哭喊着：‘我恨你，我要杀你！’”“他”则“将两手的虎口对准了她的咽喉，压低声说：‘再嚷，就掐死你。’”以生命来爱着对方，也就是以生命来毁灭自己和对方。“他”和“她”则是在肉体上毁灭对方。“相互都要置对方于死地而后快，彼此又都是一副死而无悔的坦然神色。”他们也不堪爱的重负，试图毁灭自己来消除这爱的枷锁。“她将柳枝缠成一个绞索的形状，小心地用力地扯紧了两头，沁凉的柳枝勒进了脖子，越勒越深，那沁凉陷进了肉里，他几乎要窒息，却觉得很快乐。”而她实在支撑不下去了，她则决心死了，她甚至写好了遗书。她未婚先孕后，为了不给他招惹麻烦，无论别人怎么逼问，都始终不透露孩子父亲的姓名。一个人孤零零地忍受寂寞与旁人的污言秽语。“她是这城里出了名的女人，烂了帮的破鞋，带了两个私孩子，连爸爸都不知道是哪个。”还有必要提及的是作者在文本中并没有让她去死，而是在她的灵魂经历了地狱般的痛苦咬噬之后，让体内诞生的新生命帮她超脱，使她在博大、神圣的母爱里得到圣化，从而达到一种天堂般的宁静与温馨。“到了夜晚，便在被窝里松开绑带，抚摸肚子，似乎触到了那生命柔软的躯体。如今，她是非常的平静，心里清凉如水，那一团火焰似乎被这小生命吸收了，扑灭了。”孩子天真的叫声“令她感到一种博大的神圣的庄严，不禁肃穆起来”。而他最终在自己体内喷涌的岩浆般的生命冲动和心理深处积淀的罪恶感的咬噬的合力作用下灵魂被扭曲了。

应当说，小说本身在对青春期“性”心理的剖析方面有其相当成功的一面。但是，当叙事沿着男女之间那种既渴求又拒绝的矛盾心理结构逐步展开的时候，我们看到，它实际上已经无可挽回地演化成了对于一次旷日持久的肉体搏杀事件的跟踪记录。“性”的萌芽未能生长出成熟而健康的“爱”的硕果，反而日渐被扭曲为彼此之间的一种灵与肉的双重虐待：

> 在他孩子般的形体里，心灵似乎作为了一种补偿，加快着速度成长，完全是成熟男人的心了。当他为她开胯的时候，他心里生出了一股凶恶的念头，他想要弄痛她。身体的疼痛招来的则是无休止的谩骂——他更加激动起来，用加倍粗野却含义真切的话反击。她不再让他说话，一叠声的骂，声音又尖又高，企图压住他的骂声。他的骂声低沉而有力，具有一种缓慢的穿透力。当她自以为胜利停下来休息的时候，他的声音却雄浑地回荡着。这才发觉，他的咒骂一直没有停息，与她并行。

谩骂和肉体的折磨逐渐发展成为相互间不可或缺的表演，“与这寂静的气氛相反，心里是热闹而紧张的。她心里仍在激烈地与他争吵”，“用一千一万个她了解与不了解的脏字眼骂他。骂过之后，却觉着自己是受了欺侮的，可怜而无助，便十二分地自爱起来。每一举手与每一投足，都是用着既委屈又自尊的态度做着，完全没意识到自己的作态，却只茫茫地感到练功有了新的目的似的，更富有意义了。那不仅是自娱，不仅是为了长进，似乎还格外的有了一份表演的意味。”而那种本该蓬蓬勃勃地生长起来的“爱”最终丧失了升华的机会，不得不彻底停留在了单纯的“性”的需要之上。

“他们并不懂什么叫爱情，只知道互相是无法克制的需要。”“两个身体是那样的相亲相爱，爱得无法爱了，灵魂便也来参战了。……可是，当身体和灵魂结合在一起，那爱仍然不足以排遣的时候，便会采取一种决然相反的宣泄的形式，一种反目的形式。……那一段日子里，他们便成了真正的敌人，单独在一起的时候，身体以强烈的排斥为吸引，如同搏斗似的，互相抵抗，谁都不愿撤离，撕扯着，纠缠着，直至筋疲力尽，然后便是温情脉脉的亲爱，亲爱过后，又是搏斗。”这种渴求温存却又反复搏杀的结果就只能导致以消耗身体潜能的方式去消耗感觉本身，“他们爱得过于拼命，过于尽情，不知收敛与节制，消耗了过多的精力与爱情，竟有些疲倦了。为了抵制这疲倦，他们则更加拼命、狂热地爱。身体所受的磨炼太多太大，便有些麻木，需更新鲜的刺激才能唤起感觉与活力。他们尽自己想象的变换着新的方式，互相却稔熟得渐渐失去了神秘感，便也减了兴趣。可他们是欲罢不能，彼此都不能缺少了。”并最终使感觉完全走向了钝化和麻木，“身体那么狂热地扑向对方，在接触的那一瞬间，却冷漠了，一切感觉都早已不陌生……他们再不能做个纯洁的人了。这时方才感到了悲哀与悔恨，可是，一切早已晚了。”“此后，几乎是每一个夜晚，他们都出去，直至夜深才归。有时也并不等到夜深，一旦完毕就分手了。……可是，快乐是越来越少，就只那么短促的一瞬有时连那一瞬都没了。而到了这时候，却又焦急起来，似乎失去了什么极重要的东西，非得将它找回不可，他们便接连地焦躁地尝试着，直到将自己折腾得精疲力竭而为止。”

事实上，在他们的潜意识之中，“性爱”本身非但没有能显示其高尚而健康的超越性力量，反而被认为是污浊与罪恶的东西（这其实正是中国传统的“洁感”文化的遗留和延续）。

“眼看着别人，都比自己纯洁，都有着美丽的前途，而自己却早早地掉下了泥淖，再也洗不净了……他们是过于性急，不知忍耐，不知节省，早早地将快乐都享用尽了，现在只剩下惭愧和苦恼了。”“在内心里，他们都有些苍老似的，团里那些少男少女的恋情，在他们眼里，好像是一场幼稚的游戏，早已看透了幕帷，识见了真谛……这时候，他们才明白，无论他们怎么冷淡，不在一起，都已经是有罪的人了，依然是有罪的人了。他们终是个不洁净的人了，他们小小的年纪就不洁净了，要不洁净地度过多长的岁月才了结啊！因此，当他们分开的时候，灵魂却相依了。”由此她才会“为自己的生命觉着不好意思，好像这一条生命是偷来的似的。”也由此陷入了更深的自卑之中，“经过情欲狂暴的洗涤，她比以往任何时候都更干净，更纯洁。可是没有人能明白这一点，连她自己也不明白，只是一味地自卑”。所以，从一定角度来说，《小城之恋》所展示的只是人的生命蕴涵中非常态的那一部分而非生命本身或者性爱本身的真正奥秘。一个成熟的生命体的性爱活动必将从中生发出某种能促进生命体的创造和发展的潜在力量，而不能是使生命体最终走向停滞和毁灭。那种以厮打和辱骂来显示所谓“亲与爱”的性爱方式恰恰暴露出了生命体本身的“未成熟（或不愿成熟）”，它只能代表对于生命自身的无谓的肆意的消耗和浪费，生命的存在也由此将成为没有多少价值和意义的累赘物（所以王安忆笔下的人物总想以“死”这种结束生命的方式来让自己脱困），它同时使生命本身被拉回到了一种很低的层次（而不是向更高级的层次的飞跃）。对于“人”来说，这种存在是很难被充分肯定的，因为无论怎样强调生命的本相或性爱的绝对纯粹与自由，都不可能让“人”仅仅停留在其本初欲望的原点上恂恂不动；而那种原始性质的欲望能量的勃发恰恰是促使人类终于走出了蒙昧与混沌的最为根本的内在动力。

具体考察《小城之恋》所提供的“他”与“她”的生存事实就会发现，他和她在表面上似乎都有着努力将自己拖出困境的意愿和渴望，但骨子里其实根本就不打算让自己真的脱困，因为他们坚信欲望是唯一的快乐与自由之源，所以才甘愿将自己的全部都交付给本能，在欲望冲动的引领下被动而盲目地四处游走。他们不是在“性”的活动中去体味“爱”并使自身超越于“性爱”而达到一种精神的升华，而是在肉体的交合之中去捕捉肉体的快感并把这种初级的快感误认为就是真正的“爱”本身。所谓“爱”，固然必须包含“性”的活动所带来的肉体的愉悦，但它毕竟还意味着更高的精神层次上的和谐、创造、美感、权利乃至责任与义务，仅仅有“性”的存在不能代表“爱”的全部。从王安忆笔下具体的性爱事件本身来看，所谓由性爱能量的释放所实现的生命本体的绝对自由却又未必就算得上是人基本生存的最佳理想形态。

第三节　焦大不爱林妹妹·理想与爱情
——路遥《人生》

路遥的《人生》主要写主人公高加林从农村到城市，又从城市到农村的生活经历。在高加林这段并不长的生活经历里出现了两位与其有密切关系的女性：刘巧珍和黄亚萍。刘巧珍是传统美德、乡村文明的代表，是内外皆美的化身。“盖满川”“头梢子”和不免有点粗俗的“好果子”均是对她“俊”的肯定，她继承了民族性格中勤劳、善良、本分的传统，并且内心世界极其丰富，“精神方面的追求很不平常”，一心爱慕有知识懂文化的人，特别是她在爱情上的痴情、坚贞和牺牲精神不禁让人为之动容！黄亚萍则是一位现代女性，她漂亮标致、见多识广、有知识有能力有思想更有冲破世俗藩篱对爱情、自由大胆追求的魄力。但最终二人都未能与高加林走到一起，其间自有诸多现实因素，但更重要的是其各自身上的精神弱点及不正确的人生观，他们的爱情随着高加林地位的变化而变化。

一、高加林与刘巧珍的悲剧

在《人生》中，我们可以清楚地看到路遥对加林和巧珍的喜爱，但直到最后他也未笔锋陡转硬把他们撮合在一起，因为按照人物的性格、思想、故事的发展，他俩的爱情注定是一场悲剧。

首先，路遥一开始就把高加林定位于一个心气高远的青年。高加林是农民的儿子，从来没有鄙视过任何农民，但他又从来没有当农民的精神准备，他渴望离开贫瘠落后的地方，到更广阔的天地去生活。他要求从土地上走出去，走进城市，由简单的劳作走向层次较高的精神价值创造。他一心向往现代文明生活。民办教师“这个职业对他来说还是充满希望的。几年后，通过考试，他或许会转为正式的国家教师。到那时，他再努力，争取做他认为更好的工作”。在故事发展中，他不满于现状、追求更高目标的形象逐渐清晰，“他有更大的抱负和想法，不能满足于在这个县城所达到的光荣”，他“联合国都想去”。

在爱情与事业的天平上，高加林始终偏向于事业一端，所以一旦个人的发展有了更好的可能性——和黄亚萍结合，到南京去工作，他决不会因留恋农村情人而放弃对前途的追求。

其次，他们的爱情发生在高加林人生失意落魄之际的非常态时期，因而高加林对爱情的态度就并非如恩格斯所说“除了相互的爱慕以外，就再也不会有别的动机了”[①]，爱情同时担当了心灵安慰与精神补偿的外

① 马克思，恩格斯．马克思恩格斯选集：第4卷［M］．北京：人民出版社，1995：80.

在职责。高加林能接受巧珍的真正原因与巧珍向他表白的时机有关，“她的幸福正是在他不幸的时候到来的”，我们也不能否认还与她是“二能人”的女儿有关吧？或许还和她与高明楼有亲戚关系有关。他们的爱情从一开始就建立在一种相互炫耀的基础上，在他俩上城“买漂白粉”时达到了极致，“巧珍是骄傲的：让众人看看吧！她，一个不识字的农村姑娘，正和一个多才多艺、强壮标致的‘先生’，相跟着去县城啰!”加林是骄傲的：“让一村满川的人看看吧！大马河川里最俊的姑娘，著名的‘财神爷’刘立本的女儿，正像一只可爱的小羊羔一般，温顺地跟在他的身边!”

他们的爱情是在特定条件下双方需要的暂时互补，是历史的偶然催生的昙花。一旦外部环境发生变化，其爱情就可能变质。所以，当加林春风得意之际，巧珍没有勇气追求只能单相思，加林也不会考虑与之结合。

再次，他们在爱情中不平等的地位和心理也预示着这只是一道绚烂的长虹。高加林是以高傲的姿态接受巧珍的爱情，并且一直处于中心地位，其内心始终保留着为了前程的煎熬。而巧珍则缺乏自立自强的精神，是自卑、依赖、受宠若惊的心态，她对加林“像牵牛花绕着向日葵”，是缠绕在橡树上的凌霄花，而不是木棉之与橡树的对等独立关系。巧珍满足于已获得的爱情，视爱情为她人生的全部，毫无保留地全身心投入对加林的爱中。她能准确地推断出加林是否吃过饭，然后把精美的食物捧在他的面前；她能正确地预知加林的手因干力气活会烂的，便事先给他准备好酒精和药棉；她知道加林最爱抽的烟是“云香”牌，并能在他需要时及时替他点上。看到加林一天到晚穿得像个叫花子，她也换下了自己的新衣服，直至加林说她穿那件米黄色的衣服好看，她才重新穿上。加林让她天天刷牙，她就不顾村里人的嘲笑，天天“蹲在她们家的硷畔上刷牙，她甚至异想天开地设想，结婚后，她让加林和当教师时一样，照样歇星期天。加林进了城之后，她担心加林在城里花销大，把自己的钱送给加林……但她毕竟是一个农村的文盲，只会讲母猪下崽，不会讲中东、石油、能源问题，只会在物质上尽量满足加林的需要而不会在精神上理解加林，可以说她对高加林的内心是一无所知的。她想加林哥就是寻了工作，也再不会忘了她的；她就在家里好好劳动；把娃娃抚养好。将来娃娃大了，有个工作的老子，在社会上也不受委屈。再说，自己的男人在门外工作，她脸上也光彩”。这与高加林的宏图大志显然是格格不入的。这种文化程度悬殊的差异是他们之间很难逾越的鸿沟。所以当热情退潮之后，高加林必然会发现巧珍只能成为一个优秀的农村家庭妇女，而不能成为他思想的知音。交流与共鸣的局限因之凸现，所以他们的爱情即使现在不以高加林的弃绝而告终，也最终会因理想的落差而结束。

从纯粹的意义上说，真正的爱情是由双方感情在某一时刻的神奇遇合而达到的心与心的交流，是彼此互融的默契，是排开其他一切外在因素的神会，是可遇不可求的缘分。在此意义上，高加林承认巧珍才是他最佳的爱人，这也是路遥心中理想的爱情。但实际上高加林从未把爱情提升到如此纯的程度，总是与诸多现实因素相纠缠，因而从理智上分析，他必然会觉得与黄亚萍结合才是更好的选择：他们在高中时就有朦胧的相互倾慕之心，加之后来大城市和个人前途的诱惑等外在因素，高加林不免在两难选择中充当了背叛的角色。这一切仿佛来得突然，却又合情合理，它源于作家对生活的尊重和严肃的理性思考。

二、高加林与黄亚萍的悲剧

在路遥笔下，黄亚萍可不简单：老家在江苏（那是一个遥远而美好的地方），父亲是县武装部长，随父亲到过很多地方，见过大世面，又是高中毕业生。无论从本人还是从家庭方面衡量，黄亚萍都不失为最佳的结婚对象，何况与之结合对自己的前途还有很大的帮助呢？无怪乎高加林进城后会狠心地抛弃巧珍而与她建立了恋爱关系，但二人最终也未能走到一起。

首先，与刘巧珍相比，黄亚萍对高加林的爱绝不是无私的奉献，而是带有很强的功利色彩。黄亚萍集很多优点于一身，却难以掩饰她自私的本质。她与高加林是同窗三年的“知己”：“在学校时，亚萍是班长，他（加林）是学习干事，他们之间的交往是比较多的。他俩也是班上学习最好的，又都爱好文学，互相都很尊重。”“黄亚萍很快发现他同样也喜欢和她在一块”，“他们俩有时在一块讨论共同看过的一本小说，或者说音乐，说绘画，谈论国际问题”。但毕业后，加林回了农村，她不能为了爱嫁给一个农民，于是张克南填补了空白，在克南无微不至的关心体贴下，“她渐渐受了感动，接受了克南对她的爱情”，而且，“她和他一同相跟着看电影，也是比较瞩目的一对”。黄亚萍与克南的所谓的爱情充斥着她虚荣心的水分。“她之所以和克南好了，主要是因为加林回了农村，她还不能为了爱情而嫁给一个农民；她想她一辈子吃不了那么多苦”。而当高加林进城以后“立刻就在县城成了一个引人注目的人物。他的各种才能很快就在这个天地里施展开了。地区报和省报发表了他写的不少通讯报道；省报的副刊上登载了他的一篇写本地风土人情的散文。他没多时就跟老景学会了照相和洗印相片的技术。每逢县上有一些重大的社会活动，他胸前挂个带闪光灯的照相机，潇洒地出没于公众面前，显得特别惹眼。他又是一个标致漂亮的小伙子。不久，人们便纷纷打问：新出现在城里的这个小伙子，叫什么？什么出身？多大年纪？哪里人？……许多陌生的姑娘也在一些场合给他飘飞眼，千方百计想接近他”。那么，对于连与恋人看电影都在意惹不惹眼的黄亚萍来说，这时的高加林一旦摆脱了农民的身份，他在各方面都要远远胜过张克南，她不能让其他姑娘得到高加林从而遮住自己的光彩，于是马上拒绝了张克南，重新回到了高加林身边。说到底她接近高加林的动机只不过为证明她的自私多加了一条例证。后来，张克南他妈出于报复，控告揭发了高加林走“后门”一事，使高加林的处境顷刻之间一落千丈，失去了踌躇满志、施展才华的舞台，也失去了理想的前程，不得不重新回到农村。当亚萍得知县委的文件已经批下来时，她的第一反应就是“‘完了！完了！一切都完了……’她在心里喊叫着，不知该怎么办”。虽然作者接着指出她真诚地爱高加林，但这种真诚在她不由自主的内心坦白面前显得多么虚假，亚萍再次表现得自私自利。

其次，加林虽为了自己的前程，无情地抛弃了巧珍，但在黄亚萍面前，还未曾丧失最后的高尚。高加林也是喜欢黄亚萍的，早在他刚毕业回村时，“每当听见黄亚萍清脆好听的普通话播音的时候，总有一种很惆怅的感受，就像丢了一件贵重的东西”。当他进城与黄亚萍恢复了中学时期的那种交往时，“他有时也闪现出这样的念头：我要是能和亚萍结合，那我们一辈子的生活会是非常愉快的，我们相互之间的理解力都很强，共同语言又多……”因此当他回城后，两人在图书馆巧遇，从此“又一块谈起了文学”，尤其是黄亚萍通过写诗向他表达了爱慕之意后，为了前途，他狠心地抛弃了巧珍而选择了黄亚萍。但当自己由于克南妈的报复而丧失了在城里工作的机会，不得不重新回到农村时，他在痛苦中看到了自己所处的地位与亚萍的差距，也看到了他们爱情的渺茫，为了亚萍的幸福，他主动提出和亚萍分手。而此时，刘巧珍已经承受着惨痛之至的被遗弃的命运出嫁了。

高加林的爱情悲剧是耐人寻味的，其中的转折点都是其地位的变化。纵观整个爱情故事，三个人都有错，巧珍错在没有文化，亚萍错在自私自利，高加林错在缺少正确的人生观。而后者是至关重要的，在小说中，高加林这个人物是复杂的，很难用简单的好与坏、美与丑来评价他。“高加林是一个处在能呼吸到城市文明之风却又保留着古老落后习俗的城镇交叉地带的农村知识青年，作为一个世代拘囿于土地圈子的农民血统的后代，他因袭着历史和道德的沉重负荷。在他身上既有时代变革召唤起来的向往进步的情绪，又有生活环境和历史进程对他的种种制约，这种矛盾事实上也是我国特定历史发展阶段必然会有的现象。”①。

当现代文明的滚滚洪流到来之时，青年农民也会遇上人生的十字路口。是什么把高加林推到了生活的岔道口呢？不是别的，就是他那利己主义为核心的个人奋斗。他始终渴望到大城市里去，渴望施展才能，实现其“抱负”，其目的是为了追求个人的发展。他的所谓个人抱负和个人前程，始终是他内心深处最萦绕关注的东西，这东西有时似乎在推动他做出出色的成绩，但是在生活的岔道口上，正是这日夜困扰着他的内心的幽灵，指使着他走错了一步，再走错一步。人生的道路是复杂的，社会矛盾也是错综的，然而决定一个人的性格本质的，是一个人的思想、情操和境界。高加林无情地抛弃巧珍的同时也暴露了灵魂深处潜伏

① 孔健．生命的意义在于高尚的追求——读路遥《人生》的启示［J］．常德师范学院学报，2002（2）：104－105.

着的很不美好的东西，这是很难用什么没有文化、没有情趣之类的遁词来加以遮掩。所以说高加林的爱情悲剧主要是他自己造成的，在他身上有着新人的某些素质，但更有致命的精神弱点。他将自身执着的人生价值的实现仅仅理解为自己世俗社会地位的不断递增，似乎只有把自己的农民身份变换为记者、作家、局长之类，才是人生价值的实现，这是对人生价值的一种肤浅的理解。作为一个正直的人，应该正确地对待理想和现实生活，在生活的岔道前不要张皇失措，甚至迷失方向，应该正视社会上存在的种种矛盾，努力廓清生活中不合理的东西，让阳光照亮生活的每个角落。作者将高加林这类人作为一种未来的新人去呼唤，中肯地指出了他们的弱点，深情地期冀他们自己努力，又盼望社会能为他们创造良好的成长条件，并相信他们会带着自己特有的力量，最终迈入新人的行列。

理想是爱情的核心要素之一。理想的契合，使得爱情表现着恋人们对生活的希望和对未来的憧憬，使热恋中的人们焕发出极大的热情来克服生活中的消极和颓废。责任的担当，则使得爱情不是自私地占有对方的感情，而是自觉自愿地为所挚爱的人付出感情、担当责任。共同理想的缺失是他们爱情失败的根本原因。

第四章　生当作人杰，死亦为鬼雄

——进取人生

进取也称“上进心”，即不断要求上进、立志有所作为的心理状态。在社会主义社会，人们的进取心来自对共产主义的憧憬和对自身完善的追求。有进取心的人，往往有理想、有志气，积极肯干，不怕困难。

个人进取心是一种激励我们前进、最有趣而又最神秘的力量，它存在于我们每个人的生命中，就像我们自我保护的本能一样。正是进取心和意志力——这种永不停息的自我推动力，激励人们向自己的目标前进。这种内在的推动力从不允许我们“休息”，它总是激励我们为了更好的明天而奋斗。由于人类的成长是无限的，所以我们的进取心和愿望也是无法满足的。最终，进取心这种伟大的激励力量，会使我们的人生更加崇高。

进取人生，就是把人固有的发展需求尽可能地释放出来，在发展中找到自己的价值，以及生存的意义的人生历程。

第一节　长太息以掩涕兮，哀民生之多艰·意义拷问

——屈原《天问》

诗歌构建的“美人世界”以诗人“就舜稽疑”“飞天问帝”“访古求女”三章连续而有序地展开，其以独特的呈现方式蕴含了诗人真实而浪漫的诗性精神和审美追求。

从美学的角度看，诗人再次以九天之向上求索象征九州之人间求索，即飞天神游、自由升腾成为诗人刷新自我、拓展精神的主要方式；而诗中所呈现的“飞天”之境，着实给人以如真似幻、新奇飘逸的美

感，也给诗人带来广阔的创造空间，反映出诗人钟于神话、耽于幻想的审美心理特征，充分地显示了诗人的艺术才能和审美风格。诗人的失落与痛苦、自慰与自强、抗争与英烈，其情绪、其意气于中表现得洋洋洒洒、淋漓尽致。可见，诗人笔下富于文学魅力、美学底蕴的神话幻想兼具诗性创造与文化积淀的双重特征：诗人的激情诱发了想象；巫神之风习滋长了幻想。尽管诗人的现实生活步履维艰，然而诗中强烈“居有”的想象世界一方面足以高扬个性、流露真情，体现卓越脱俗的精神追求和超越现实羁绊的理想境界，另一方面借此自由兴寄的神话幻想般的艺术语境象征现实寻求的美好愿望和永恒意志，表现了诗人抗争命运、图及美政的精神力量。

《天问》这首千古奇诗，不是叙事体，也不是抒情体，而是问话体，对于宇宙、大地、古代历史、神话传说等，一连串问了一百七十几个问题。这许多问题，虽同是发问，但问的角度、重点、方式，却不尽相同，变化多端，或怀疑，或否定，或讽刺，或感叹，或启发，或探讨……问得参差错落，问得扑朔迷离，问得各得其所。每一个发问，都不同程度地表达了作者的某些倾向，从而表现了屈原的哲学思想和历史观点，反映了屈原敢于站在时代之前列，对科学真理不断探索的精神。

《天问》的结构也是奇特的，初看似乎零乱无序，但仔细玩味，又是有序的，且独具匠心。它以时间顺序，即大自然形成变化的次序，初民历史发展的顺序，来调遣组织神话传说历史事件，诗人的自我形象贯穿始终。一个“曰”字领起，分两大部分。前半部分，是问自然现象的有关问题，先问宇宙的起源、天体的构造、阴阳变化、地理分布、四季物候；接着问山川河流，地上的神物怪兽、奇花异木。后半部分，是问历史事件，分夏商周楚四个阶段，主要问夏商周三代盛衰之理及有关他们始祖的神话传说。其结构特征十分明显，它是按时序的线索来布局谋篇的。

下面就从《天问》的主要内容来认识这首诗。

首先，是问与自然现象有关的问题。包括宇宙起源、天体构造、阴阳变化、地理分布、四季物候等方面的问题，多为探讨性的提问，是针对当时社会上的种种传统说法而发问，表达了诗人对社会上流传的某些说法所持的怀疑甚至否定的态度。诗人想按照事物的本来面貌去求得对自然现象正确的认识，表现了诗人的探索精神。如诗文一开始的发问：

> 遂古之初，谁传道之？上下未形，何由考之？冥昭瞢暗，谁能极之？冯翼惟象，何以识之？

这四问是关于宇宙起源、天地形成的发问，是对当时社会上流传的种种说法的怀疑，对宇宙起源的随意解释不相信，而提出怀疑并要进一步探讨的发问。

接下来，诗人又问天地在哪里会合？十二星辰怎样划分？太阳一天能跑多少路？月亮为何有盈有亏？女歧未曾婚配，怎么有九个小孩？伯强地位在何处？寒风从哪里吹出？还有“玄鸟致贻，女何嘉？”这一发问，也直接否定了简狄吞鸟卵生契的荒诞之说，“稷维元子，帝何竺之？”这一发问，也否认了姜源履帝迹生稷的传说，因为稷果真是上帝之子，为什么上帝还憎恨他、抛弃他呢？再看关于后羿的神话：

> 帝降夷羿，革孽夏民；胡射夫河伯，而妻彼雒嫔？冯珧利决，封狶是射，何献蒸肉之膏，而后帝不若？浞娶纯狐，眩妻爰谋，何羿之射革，而交吞揆之？

第一问，帝为解除夏民忧患而降生羿，为什么羿竟射瞎河伯而强娶其妻雒嫔？这是一个谴责性的质问，揭露了天帝所降生的人未必能一贯做好事。第二问，当羿射死大野猪时，给帝祭献肥美的猪肉，上帝为什么不领情赏光？这一句还是对帝的质问。第三问，寒捉想娶羿妻纯狐，羿妻与寒捉合谋，为什么帝所降下的善射、力能贯革的羿，反而被这两男女互相勾结给灭掉了？这一问，仍然是在质问帝，可见，诗人是在对羿的神话传说进行了多方面的探查、分析之后，提出的质问，是对“天帝”的一个怀疑，认为“天命”不可信。

再次，是问夏商周三代历史事件，关于三代盛衰兴亡的历史传说。诗人对夏代兴衰的历史事件提问，几乎问遍了夏代的历史传说，诸如有关夏启建国“启代益作后”，夏启好酒耽乐，其子太康荒淫失国，后羿篡权，这中间插入后羿的神话传说，少康复国，夏桀残暴无道被商汤所灭。诗人运用了谴责性的质问，揭露了天帝之不公，天帝之毫无原则，天帝一点也不仁慈，绝非赏善罚恶的神灵，也绝非真理正义的象征，否定了天帝，从而也否定了“天命”。

诗人问商代的历史事件，其重点在揭露商纣的淫乱罪行，“授殷天下，其位安施？反成乃亡，其罪伊何？”这是探讨性的提问，表现出诗人寻根问底的精神，同时批判、否定了所谓“受命于天”的说法。对于商代灭亡的原因，诗人也提问，“殷有惑妇，何所讥？”殷纣王身边有个所谓惑妇，这究竟有什么可讥议的？言外之意，殷商灭亡的主要原因，绝不在妲己之惑，而在殷商之昏，从而否定了对妲己的传统偏见，表现出诗人可贵的求实精神。诗人毫不留情地揭露抨击了殷商昏迷惑乱、亲近奸佞、残害忠良等罪行，同时又为贤臣比干、梅伯、箕子等鸣冤叫屈。诗人认为殷商荒淫残暴，国破身亡，是恶贯满盈，咎由自取。问周代的历史事件，重点是周得国与失国，不在天命，而在君是否得道。通过一系列启发性、怀疑性、否定性的提问，揭示出了姬昌所以“命有殷国”，百姓所以“迁藏就岐”，殷命所以不可挽救，既不是什么上帝的惩罚，也不是什么妲己的迷惑，主要原因在于殷商淫乱无道，滥施酷刑，残害忠良。肯定了“命有殷国”，其原因是姬昌思贤、慕贤、访贤、用贤的结果。诗中热情地赞颂了周文王、周武王的贤德。

告诉人们国家兴亡的关键，在于国家政治是否合于正道，国君本人是贤还是不肖，“登立为帝，孰道尚之？”古代人登位做帝王，究竟是依据什么原则来安排的？这一怀疑性诘问，表面上是对古来立帝的原则提出疑问，实质上是否定帝王“受命于天”的说法，言外之意，如果帝王是“受命于天”的话，那么，上天派下来的帝王，为什么既有明君圣王，又有昏君庸主呢？这又是根据什么原则？不难看出，诗人是站在时代前列探索真理，向“天命”提出挑战，对人类历史、夏商周三代的历史传说，进行提问、反思，而重点又在三代盛衰兴亡的历史经验。在问一系列的历史传说之后，诗人发现了“天命”根本不正确，“天命反侧，何罚何佑？”天命无常，无法控制历史的发展，从而批驳了社会上关于

“天命”的流行说法。诗的尾声，是问楚国历史上兴亡的关键事件，也是《天问》中兴亡之感的自然归宿。屈原，在中国文化乃至世界文化领域，都是一个极其特殊的人物，可谓特立独行。他为后人留下的辉煌诗篇，“衣被诗人，非一代也”。今天，我们认识屈原，研究屈原，都应从研读他的诗开始。

诗人询天问地上下求索，探索真理，为实施自己的美政、复兴楚国寻求理论依据，也是对人生价值的考量。

《天问》对宇宙和人生的奥秘提出了种种疑问。追问关于宇宙与人类起源一类的本原问题一样，每一个大时代的开端都以重新构建价值体系为先声，都要一遍遍地思考宇宙的起源和人生的意义所在这些本原性命题。“哀民生之多艰”，关注民生，是政治价值之所在，更是人生意义之体现。

第二节 不以碌碌无为而悔恨·为他人而崇高

——奥斯特洛夫斯基《钢铁是怎样炼成的》

保尔·柯察金的被贬斥与复活。保尔形象的塑造者尼古拉·奥斯特洛夫斯基的这部被称为史诗般的英雄主义小说——《钢铁是怎样炼成的》，一经问世，就产生了巨大影响，很快超越了苏联国界，走向东方世界万千青年的心灵。保尔·柯察金成了几代人的人生楷模。不管你是否赞同他所有的行为，总体上你无法拒绝他震撼你心灵的东西：为人类自由解放无私奉献的精神，对专制奴役和坎坷命运的不屈抗争，以及炽热而让人扼腕的悲剧性爱情，他那关于“人最宝贵的东西是生命”的名言，当年几乎无人不会背诵……他关于人的一生应该怎样度过的思考，成了年轻人的座右铭。

但斗转星移，随着保尔为之奋斗终生的伟大的苏维埃社会主义共和国联盟在地球上瓦解，《钢铁是怎样炼成的》和保尔·柯察金这位赤色革命者，已被俄罗斯文学界强调“文学非意识形态化”的理论家们所否定，认为保尔已不为当今时代所需要，他的精神已没有意义。《钢铁是怎样炼成的》也从文学教科书中被抽掉，他们竭力想让保尔的形象在俄罗斯年轻一代中越来越陌生。

1998年，两位国内俄罗斯文学研究领域的专家由于对要不要把《钢铁是怎样炼成的》收入新编的高校俄语语言文学教材《俄罗斯文学选读》这一问题产生分歧，展开了关于《钢铁是怎样炼成的》的讨论。北京大学的任光宣和南京大学的余一中两位专家分别发表了文章《重读长篇小说〈钢铁是怎样炼成的〉》和《〈钢铁是怎样炼成的〉是一本好书吗?》，提出了针锋相对的意见。任光宣的文章认为作品不但符合时代的要求和精神，也符合30年代苏维埃人对人生的审美追求，“保尔身上的优秀品质属于人类永恒的道德范畴，具有一种普遍的意义。这个形象的艺术魅力不会随着时间的推移而消失，他的精神具有一种永存的价值”①。余一中先生则认为这是一部歪曲历史真实……没有艺术性可言的小说。余先生几近愤怒地指出：保尔·柯察金这一形象远不如19世纪60年代车尔尼雪夫斯基笔下的“新人”形象，也大大逊色于高尔基在《母亲》中塑造的巴维尔·弗拉索夫。他说巴维尔始终是母亲的儿子，是有理想有激情也有缺点的人，而保尔·柯察金则被炼成了“钢铁”。这部小说书名里的“钢铁”一词有两层象征意义：一是供主人使用的无思想、无感情、冷冰冰的材料；二是斯大林和斯大林路线（斯大林这一姓的词根就是“钢”的意思)。《钢铁是怎样炼成的》所表明的就是怎样把一个普通人变成斯大林路线的拥护者和“材料”的过程。② 余先生的观点是有失公允的。

梁晓声曾胸有成竹地说③：俗话说，猫有九条命。文学作品也应该有几种魂魄。《钢铁是怎样炼成的》至少有三种吧。第一种，革命者的革命信念和革命行动。第二种，情爱，这是永恒的，不会消失的。保尔对冬妮娅、对丽达的爱，对爱的理念，小说里都有动人的表述。这使作品魅力永存。第三种，与苦难和厄运抗争，战胜生命。这点更没有过时。

---

① 任光宣．重读长篇小说《钢铁是怎样炼成的》[J]．俄罗斯文艺，1998（02）：58-62.

② 余一中．《钢铁是怎样炼成的》是一本好书吗？[J]．俄罗斯文艺，1998（02）：63-75.

③ 哈米．保尔·柯察金的贬斥与复活［J]．书屋，2000（05）：53-57.

我们就沿着梁晓声的思路去拷问保尔的精神世界。

革命者的革命信念和革命行动。当下，“革命”似乎是相当遥远的事情。这种遥远，不仅是指时间，更是指一种心理距离。当我们被全球化的现实逼迫得只能成为单向度的经济人的时候，当我们被所谓的普世价值观诱惑而成为价值迷茫人的时候，我们是否还需要“革命”这样的历史事实与思想资源？

在这样的前提下，我们有必须要来讨论“革命”。事实上，只有建立在对以往革命历史的尊重、理解与认可的前提下，我们才能真正把握今天我们所面临的现实，才能理解所谓社会转型的实质所在。“革命”本身是复杂的，文学中的“革命”相当忠实地传达出了这种复杂。与今天我们的生存语境相结合，重读革命文学经典无疑是耐人寻味的。这也就是为什么我们要来解读《钢铁是怎样炼成的》这样的作品目的所在。

《钢铁是怎样炼成的》可以说是一部带有自传性质的红色小说。在小说的主体部分，描写了穷人的孩子保尔·柯察金如何一步步走上革命道路，最后成为一个坚定的无产阶级战士的故事。

在多元化价值观念的今天，“革命”遭到了置疑：有人认为生命是最神圣不可侵犯的，像革命、战争显然都是需要被谴责的、被批判的，因为革命、战争都将会使生命受到戕害。这是我们今天可能更认同的逻辑，但这种逻辑是否具有普泛性，是否放之四海而皆准呢？

我们可以先来看看保尔生活的地域、时代的生命景观及由此形成的生命观念。我们可以发现，在小说中，至少提供了两种截然相反的生命景观，一种是上层阶级的生命景观，列辛斯基甚至维克多、冬妮娅等，都可以归入这个行列。他们富有，受过良好教育，有较高社会地位，也就是他们拥有足够的物质生活条件。由此形成了自己的生命伦理观，那就是冬妮娅一直强调的——生命的价值与生存无关，生命应该是实现自我的价值。

另一种生命景观是属于底层的，保尔、他的哥哥阿尔焦姆、被欺凌的少女弗罗霞还有那些从来不被当作人的犹太人，他们的生存状况可以说是触目惊心的。某种意义上，可以说他们从来没有过一天像冬妮娅那样无忧无虑的生活，他们每一天实际上都挣扎在贫困线乃至死亡线上。

对他们而言，生存是压倒一切的，没有一定的生存基础，根本谈不上个人发展，谈不上实现个人价值。小说中最令人触目惊心的一幕是彼得留拉匪军对犹太人的屠杀。作者对此的描写很是冷静翔实，描绘出了一幅人间地狱的末世图景，其中蕴含着的愤激也是历历可辨：仅仅因为他们是犹太人，他们就要被迫流浪、迁徙，被掠夺、被强奸、被劫杀吗？这样的“人为刀俎，我为鱼肉”的世界难道是合理的吗？

如果将这两个世界的生命景观放在一起进行比较，那么，我们应该可以得出这样的结论：自由、平等、个人价值这些美好的概念并不是空中楼阁，它是需要有一定的物质生存基础作为支撑。有了这个基础，你就可以考虑这方面问题；如果没有这个基础，自由、平等、个人价值这些东西只是谎言，或者是用来维护这个不平等世界的麻醉剂。也就是说，正是像《钢铁是怎样炼成的》这样的作品，让我们领悟到，自由、平等、个人价值这些东西并不是放之四海而皆准的普遍准则，底层的人们完全有理由来质疑它存在的合法性。

“革命”问题应该放在这样的背景下来加以考察。的确，如鲁迅所说，“革命”是充满了“血与火”的，是摧毁和粉碎；但无可否认，“革命”的确也是底层通往自由的必要途径，是底层一种解放自我的方式。可以说，“革命”是符合底层利益伸张需要，得到底层认可的一种价值实现方式，它和自由、平等、个人价值这些东西属于两个完全不同的话语系统，彼此之间是不可互相沟通的，也是不可能成为彼此的评判标准。这就是说，所谓“革命”的暴力性、革命对人性的摧毁等，只是站在上层阶级的立场上评判的结果，但这和底层的评判恰恰相反。

我们说保尔是个成熟的革命者，就包含着这样的一种判断——保尔对革命本质的看法，是打破了上层阶级的普遍看法。他的爱与恨，突破了上层阶级意识形态的包围和控制，坚决地站在了革命这一边。

《钢铁是怎样炼成的》较为完整地展现了主人公保尔短暂而又辉煌的一生。怎么来理解保尔这样的“红色”英雄呢？

保尔的一生分为若干阶段，每一阶段打动人的力量都不同。童年时期保尔相当经典地展开了我们记忆中的俄国底层少年的形象：失去了父亲，寡居的母亲贫穷而慈爱，加上一个强壮而且脾气暴躁的哥哥。在一般文学作品解读中，很容易让我们形成一个印象，那就是与寡居的母亲相依为命的男孩，似乎很容易被归纳到弗洛伊德的理论中——那是一个恋母的孩子，敏感、脆弱、细心，有一种雌化的倾向。但是，《钢铁是怎样炼成的》这部作品好的一点就是，它并没有简单折服于这样的理论，而是塑造了一个很难被归入到这个人物类型中的保尔的形象。保尔偏偏是倔强的，不服输的，爱惹是生非的，有强烈的爱憎感，尽管年纪尚小，却似乎很早就走出了母亲的庇护。为什么这个保尔能打破常规的弗洛伊德公式而成为"这一个"呢？

需要注意的最重要的因素就是，保尔来自于一个近乎赤贫的家庭，这个出身为他的性格打上了独特的烙印。贫穷的家庭使他过早地走上社会，领略到人世间的世态炎凉；贫穷的家庭使他在性格形成的早期，就形成了一种用以保护自己的傲气。也就是说，和弗洛伊德所谓的恋母男孩之所以形成差异，就是因为保尔来自于底层，他不能终日依偎在母亲怀中，在天伦、亲情的滋润下，成为一个恋母的男孩，他被迫社会化，他近乎本能地需要保护自己，使他年纪轻轻就成为了一个性格强悍的人。这样，我们可以清晰地看到，在保尔性格形成的过程中，是阶级、出身成为了他性格的主要来源。

如果读过一些红色经典，大概都会发现，在那些英雄人物的成长过程中，阶级出身毫无疑问都是占据第一位的重要的因素，这是很有意思的，也是值得我们进一步思考的。也许有人会认为，过多考虑阶级、出身等因素，会伤害到人物的独特性的展现，会使人物沦为某一个阶级、某一种类型的传声筒而丧失典型的价值——在20世纪80年代，事实上，我们就是站在这样的理论背景下，去质疑这一类红色经典中英雄人物的价值。也正是在这样的前提下，我们更推崇的典型人物就应该是像《红与黑》中于连这样的人物，这类人物往往有明确的个人奋斗目标，以个人主义方式来实现自我价值。在他们自我成长的过程中，阶级、出身并不太重要；而他们自我确立的标志，正是从脱离自己的阶级、家庭、出身开始。也就是说，这一类底层人士如果真能走向成功，其故事是以被压迫阶级的成员经过个人的努力，走向上层阶级而告终。

在一个贫富两极分化的时代，其实在类似于于连这样的偶像塑造背后，我们应该还能感觉到隐藏着一种上层阶级的意识形态逻辑：当我们被召唤、被牵引着去相信于连这样的个人奋斗者是底层改变自己命运唯一道路的时候，其实我们已经被上层阶级的意识形态所招安。这怎么来理解呢？也就是，当穷人以富人作为自己的奋斗目标的时候，他实际上已经丧失了自己对于财富、对于社会不公应有的反省，也就丧失了自己斗争的热情与动力。他只不过是上层阶级为了维护自己的统治而复制出来的一种影子而已。

在这个前提下，我们再来讨论保尔的形象，你就可以发现，正视并且汲取自己阶级出身价值的保尔是多么可贵。至少，他没有被上层阶级的个人奋斗逻辑所同化，也没有被温情脉脉的家庭亲情所弱化。他的出身、他的颠沛流离的经历，强化了他的底层经验，并构成了他与上层阶级的人不一样的价值观念。在小说中有许多地方可以说明这一点，比如说对待火车站食堂的女工弗洛霞，上层阶级的人以一种侮辱的、损害的姿态去对待她，其潜台词就是因为弗洛霞是一个即使受到损害也无法对他们构成威胁的小人物，两者之间不平等的壁垒可谓泾渭分明；而弗洛霞周围的一些人，如普罗霍尔，尽管也是穷人，行为做事却完全就是上层阶级的一个翻版——他会去欺负比他更弱小的弗洛霞来牟利，在他的身上，我们可以看到上层阶级意识形态的强大辐射力。而保尔，不仅本能地感觉到了上层阶级的无耻与腐朽：在那里，他已经窥见了生活的最深处、最底层，看到正直、善良的人如何受欺凌，而那些奸猾狡诈、贪得无厌的人又是怎样的趾高气扬，而且还感觉到了上层阶级的意识形态的不合情理：你看看，老板雇我们做事情，咱们像骆驼一样干活，可没人称赞你，反倒经常被欺负。谁高兴了，谁有力气了，谁就可以欺负你，还不准反抗。

在资本的逻辑下，占有资本的人无疑拥有相应的权力；而受制于资本的人，在无形中丧失了基本的人权，这似乎是天经地义的。保尔敏锐地发现了这一逻辑的问题所在，那就是它永久维持了富、穷之间的界限，使穷人永远被束缚于权力机制之下而不得翻身。要想真正翻身做主，底层需要另一套意识形态——推翻旧世界，建立新世界。作为保尔参加革命的引路人，朱赫来有一段话讲得很好：

> 那时候，家里很穷。我一看到富人家那些养得又白又胖的孩子，就恨他们，常常毫不留情地揍他们一顿。可事后除了换来父亲的一顿责骂和狠打之外，什么也没得到。后来我终于明白，单枪匹马是根本改变不了现状的。现在整个世界都燃烧起来了，革命火种四下传播，奴隶们、穷人们都造起了反，要推翻旧世界，建立新世界。

可以说，朱赫来为保尔这样的穷孩子展开了另一个天地，一个底层穷人如何当家做主的天地。“革命”在真正解放穷人、激发穷人主体性的意义上被引进来。而作为“革命”的基础，阶级、出身由此也就获得了自己存在的合法性——因为革命需要借助集体的力量，不是单枪匹马、赤手空拳。

这样的话，我们大概就能理解红色经典中的英雄人物，为何总是要和阶级、出身联系在一起进行塑造。这不仅意味着他们的内涵、价值与资本主义意识形态所鼓励的个人奋斗式的英雄不同，也意味着他们一定要与本阶级的观念、立场联系在一起，才能保证自己的人生轨迹不变形，他们的行为做事是有强有力的思想依据。

所以说，在评价“于连”与“保尔”这两类人物形象的时候，我们恐怕要先确立一个基本原则，那就是，这两类人物无论是从人物本身的价值追求还是从作者塑造的艺术追求上来说，应该置身于不同的文学评价体系中，才能较好地把握他们。我们无法用一种放之四海而皆准的文学评价体系去一概而论。这就是说，保尔和于连本来就是两种人，我们不能用于连的标准去评价保尔，反之亦然。

只要阶级社会依然存在，这种做对多数人有利有益的事情，造福他人的革命信念和革命精神就将永存。

革命者的爱情抉择。保尔为了革命主动牺牲自己的爱情是备受诟病的地方。其实，在东正教文化传统中的俄罗斯人的圣徒观念里，真正的圣徒、英雄必须压抑自己的欲望，尤其是色欲的诱惑。“保尔参加了革命，成为一名优秀的战士，为了实现理想，他也克制自己的欲望。保尔的几次情感经历就体现了一种圣徒的形象：为了革命理想可以拒绝女人的诱惑，牺牲爱情。”① 保尔的情爱抉择的价值何在？

林务官的女儿冬尼娅爱上了保尔，并曾不惜冒险掩护保尔。他俩曾经有过少男少女的纯洁感情。冬妮娅是个外貌美丽的女孩儿。关于冬妮娅的外貌，作者没有集中细致刻画，但读者可以从直接零散的描写和人们对她的态度所包含的逻辑关系看得出来。她“苗条娇小”，是“漂亮的”，“浓密的栗色的头发”“梳成一条粗大的辫子”，有“碧蓝的”“一双美丽、可爱的大眼睛”，“美丽的浓密的睫毛”，“匀称的小腿”，“柔软的身体如同弹簧”。家庭或个人社会地位较高的苏哈里科、维克托、丘扎宁等都想与她结交，“在铁路管理局担任重要职务”的“铁路工程师”，想娶她为妻，都是佐证。冬妮娅还非常讲究衣着的得体漂亮。如保尔参加革命受伤出院后邀请她参加社会活动时，“她打扮得那样漂亮”“花枝招展”，有人说她“像个资产阶级小姐”等。冬妮娅是个善良的女孩儿。冬妮娅还有鲜明的正义感，在她的心目中，世界上的穷人富人都没有贵贱之分，所以她交维克多这种富家孩子朋友，也交保尔这种穷伙夫朋友，并热情地想把他们也融合成为朋友。她对保尔痛击苏哈里科大声叫好，因为苏哈里科代表的是邪恶，他看不起保尔，称他“穷光蛋”，要“马上叫这小子滚蛋”。保尔代表的是正义，面对恶势力恶行为，敢于抗击并适当惩罚。冬妮娅是个善解人意的女孩儿。冬妮娅曾经被保尔放了鸽子，她也曾很生气。当保尔再访时，冬妮娅也想到过如何教训和羞辱保尔。当她突然看到以前衣着破旧，头发零乱的保尔，为了她“穿着一身新衣服，皮鞋也擦得亮亮的”，“理了发”，“本想说几句表示惊讶的话，但是看见他已经有些发窘，不愿再让他难堪，就装出一副完全没有注意他的变化的样子”。保尔为她而改变，于是，责怪保尔的计划也就取消了。冬妮娅是个爱情忠贞的女孩儿。冬妮娅还有崇高的爱情观，并为爱付诸行动。保尔离开家乡、投身革命的那一晚，他俩相拥着过了一晚，“多么柔顺的身体！……然而，青春的友谊超过一切。”而手稿删节的部分有更详细的描写：“是的，熟悉的，火一样的热吻封住了他的嘴。她那如弹簧般柔软的身体是那样顺从……但是青春的友谊高于一

① 王淑凤．从东正教文化视角谈保尔·柯察金形象［J］．名作欣赏，2013（06）：83－86.

切……”冬妮娅和保尔的家庭和个人的社会地位、贫富条件有很大的差距，基于此，保尔对冬妮娅的爱，一开始是满怀警惕，“对她并不那么信任。只要这个漂亮的、受过教育的姑娘敢于嘲笑或者轻视他这个锅炉工，他随时准备给予坚决的反击。”就连家境不错的“漂亮的中学生……梳着风流的发式”的莉莎，也感到“真怪，冬妮娅怎么会爱上了他”。保尔的哥哥阿尔焦姆同样感到“要么我是个大傻瓜，要么这两个年轻人有点反常”。总之，在世俗的眼光看来，冬妮娅照常理不会爱上保尔。但冬妮娅却用真诚的爱情，消除了保尔的戒备心理。并为了爱情她义无反顾地在保尔严重违法，被仇人知道，并可能被告发后，亲自去通知保尔逃跑。在保尔侥幸被误释出狱后，又坚决说服保尔不要怕连累她、在她家住的想法，把保尔藏匿在家里，帮他通知亲属，最终使保尔逃脱了险境。有意帮助犯罪者藏匿逃跑，是大罪，父亲是林务官，已受过六年正规学校教育的冬妮娅应该知道这点，但她却置此不顾。在保尔受伤一只眼睛失明后，她也没有嫌弃保尔。只是由于保尔要求她放弃个人立场，像保尔一样投身工人阶级革命，她不愿意才导致两人分手。分手时，她很“悲伤”，“两眼噙着泪水”。在彻底分手的两年后，在修路工地上，冬妮娅看到“像流浪汉一样衣衫褴褛”的保尔，尽管有教养的她知道对保尔热情，会使丈夫不快，但还是关心问候保尔，充满了疼爱。

冬妮娅为了爱情冲破了地位、门第乃至于阶级界限；保尔也为爱情改变着自己，因为冬妮娅的挑剔，保尔甚至尝试着改变自己的破烂形象，理了发，穿上了干净的衣服，很体面地去见冬妮娅。尽管他并不完全认同冬妮娅的生活方式与趣味，但是作为恋爱中人，梳洗干净体现了保尔对冬妮娅既有生活习性的尊重，从中我们不难窥见恋爱力量的强大；保尔精心修饰也是为了表现穷人的尊严，因为像“人”一样生活同样也是革命的目的，是底层的一种最基本的生命渴望。当然，保尔并没有因此变得虚荣起来，要来掩盖自己贫穷的家境。因此，在这样的一个细节中，我们至少能够感到，爱情与革命并不见得就是截然相对，没有任何的交叉地带，它们也存在着一致的部分。但从另一个方面讲，当保尔开始用对方的生活方式标准自觉不自觉地来要求自己的时候，可以感觉到，其实他还是很清楚彼此差异的存在，因而在看似一致的爱情之上笼罩着一层阴影。

所以，随着保尔继续和冬妮娅见面，两人之间的鸿沟越来越明显。我们注意到，爱情的强大已经不能掩饰彼此的差异，某种变异还是小心翼翼地被剥离出来。在冬妮娅这边，是希望保尔能有一份事业，将来能出人头地摆脱目前的底层地位；而在保尔这里，则意识到冬妮娅的个人主义的梦想已经与这个时代格格不入。在保尔动员冬妮娅参加共青团员们的活动而被冬妮娅搞糟之后，他终于意识到他们已经是两类人。分手的场景被渲染得很动人：

> 看着金黄色的夕阳，冬妮娅十分忧伤地说："难道，我们的友谊真的就像这'落日'一样完了吗？"他眼睛盯着她，紧皱着眉头，低声说："这件事我们早谈过了。冬妮娅，我已经不是你从前认识的那个保尔了。你知道我曾经爱过你，而且现在，我对你的爱情还是可以恢复，但你一定要跟我们在一起。你应该明白，如果你一定要我把你放在党的前面，我就不会是你的好丈夫。我首先是属于党的，其次才属于你和别的亲人们。"……"既然你有勇气爱一个工人，为什么不能爱工人阶级的理想呢？"

可以理解的一点是，保尔对冬妮娅采取了两分法的处理，一方面，从感情上说，旧情未了，仍有依恋；另一方面，从理性上说，不同的阶级立场，两人已是形同陌路。从结果来看，保尔的理智压倒了情感。这大概也是容易引起争议的，因为爱情本来就不属于理智的范畴，伟大的爱情往往是挣脱理智的束缚，那么，如何来评价保尔和冬妮娅的分手呢？

我们应该意识到，奥斯特洛夫斯基的本意并不在于描写一场经典的爱情，自始至终，"爱情"在他这里，是有着丰富复杂的内涵，它和革命所需要的东西有交错的成分。保尔爱上冬妮娅，当然有着青春期的激情，但也有着双方对于对方阶级的看法的克制、压抑乃至超越的意味在里面。而保尔性格的主体部分，前面已经讲到，不是为所谓个人、家庭的伦理型的因素所主导，恰恰相反，他之所以是保尔而不是于连，或者他为何最终不能认同冬妮娅，就因为他是依据本阶级、出身而自觉成长起来。所以，保尔作为“这一个”，作为不同于资本主义现代个人意义上的“这一个”的内涵，就因为他有清晰的阶级意识、集体意识和政治意识，自觉地以党的代表自居。这样的前提实际上会不断地克服属于个人范畴的东西，诸如敏感、冲动等。当保尔锻炼成为无产阶级一员的时候，他必然会把自己定位成一个阶级的人而不是一个自然的人。

这样的角色与身份定位，使得尽管冬妮娅也已经算是一个资本主义意义上的个人，但和保尔“这一个”的意义，有着天壤之别。无论是考虑问题的立场、出发点、视野还是资源，他们之间实际上不可化约。

在这里，我们很难来判定这场爱情故事中孰是孰非，可能今天大家更理解和同情冬妮娅，会觉得她的所作所为并没有明显的过错，让她来承担爱情的苦果不合适。但是否会因此认为，保尔对爱情的处理是失当的呢？或许我们可以有一种换位意识，当我们今天都站在冬妮娅这里去考虑人生问题的时候，我们是否可以设想，站在保尔的位置上去想象他的“爱情”？如果站在个人主义的立场上，自然，冬妮娅对个人生活的设想无可厚非，她最后的中产阶级婚姻家庭生活看起来也是符合一般人对于完满生活的定义；而保尔的个人生活相形之下是苍白的。但是，假如撇开这样的个人主义的立场，如果要追求更高质量的非同一般的个人生活呢？我们至少可以承认，当保尔把自己的个人生活同千百万人的解放事业联系在一起的时候，他的个人生活要比冬妮娅更精彩、更有意义。因为，他并没有站在一般庸众的立场上来设计自己的个人生活，他的个人生活理想是超越丰衣足食、功名利禄这样的世俗生活的，某种意义上，可以说，保尔的个人生活理想是一种真正精英的理想。我也更愿意从这个层次上来理解他的那段经典名言：

> 生命属于人们只有一次。人的一生应当这样度过：当他回首往事的时候，他不会因为虚度年华而悔恨，也不会因为碌碌无为而羞愧；这样在临死的时候，他就能够说：“我已把自己的整个生命和全部精力，都献给了世界上最壮丽的事业——为全人类的自由解放而斗争。”

这样的话，假如我们不仅仅简单地将保尔和冬妮娅的分手看作是革命与爱情的冲突结果，也可以这样来理解，那就是，他们的分手实际上是精英和庸众不可避免的分道扬镳，是新我与旧我的告别。我们或许不能成为像保尔那样的精英，但至少，我们应该可以理解他，理解他对代表资产阶级个人生活的爱情的摒弃。

保尔对丽达的友谊也显示了保尔将自己献身理想的圣徒情操。作为志同道合的战友，保尔深知丽达爱他，可保尔认为丽达是神圣不可侵犯的。在面对激情时，保尔还是逃跑了。“他们目标一致，她是他的战友和同志，政治上是他的引路人，然而她毕竟是个女人。他第一次意识到这一点是在天桥附近，所以她的拥抱使他十分激动……然而，他还是以他坚强的意志控制了自己。”“爱情给人带来许多的困扰和痛苦，难道现在是谈情说爱的时候吗?”在保尔看来，只要全世界的资产阶级没有肃清，他就不找女孩子谈情说爱，他要把世界革命的大火烧到美洲去。这种殉道精神、道德纯洁感、对待革命的朝圣般的情感，向世界传播革命“福音”的弥赛亚意识，使保尔既成了无产阶级的英雄，又成为斯拉夫民族精神的产儿。

后来保尔终于向一个女子、母亲的好友阿尔宾娜的女儿达雅求婚了。他们的爱情是建立在同志式的基础之上的。保尔把达雅看成自己的恋人与妻子，更看成自己的同志。他想拯救达雅逃离她家的火坑。

> 现在我要谈最重要的事了。你们的家庭纠纷才刚刚开始，你应该挣脱出来，离这个窝远点，到外面透透新鲜空气。应该重新开始生活。既然我已经卷入这场战争，那就让我们一起干到底。现在你我的个人生活都不愉快，我决定给它放一把火。你明白我的意思吗？你愿意做我的终身伴侣，做我的妻子吗？

尽管从童年时期，保尔就基于自己的阶级出身，对革命产生了最初的朦胧的向往，但应该说，他对“革命”无论是理论还是实践，都不是特别清楚。他成为成熟的革命者，是经历了漫长的过程，并不是一蹴而就。和冬妮娅谈恋爱直至最后的分手、对丽达爱的拒绝和向达雅求婚，只是成为革命者征途上的一个一个考验而已，在小说的后半部，我们还可以陆续看到其他的考验。显然，保尔不如丽达成熟：

> 我对生活的看法并不太拘泥于形式。在私人关系上，有的时候，当然非常少见，如果确实出于不平常的、深沉的感情，是可以有例外的。你可以得到这种例外。不过，我还是打消了偿还我青春夙愿的念头。我觉得，那样做不会给我们带来很大的愉快。保尔，你对自己不要那样苛刻。我们的生活里不仅有斗争，而且有美好感情带来的欢乐。

与苦难和厄运抗争。参与公共生活的热情是《钢铁是怎样炼成的》另一个很打动人的地方，即保尔忘我的奋斗精神。书中关于保尔参与修筑铁路这一段，将这种忘我的奋斗精神渲染得淋漓尽致，曾经被选入中学课本。

在筑路过程中，保尔遇到了各种各样常人难以忍受的困难：恶劣的气候，没日没夜的连续高强度加班，完全吃不饱的伙食，还有匪徒不时出没。这是一个非人的生存环境，而保尔尤其显示出了他的坚强——因为他有一双底都已经掉下来的烂靴，在积雪的地上，把脚都冻坏了。然而即便如此，保尔依然坚持着，甚至得了伤寒和肺炎都不屈服，每天出工，而且以惊人的毅力参加劳动竞赛。

其实，保尔只有一个非常朴素的想法，那就是：如果有哪怕一个人从这儿逃跑，那就会有许多人冻死在严寒之中。自觉地为大多数人谋利益，为此不吝承受任何苦难，这正是保尔精神的标志，也是"人性"在最深刻意义上的体现。人不能太自私了。在小说所描写的"当时"，修建铁路，把木柴运进城市，维持城市的正常运转，首先具有捍卫红色政权的政治意义，革命者为了社会主义事业，不惜超越人的体能极限，去拼搏、去牺牲。现在，小说所描写的"当时"已成为了悠远的"过去"。但是，小说这一情节所设定的特定情境是：倘若在严寒的冬季不能将木柴（也就是生产与生活的能源）送达城市，那么，整个城市就会因接踵而至的饥饿和寒冷而瘫痪，"医院、学校、各机关以及成千上万的居民，都将受到严寒的侵袭”。所以，对于这些以血肉筑路的共青团员们的描写，其实具有“一种超越具体时空的，可为全人类大多数所认同的人道精神”①。在作品中，保尔为了其他人可以牺牲一切、忍受一切的精神曾激励了无数的人，使人每次读到都感慨万千，经受到一次洗礼。

保尔第一次是大腿受伤；第二次是在严寒的1920年2月染上了发高烧的斑疹伤寒；第三次是在布琼尼骑兵队的一次战斗中颅骨被弹片穿透，右眼失明；第四次是在筑路当中，这时的他几乎是个半残的人了，他咬紧牙关，坚守岗位，带领自己的小队开展劳动竞赛，以汗水和生命去修筑铁路。每天天刚亮，保尔就拖着那双像灌了铅似的浮肿的腿，提前为战士们烧好开水和热茶。在暴风雪中，保尔只穿着一件上衣干活。他脖子上生着冻疮，两眼网着血丝，双脚生满冻疮，一连五天发着高烧，但他仍挣扎着与别人一道出工，并以共青团书记的身份组织大家全力紧张地工作。除此而外，他的脊椎上还被炮弹爆炸崩起的石头砸了一个很深的坑，正是由于这一致命的伤害，使保尔最终瘫痪在床。当保尔颅骨受伤、右眼失明后，无论在做手术或换绷带时，都是非常痛苦的，一般人会不断呻吟或发脾气。可是保尔却从不做声，毫不畏缩，有时疼得几乎失去知觉，也不叫唤一声，以致医生都不明白，保尔怎么会有这样顽强的精神。保尔有一股巨大的精神力量在支持他，这就是“牛虻”式的坚毅精神和重返前线的信念。在保尔生命的后期，即当他全身瘫痪、双目失明，不得不与床铺为伴的时候，他仍不肯忍受闲暇和死亡。经过了一番苦苦地挣扎与思考，他又拿起“武器”继续战斗，那就是写作。

革命到底给予了保尔什么，使他能够置个人生活、个人利益于不顾，忘我地进行工作？这恐怕也是今天的我们读《钢铁是怎样炼成的》感到困惑的地方。信仰的力量我们大概已有所领略，但在保尔身上，他的奋斗精神还有着其他来源。也许在一般人的视野中，会把保尔这样的拼命与功名利禄等联系在一起。在小说中，的确也不乏这样来看待保尔的人，铁路工厂里的团委书记茨维塔耶夫，当他看到保尔率领一帮年轻

① 李晓培.《钢铁是怎样炼成的》一书的文学命运［D］.南京师范大学，2013：29.

人在业余时间不计报酬地加班加点的时候，就觉得如临大敌，觉得保尔必有所图。应该说，茨维塔耶夫这样推断是一种正常逻辑，我们都能理解，因为生活在一个建立在利益交换基础之上的市场经济的时代，我们相信，任何付出必须要有回报，否则就是傻瓜。所以当保尔再三表示这些只是他们自愿、没有其他想法的时候，我们会和茨维塔耶夫一样，觉得不可思议。

我们应该从别的地方来理解保尔的这种奋斗进取精神。这种来源可能是今天的我们特别缺乏因而特别不能理解，那就是保尔有着作为主人公的自觉参与公共生活的意识与热情。保尔作为底层阶级中翻身的一员，作为扬眉吐气成为这个国家主人的代表，在任何一个他工作的地方，都有一种主体意识在张扬，而这种主体意识又会转化为一种为集体工作自觉奉献乃至牺牲的行为。事实上，唤醒底层阶级身上的国家主人意识、集体生活意识，一直是“革命”所致力动员的主要内容。而这些东西，在今天市场经济大行其时的情形下，在阶级分层重现的社会中，已经被逐步湮灭了。

所以我们今天重读《钢铁是怎样炼成的》，并不是简单地号召大家向保尔学习，希望大家成为活雷锋，而更是希望大家能静下心来想一想，我们为什么已经不能理解保尔和他那个时代了？在我们的不理解中，我们自己遇到了什么样的问题？在保尔身上，我们又可以汲取一些什么？

如果我们能想清楚这些问题，那么我想，我们不仅能理解保尔和他的伙伴们，而且还能真正进入我们自己的时代，积极进取，创造辉煌人生。①

第三节 拉着裙子爬不高·为自己而卑微

——司汤达《红与黑》

在《红与黑》中，司汤达是这样描绘于连的：

① 王晓明，董丽敏，孙晓忠．文学经典与当代人生［M］．上海：复旦大学出版社，2008：244.

他两腮红红的，两目低垂着。他是一个18岁到19岁的少年，表面看来，文弱、清秀，面貌不同寻常，他的鼻子好像鹰嘴，两眼又大又黑。在宁静的时候，眼中射出火一般的光辉，又好像熟思和探寻的样子，但是，在一转瞬间，他的眼睛又流露出可怕的、仇恨的表情。

在这里，司汤达描述了于连外貌的秀美、心智的早熟，更突出于连内心情感中的“仇恨”。他不仅仇恨经常殴打他的父亲，而且还仇恨所有的有钱上等人，仇恨整个社会与时代。

于连出生于维利叶尔小城，生活的时代是1830年法国封建王朝复辟时代，当时，激烈动荡的阶级斗争遍布社会各个角落。人是环境的产物，社会造就了人，造就了心理扭曲的于连。于连虽然相貌秀美、才智出众，且早年便接触法国启蒙思想家卢梭的民主与自由思想，但出身卑微、地位低下，在封建王政复辟时代，普通平民想要凭个人努力获得一定地位是不可能的。在这种社会环境下成长的于连，内心总是在狂妄的自尊与奴仆式的自卑交织中痛苦煎熬着。这种心灵的剧烈冲突造成于连极端敏感的性格，他对自己的出身极度敏感，极度渴望平等。这是于连深刻自卑的源头，也是于连漠视、痛恨父亲的深层原因。《红与黑》开篇就写于连与老索黑尔的冲突。老索黑尔大声叫了于连几声，于连因正埋头看书而没有回答，于是，老索黑尔扑上去给了于连一拳一巴掌，打得于连“晕头转向”“鲜血直流”。对于父亲的暴力，于连表面是顺从，但内心却充满了蔑视。事实上，于连与他父亲的隔膜并非仅仅是因为心智的疏离，其中也包含了于连对父亲乃至一切权威、压制的极端漠视、反抗、否定。后来，于连枪杀了德瑞那夫人，父亲只仅仅向他索要出生后“预付给他的膳食费和教育费”，而对他的死活丝毫不关心，可见，于连与父亲的关系根本就不是温情脉脉的父子关系，而是赤裸裸的利己主义者之间的关系。因此，当于连初到德瑞那市长家当家庭教师时，他不在乎薪水的多少，只在乎和谁在一起同桌吃饭，他说，“宁可放弃一切，也不能让自己堕落到跟仆人们在一起吃饭”。可见，尽管于连自己出身卑微，但他高度重视个人的身份和地位，且极其自尊。实际上，这种极端的自尊背后隐藏着奴性的自卑，这种自卑源于他的小业主家庭。

在德瑞那市长家，于连很快便决定追求市长夫人，这是他进入上流社会的第一步。“他的爱情仍然不过是一种野心。这是他这个如此受人蔑视的、不幸的穷光蛋，占有一个这般高贵、这般美丽的女人的快乐。他的热爱的行动，他见到她的美貌流露出的狂喜，最后使她在年龄悬殊这个问题上略微放下一点心了。”因为低贱的出身，于连的内心始终在矛盾与痛苦中煎熬，他急切地追求功名利禄，急切到甚至无法掩饰自己的野心。因此，完全有理由认为，于连是一个没有成熟的青年，是一个被个人野心蛀空了心灵的年轻人。面对人生，他缺乏一个正常的主人般的坦然、从容、镇静，始终徘徊在自卑与自尊的两个极端。对这种自卑所感到的羞耻，激起了他加倍的自尊、仇恨与反抗。于连的拿破仑式的野心和自卑心态，注定了他不会真正和任何人站在一起，不会有任何朋友，他的人生处境极端孤独。所以，于连是一个极端个人英雄主义者，他对抗的是重视出身的时代、怀有等级偏见的整个社会，他的失败是必然的。

在《红与黑》中，于连被塑造成英俊华美的男子，以征服美丽的女子并加以报复为乐。同时，作为小业主的儿子，于连的性格是极度扭曲的。他必须随时迅速地把自己变成社会竞技场上的角斗士，才能尽可能地避免被历史的车轮碾压的命运。在于连身上，渗透着司汤达面对时代与人生时的反抗、苦痛与无奈。

于连的功利性爱情是司汤达展现于连畸形心态的重要部分。于连反抗腐朽的社会制度是进步的，其积极上进值得年轻一代借鉴，但是，他的爱情与成功都是采用卑劣的手段进行，为的是达到极其卑劣的个人名利目的，因此，他不是正面的人生楷模，而是极端个人英雄主义的悲剧人物。“有谁能猜到，他脸色如此苍白，相貌如此温柔，像个姑娘似的，心里竟然会隐藏着宁可死上一千次也要飞黄腾达的、不动摇的决心。”于连的两次爱情经历就是两次人生历险，促使爱情发生的不是年轻的心，而是急于出笼的野心以及自尊与自卑交织的复杂心态。《红与黑》中有这样的细节：在花园谈话中，于连无意中触碰了德瑞那夫人的胳膊，德瑞那夫人立即把胳膊缩回去。这个动作可能是出于女人的下意识或礼貌、羞涩，但是这却触动了于连的自卑心理，这件事“变成他自卑情感的创伤”，以致他下决心要报复：一定要把德瑞那夫人的手抓在手里。于连的恋爱自始至终都在同自卑作心理斗争。一个穷小子要想获得权力和地位，他必须和自己天生的谦卑、怯懦作殊死的搏斗，这使于连踏上自己设计的人生旅途的第一步。

于连终于把德瑞那夫人的手抓住了，他成功了。于是，“他浸润在幸福里，并不是他爱德瑞那夫人，而是一个可怕的苦难已经完结了”。回到房间后他酣然入睡，到次日清晨，早已把德瑞那夫人忘得一干二净，“他只记得昨晚已经尽了他的责任，一个英雄的责任，为了这个观念，他才幸福了”。可见，于连追求德瑞那夫人并非出于爱，而是出于自卑情感的伤痛，出于自尊的反抗，出于对自己勇气的肯定，他为雪耻而感到幸福，而并非像其他年轻人一样因得到爱情而幸福。巨大的野心和极度的反抗使于连几乎忽略了年轻人浪漫感性的爱情。他把初次征服德瑞那夫人的胜利看作是自我力量的显示，是自己的人生抱负有可能实现的证明。于连的幸福在于：因为胜利，他从自己的身上看到了拿破仑式的力量、希望和信心。从此于连便开始了他的猫捉老鼠般的征服德瑞那夫人的爱情冒险之旅。于连从市长那里得到了三天假期。因为念念难忘她那只如此美丽的纤手，出发前特意来看夫人。让他惊讶的是对方因贞节意识困扰，竟竭力装出一副冷冰冰的态度。他大为受伤，欢欣的微笑在他嘴角消失了，霎时间，他脸上只留下高傲和恨自己不争气的表情。他感到愤怒，因为他把动身推迟了一个多小时，而换来的竟是如此屈辱的接待。他的面容的变化，交织着自尊心受到损害和凶狠冷酷的表情使得德瑞那夫人惊慌失措。两个人连一句话也说不出来。于连“迅即找到办法，向德瑞那夫人表示，他并不把他们之间的朋友关系看得有多么重要。至于自己要暂时出门一事，他只字未提，只和她打了个招呼便走了”。为了自尊，于连要消灭德瑞那夫人的高傲和优越心理。这次经历深深刺痛了德瑞那夫人，她担心会失去于连，于连回来后，不再“凌驾于尘世”了，让于连感觉很爽。当德瑞那夫人声音发抖而又满含情爱地对他说：“您要离开您的学生而另谋高就吗?”

德瑞那夫人犹豫的声音和目光把于连吓了一跳。心想“这个女人爱上我了。但是，只要她出于自尊，克服自己一时的软弱，觉得即使我走也没什么可怕的，便会再度骄傲起来”。他快如闪电般衡量了一下彼此的地位之后，犹犹豫豫地回答道：“离开如此可爱、出身又如此高贵的孩子我也非常难受，但也许不得不这样。一个人对自己也是有责任的。”生怕永远失去于连的德瑞那夫人战战兢兢，竟主动抓住了于连的手，这一行动唤醒了野心勃勃的于连，他心想“这个女人不会再看不起我了。既然如此，我就应该看上她的美貌，有责任成为她的情人”，“这个女人的性格到底怎样？我只知道一点，就是：我出门以前，我拿她的手，她把手抽回去；而今天，我抽回我的手，她却把我的手抓住，并且使劲地握。以前她看不起我，现在正是以牙还牙的千载良机。”这一次次小小的胜利给他增添了前进的信心，他不可能安于平庸、满足现状，他要么做将军，要么做主教，以便名利双收。应该指出的是，于连对有钱人的痛恨和报复是所有事件的动因。小说中写道，于连在市长家里所感到的“仅仅是他对于已经插身进来的上流社会的仇恨和恐惧”。当受到德瑞那市长的呵斥时，于连的眼里射出了仇恨的光芒，他对德瑞那市长说：“先生，没有你，我也不会饿死。”于连与市长夫人的爱情是一场“完全由野心造成的”战斗。因此，可以说，进入德瑞那市长家当家庭教师的于连是一头没有任何人生原则的，是既卑怯，又虎视眈眈、饥饿的野兽。

如果说于连后来与德瑞那夫人产生了一些与爱情有关的情感，那么，在同玛蒂尔的关系上连这一点与爱有关的情感也很难找到。于连承认他与德瑞那夫人的爱情是“心里的爱情”，因为德瑞那夫人给了他母亲般高贵的爱。而他与玛蒂尔的爱情是“头脑里的爱情”，是被理智控制的有预谋的行动，是利己主义者的爱情。于连同玛蒂尔从开始相识到结婚，自始至终是一个勾心斗角的过程，是一个充满猜疑、恐惧、憎恨的过程。

贵族小姐玛蒂尔美丽、浪漫、喜怒无常，她厌倦身边空虚无聊的豪门子弟，向往祖先玛嘉锐特皇后式的浪漫爱情，渴望一种富有刺激的、地位悬殊的特殊恋爱。于连的骄傲和能干激起了玛蒂尔的好奇与征服的欲望，于是，她主动给年轻的于连写了一封情书。但当于连接到幽会的情书时，脸色突然煞白，他怀疑这是一个圈套。他不想赴约，但又担心被玛蒂尔小姐瞧不起，因为他的内心自卑、复杂而怯懦。在反复的思想斗争后，他决定赴约。赴约前，他把玛蒂尔的情书寄给朋友，告诉朋友自己一旦落入圈套遭到不测，便让朋友公布信件，为自己恢复名誉。在这样的情势之下，在这个充满计谋的青年心中，会产生哪怕一丝一毫爱的情感吗？这样的爱情只是海市蜃楼而已。浪漫空虚的玛蒂尔内心既出于好奇想要同于连发生爱情关系，又有贵族小姐的架子及青年女子的虚荣、谨慎，因此，她喜怒无常，既热烈地爱着于连，又蔑视、疏远他，这大大伤害了于连的自尊心。于连在为木尔侯爵送信时遇到了俄国王子，王子授意于连假意追求孀居的元帅夫人，以引起玛蒂尔的嫉妒，并交给他 54 封从书上抄来的情书。这一方法果然奏效，玛蒂尔嫉妒得发疯，她战栗地跪在于连的脚下。这时，于连感叹地说："使她恐惧。要使敌人畏惧我，她就会服从我。那么，她就不敢轻视我了。"他骄傲地重复说："这儿我已在降伏一个魔鬼，正因为是魔鬼，所以必须降伏！"这是一场可怕的爱情之战，是一场魔鬼与魔鬼的恋爱。

司汤达在叙述于连与玛蒂尔的关系时，引用了这样一段话："一个英国的旅行家叙说他怎样和一只老虎亲密地生活在一起的故事。他饲养它，常常抚摩它，但是在他的桌子上总是预备好一把装上了子弹的手枪。"这正是当时法国社会中人与人爱情的真实写照。在这样一个唯利是图、到处是阴谋和虚伪的时代，已经不存在像人文主义作家莎士比亚笔下崇高温柔的爱情。人与人之间的关系完全变成了利用与被利用、征服与被征服的关系，争名夺利、勾心斗角已经充斥社会的每一个角落，爱情也是如此，美丽、高贵、温柔的爱情已经不复存在，它变得势利和复杂。于连对玛蒂尔爱情的目的就很明确：做玛蒂尔的丈夫有很多好处。

当然，作为一个心智成熟的年轻人，于连对爱情有着本能的向往。在与玛蒂尔小姐的恋爱战斗中，于连曾经想，"啊！但愿她能爱我一个星期，仅仅一个星期，我就可以幸福地死去。未来对我算得了什么呢？生命对我算得了什么呢？而且只要我愿意，这种无比美妙的幸福马上就可以开始，完全取决于我！"但是，瞬间的爱情感受不可能压抑于连对功名的计量。所以，当玛蒂尔小姐写信给父亲争取他们的婚姻时，于连这样想："首先，我的职责，其次，我的利益，在哪儿呢?"在于连的内心乃至生活里，所有的他人都是通往功名利禄的手段，包括他自己本人也是手段，他是功名的奴隶。正因为都是手段，便不能达成目的，所以，于连的失败是有其内在必然性的。老索黑尔嗜钱如命，可以为每一个铜板拼命，于连似乎不同。于连关心的是更多的铜板，他生命的全部冲动都是因为功名利禄，这是他生命的意义、灵魂的方向，也是他的信仰。因此，于连的心里不可能产生或者说留住高尚的情感和美丽的爱情，也不会有崇高的信仰和坚定的步伐。他的心胸狭窄，只容得下自己和自己的功名利禄。为了名利，他可以随时抛弃尊严，因而他绝对不会是法国大革命时期的革命者，而只能是一个个人反抗的英雄。

在小说中，司汤达描写了主教驾临维立叶尔市时于连的心态。当时，于连是仪仗队员（在德瑞那夫人的活动之下），他为有机会为主教大人拿帽子而感到非常骄傲。他捧着这顶帽子，慢慢地从大厅走过，此刻，他想到的是："如今我们眼见四十岁左右的神父们，能拿到十万法郎的薪俸。这就是说，他们的家资，三倍于拿破仑当时手下著名大将的收入，并且这些大将还要有人为他撑腰。瞧瞧这个裁判官，他的头脑如此清楚，为人这样清廉，年纪又是这般老迈了，然而他害怕得罪一个三十岁的小小的神父。这样看来，我应该做神父了。"当于连看见年轻的主教跪在教堂里，四周围着娇媚的姑娘们，她们都在称赞他那漂亮的饰带、超凡入圣的风采、温文尔雅的面孔时，"我们的主人公最后剩下来的一点理智也消失了，在一刹那，他会诚心诚意为宗教裁判所的事业而奋战"。应该强调的是，尽管于连可以把《圣经》倒背如流，但他从来不相信宗教，宗教仅仅是他追求世俗利益的手段之一。

司汤达在小说中用大量的心理描写与生活细节凸显于连的功利心态。于连初入德瑞那市长家便赢得市长夫人的爱怜，德瑞那夫人怜惜他衣衫稀少，想送给他几个路易添置内衣，此时，他正色道："夫人，我出身低微，但是我并不卑贱。"过去这句话一直被学界广泛认为是于连的决战宣言，显示了他蔑视金钱、对抗社会的高贵心灵。实际上，如果以此来理解和判定于连不染铜臭、品性高贵、敢于反叛，那是错误的。

小说接着写道，于连因心理复杂扬言要离开，德瑞那先生害怕于连被请到政敌哇列诺家，因此，他叹气说：“我同意你的要求。后天是月初，从后天起我每月付给您五十法郎。”这时，于连禁不住笑了出来，他惊奇得发了愣，满腔的怒火化为乌有。他对自己说：“可见我蔑视这个畜生蔑视得还不够！”显然，必须有一定数目的金钱才能够牵动于连的神经，于连的英雄主义和个人反叛是与金钱的数目息息相关的。

小说还进一步写道，于连初次到木尔侯爵府邸便震惊而羡慕，他想，“一个人住在这样富丽堂皇的地方，怎么会不幸呢?”在于连的思维逻辑里，财富就等于幸福。因此，当木尔侯爵同他谈话使用“我们”这个词时，于连觉得木尔侯爵十分可爱。可见，此时，于连曾经拥有的高傲的人格以及对有钱人的深切痛恨已经荡然无存，当侯爵声称每天晚上要把他当作肖伦公爵的私生子加以接待时，他更加感到侯爵可爱。以于连的高傲与自尊，竟乐于接受假贵族私生子的礼遇，他的投机心态昭然若揭。可以说，于连是匍匐在野心和权势的脚下而廉价地出卖自己的人格、良知、阶级立场。后来，他甘愿冒着生命危险为王朝复辟活动送信，以邀请外国的雇佣军对付国内的革命活动，这时的于连，已经完全向复辟贵族妥协投降，成为法国人民的敌人。他与玛蒂尔小姐结婚，有了中尉的头衔和贵族的封号，此时，他又开始做30岁前就当上将军的美梦。但恰在这时，德瑞那夫人受神父诱逼写了一封信坦白自己与于连的通奸关系，并寄给木尔侯爵。德瑞那夫人的揭发信毁灭了于连的前途，于连丧失了理智，愤而赶到乡下的教堂。当时，人们正在做礼拜，在众目睽睽之下，他绝望而倨傲地对着德瑞那夫人连开两枪。

可以说，于连的暴力行为是他极端利己主义的必然结果，也是符合他的性格逻辑的。既然如此看重功名利禄，那么，当于连被判死刑时，为什么会拒绝玛蒂尔小姐和德瑞那夫人的搭救？按照于连的性格逻辑，既然没有名利双收的前景，生命就是毫无意义的。他自卑、怯懦但又高傲、自尊，他不会接受玛蒂尔小姐和德瑞那夫人的施舍、帮助。他的死可以说是以死向社会作的最后控诉与反抗。

第四节　不可为而为之·悲壮
——诸葛亮

在《三国演义》中，诸葛亮无疑是一个悲剧人物。但其悲剧精神，既不在于其为蜀汉“鞠躬尽瘁，死而后已”的臣子风范，也不在于数伐曹魏，徒劳无功的坎坷军旅，而在于与命运相抗衡，知其不可而强为的悲剧性抗争之中。自隆中出山到秋风五丈原，诸葛亮的后半生就是不断抗争宿命，最终走向毁灭的悲壮行程，其伟大之处在于以壮烈的失败、自我的牺牲换取了人类主体的尊严和价值。

诸葛亮知其不可而强为的悲剧精神主要表现在三事：一是知不能兴汉而出山；二是知不能灭魏而北伐；三是知不能保蜀而尽保蜀之心。这三事一一体现在诸葛亮与天命抗衡的奋斗历程中。由于罗贯中的天命观思想，《三国演义》所展现的三国历史进程带有浓厚的宿命色彩，历史的发展朝着冥冥之中天命设置的结局迈进，一切与此方向悖逆的行为、斗争，都是与天命对立。因此，《三国演义》事实上描写了两种斗争：一种是现实的政治、军事、外交等斗争；另一种是超现实的天命与人事的对立与斗争。从悲剧精神的美学品格看，后一种斗争具有更崇高、更积极、更撼人魂魄、催人奋发的审美特质。作品中能够清醒地意识到天命人事的对立，并且坚决与之抗争的人物，唯诸葛亮一人而已。关于诸葛亮的命运，就当时国内政治形势而言，曹魏统一天下的大势已定，要扭转这个局面，非有回天之力不可，因此他的师友以及自己，都认定这是一场悲剧。

当徐庶走马荐诸葛时，孔明闻言作色曰：“君以我为享祭之牺牲乎！”拂袖而入。司马徽给刘备荐诸葛亮以后，出门仰天大笑曰：“卧龙虽得其主，不得其时，惜哉！”崔州平对刘备说：“将军欲使孔明斡旋天地，补缀乾坤，恐不易为，徒费心力！”所谓不得其时，即指政治形势不利于刘备事业的发展，他面临的政治形势是非常严峻的。崔州平说他“徒费心力”，他自认为是作“享祭之牺牲”，对扶汉兴刘的结局和自身的命运更是能够料到。

他之所以迟迟不肯出山，大约由于此，这从“三顾茅庐”中也可以看出。刘备“一顾”时不遇诸葛亮，固然是机缘不巧；“二顾”之前，童子已经告诉诸葛亮刘备专访一事，为何又与崔州平外出闲游？况且崔州平已知道刘备专访一事，为何相邀同游？“三顾”之始，诸葛亮卧于草堂之上，也没有表现出多大的热情。可以说，诸葛亮待刘备三顾茅庐而后出，既是对刘备惜才爱贤之心的试探，也是他内心犹豫不决的表现。“三顾”一段文字背后应当有诸葛亮内心的痛苦、悲楚和迷茫，有他对自身命运的深入思考和最后痛苦而坚定的抉择。刘备之“三顾”，既是诸葛亮能够参与现实生活，展示管乐之才、伊吕之志，实现人生价值的机遇，同时也是一道可怕的“神谕”，意味着他一去不能复返，等待他的是徒劳和最终的毁灭。然而，他最终还是出山了。这一方面说明他作为一个封建士子，身怀济世拯民之志，一旦得知己之遇，便努力施展自身的才能、抱负；另一方面也说明他敢于抗争宿命，在时乖命蹇的艰难处境中积极进取、力挽狂澜、与天命相争衡。联系作品中体现的主要格调可以看出，作者对诸葛亮的态度也是肯定的，而对隐士高卧云中、啸傲山林、避世以苟全性命的生活方式是不怎么欣赏的。《隆中对》：

> 今操已拥百万之众，挟天子以令诸侯，此诚不可与争锋。孙权据有江东，已历三世，国险而民附，可用为援而不可图也。荆州北据汉、沔，利尽南海，东连吴会，西通巴蜀，此用武之地，非其主不能守；是殆天所以资将军，将军岂有意乎？益州险塞，沃野千里，天府之国，高祖因之以成帝业；今刘璋暗弱，民殷国富，而不知存恤，智能之士，思得明君。将军既帝室之胄，信义著于四海，总揽英雄，思贤如渴，若跨有荆、益，保其岩阻，西和诸戎，南抚彝、越，外结孙权，内修政理；待天下有变，则命一上将将荆州之兵以向宛、洛，将军身率州之众以出秦川，百姓有不箪食壶浆以迎将军者乎？诚如是，则大业可成，汉室可兴矣。此亮所以为将军谋者也。惟将军图之。

隆中决策是诸葛亮根据当时的政治、军事形势、地理条件和人事特点，制定的鼎立时期的大政方针。里面没有提到曹魏必灭，汉室必兴，只云中原可图，鼎足可成，恰是知“天时”之方。至于北伐有六，直至身殒五丈原，乃是向天命挑战的悲壮行程。在此之前的一切成就都是诸葛亮隆中决策的具体实现。西和诸戎，南抚彝越，外结孙权，内修政理，这是蜀国政权在巩固边防、增强国力方面的外交、内政决策，也是北伐曹魏之前的军事、外交准备。应当说，得西川之后，这些准备工作一度进展顺利。

诸葛亮在其前期，以他超人的谋略和智慧，算无一失，所向披靡，无往而不胜。当他刚刚出山，曹操已大兵压境，已成并吞荆襄之势，且有统一天下之志。据有荆襄的刘表，徒有虚名。他外无抵御曹兵之策，内则受制于蔡氏，刘备受到排挤与陷害，而自己又处于衰老病危之中。当时刘备寄居新野小县，兵少粮寡，无以展其骥足。关羽、张飞追随刘备，情逾手足，他们虽是难得的大将，但智谋不足，而对足智多谋的诸葛亮并不了解；刘备仅凭水镜先生和徐庶的推荐，也只是对他寄予厚望罢了，并非对他满腹经纶了若指掌。甚至可以说，他处在极端困难之中，对人才的需求有饥不择食之概。诸葛亮以其当时的地位和处境，要施展抱负，大展宏图，必然会遇到重重的困难和阻力。当时曹操派夏侯惇引十万大兵，直奔新野，要灭刘备。而新野小县，兵不过数千人，加上孔明新近招募的三千人，也不过万人，城小粮寡，不足以御敌。从内部来说，作为刘备左右手的关羽和张飞对他很不服气，甚至抱着轻蔑的态度。关羽认为：“孔明年幼，有甚才学?”张飞则干脆说：“可着孔明去迎敌便了!”刘备迫于形势，对他言听计从，其实心底对他并不踏实。譬如在博望坡迎击夏侯惇时，刘备对诸葛亮的军事部署“亦疑惑不定”就是最好的例证，可见，他要施展自己的抱负与才能，遇到的阻力是相当大的。他初试锋芒，火烧博望坡便打了一次漂亮的胜仗，使夏侯惇鼠窜败北；接着又火烧新野，给曹兵以迎头痛击。由于他指挥英明，接连取得了两次胜利。它虽未能给曹兵以重创，阻遏曹军南下，然它在刘备集团的战史上却是空前的，是一个罕见的以少胜多，以智取胜的范例。因此，大大提高了他的威信，赢得了刘备集团对他的充分信任，奠定了他在刘备集团的军事指挥权和军师地位。同时，对受曹军压力的吴国产生了良好的影响，在即将产生的孙刘联盟的秤杆上，加重了刘备集团在孙权心目中的砝码，对孙刘联盟是一次极好的奠基礼。

由于刘表新丧，蔡氏兄妹弄权，刘琮拱手投降，荆州遂轻易地落入曹手，迫使刘备走江夏以避其锋。这时曹操与孙权隔江对峙，准备投鞭渡江，消灭东吴，而刘备必面临灭亡的困境。诸葛亮不为形势所屈，他以恢宏的气度，以勇往直前的决心，以泰山压顶不弯腰的英雄气概，只身到东吴，担起联吴抗曹的重任，但他刚到江东，就受到东吴投降派的包围与责难。他首先舌战群儒，严厉痛斥了东吴投降派的种种谬论，为主张抗曹的将领打气张目，使孙权从投降派的包围中解放出来；接着他又智激周瑜，为东吴的主战派鼓气。同时他让周瑜说服孙权，消除孙权畏曹的心病，从而坚定信心决心抗曹。他观察分析战局，努力协助周瑜做好破曹的准备工作，对扭转战局，转危为安起了极大的作用。由于他算无遗策，并对周瑜的计谋都能一一识破，遂不见容于心胸狭窄、器量很小的周瑜，每每欲置他于死地。由于他的巧妙应付，加上忠厚而识大体的鲁肃从中竭力斡旋，遂能履险如夷。"草船借箭""祭东风"以及及时脱离险境，都显现着他高度的聪明与才智。离开东吴回荆州后，指挥了破曹与争夺荆州的战斗。他击败周瑜，智取荆州，使刘备有了荆襄这块根据地。接着他又帮刘备取西川，定汉中，实现了他在《隆中对》中所绘制的政治蓝图，开创了三国鼎立的政治局面。当时的蜀汉生机勃勃，达到了它的鼎盛时期。

至此，诸葛亮很漂亮地完成了他政治蓝图的第一步。在他实现政治蓝图的过程中虽面临着重重阻力，这阻力既有来自外部力量的强大，也有来自内部的不信任、不服气，但他都能化险为夷，转败为胜，以其聪明才智，克服了前进道路上种种困难，演奏了一曲威武雄壮的凯歌。尤其是赤壁时，在与周瑜的较量中，表现出才智之高绝，气度之恢宏，胸襟之开朗，政治手腕之高超，都令人为之击节赞赏，可谓道高一尺，魔高一丈，将其大智大勇表现得淋漓尽致。这是一曲声浪冲云的高亢而悲壮的凯歌。诸葛亮算无一失，志无不达，处处都能稳操胜券，取得了一次又一次的胜利。这样的描写，基本是真实、有艺术说服力的。但作者将他写得太完美了，似乎有背离现实的某种倾向。因此，当读者在欣赏其聪明才干的同时，就觉得他有点超人的不真实的感觉。

荆州之失，是蜀汉由兴盛走向衰败的转折点。接着有上庸诸郡之失，这也是一着坏棋。接着刘备有彝陵之败，白帝托孤。刘、关、张先后辞世，蜀国大挫。民心动摇，曹魏有五路兵征伐西蜀之举，强敌压境，蜀国岌岌可危。在国家危急存亡之秋，诸葛亮却以超人的胆略，料敌如神，平了五路军的进犯，稳住了局势，接着，他恢复了东联孙吴的基本国策，邓芝不辱使命，使东吴不敢小觑西蜀，做到了真正的联盟；他又不辞辛劳，亲自南征。他以攻心为上，对孟获七擒七纵，使南蛮平服，解除了后患，扩大了疆域。终蜀之世，与南蛮和睦相处。在他的惨淡经营下，蜀国的政治、外交路线走上了正确的轨道，国家元气逐渐恢复。作者对他处难不惊、临危不惧、运筹帷幄、精心治理蜀国做了全方位的描写，显现出他高屋建瓴善于治国的政治家的风采。

如果说诸葛亮在其前期对平定天下充满了信心和勇气，那么当蜀国连遭挫折，刘备白帝托孤时，他则失去了信心和勇气。虽然他曾经六出祁山，对曹魏作出进攻的姿态，其实是知其不可而为之，或竟是以攻为守，借以图存罢了。

诸葛亮对于刘备的知遇之恩，感激涕零，有士为知己者死的素志，对于刘备的托孤，他是重任在肩，竭精殚虑地辅佐刘禅。然蜀国国土狭小，资源匮乏，人才和兵力严重不足。谚云："蜀国无大将，廖化作先锋。"这反映了人才匮乏的真实情景。而又面对庸主，他北伐中原统一中国的计划受到阻挠。在此情况下，蜀国能保住疆土已经很不容易了，而要以蜀为基础统一中国，在当时条件下实在是难以达到。

当时曹魏已统一了北方，具有雄厚的经济基础和强大的军事力量。他以强御弱，以众御寡，以逸待劳，使诸葛亮多次出师而无功。当时魏国掌握军事实权的司马懿，为人机敏多智，精明强干，非一般庸才可比。如街亭之役，孟达之死，渭滨之守，都显示出他超卓的军事才能。他深知蜀道艰难，运粮不便，蜀国需要速决，而诸葛亮又足智多谋，所以他采取谨慎的防守政策。这是很厉害的一着，企图以严密的防守，在持久的对垒中把蜀军拖垮。他根据实际情况，与诸葛亮作了针锋相对的较量，从战略到战术都能缜密谨慎从事，使诸葛亮无空可入。

诸葛亮赖以北伐的力量之一是孙刘联盟的恢复，可以东西呼应，攻击曹魏，从而造成魏国首尾难顾之势。然与吴的重新联盟，仍是貌合神离，未能配合默契。

总之，对于诸葛亮的北伐，吴国配合不力，甚至首鼠两端，往往见小利而忘大义，对蜀国北伐不作实际支持，因此，要达到吴蜀联盟东西呼应的攻魏之势，其实是诸葛亮的一厢情愿。在军事实力或整个战略上，并未形成使曹魏首尾难顾之势。

诸葛亮的北伐既遇到了强硬的对手，而盟邦配合又不得力，因此劳师而无功。一出祁山是因马谡街亭之失，他怕敌人截断归路而返师；二出祁山，因陈仓未拔，仍有后顾之忧而归；三出祁山，因张雹之死，武侯感伤致疾，回汉中养病；四出祁山，因苟安在成都散布流言，宦官误奏，为刘禅召回；五出祁山，因粮草不继，李岩怕孔明责罚，谎言东吴兴兵寇川，因此回师；六出祁山，诸葛亮病逝五丈原，被逼退军。纵观六次出征，虽在一些具体的战术上每有小的胜利，如收姜维，杀王双、张郃等，攻占了一些城池，但未能叱咤风云，打开局面。六出祁山，曾暂时占领了魏国边陲的一些偏僻小邑，并未对长安造成威胁，因此，诸葛亮的六出祁山，实在是无功可言。

由于关羽失却荆州和刘备败绩彝陵，蜀汉元气大伤。白帝城托孤乃成为蜀汉命运的转折点，也是诸葛亮抗争天命的新起点：

> 先主泣曰："君才十倍曹丕，必能安邦定国，终成大事。若嗣子可辅，则辅之；如其不才，君可自为成都之主。"孔明听毕，汗流遍体，手足无措，泣拜于地曰："臣安敢不竭股肱之力，尽忠贞之节，继之以死乎！"言讫，叩头流血。

可以说从这时起，诸葛亮就进一步下定了与天命抗争的决心，不成功便成仁。他深知蜀国盛势已去，恢复元气须假以时日，故修理内政的同时，深入南方不毛之地，平定西戎彝越，既巩固了蜀汉边境，又为北伐奠定了基础。就当时三国的局势而言，蜀汉国力最弱，且后主暗昧，宠信奸佞，不思进取，"此诚危急存亡之秋"。诸葛亮志在灭曹，对朝中之事更怀忧思。故北伐之前，上《出师表》，警戒后主："亲贤臣，远小人"，表现了焦急、忧虑、矛盾的复杂心情。一出祁山前，太史谯周出奏曰："臣夜观天象，北方星宿倍明，未可图也。"并告孔明："丞相深明天文，何故强为也？"孔明曰："天道之理，变易不常，岂可拘执也？"就作品所写而言，诸葛亮"深明天文"，无疑对此次出师的结果能够预料到，因而"岂可拘执"一语拒绝。这既是为了稳定军心，也是置"定数"于不顾，向天命宣战。首次出师，先胜后败，诸葛亮既无进取之望，亦几无退处。毛评曰："此非人之所能为也，天也。"就《三国演义》所写，确实是"天也"。也正因如此，诸葛亮明知魏不能灭而灭之，蜀不可保而保之，其意志精神和气魄就更能惊心动魄。

此后蜀中形势仍不见大好，但就在这勉为其难的危局中，诸葛亮再上出师表，请兵北伐。《后出师表》曰："然不伐贼，王业亦亡。唯坐而待亡，孰与伐之？"李贽读至此曰："是孔明已知后主之必亡也，而又欲速战以幸其不亡。"（李贽《焚书·孔明为后主写韩管子六韦缶》）此论可谓精警深刻，道出孔明之心。此时诸葛亮深知"天命"之所归，感情上却漠然置之，唯竭尽人事，与"天命"抗衡。六出祁山是他最后的北伐，成功寄在上方谷。然而又是"天不祚汉"，司马父子濒死而得救，诸葛亮叹曰："谋事在人，成事在天！"

诸葛亮知天知命，他所做的一切都是知其不可而强为之，在其以忠心、智慧和力量与天命奋斗之中，奏出了《三国演义》悲剧精神的最强音。兵屯五丈原，诸葛亮仰观天文，知命在旦夕，深重的危机感和强烈的使命感使他意识到身将被毁而伐魏之大业前功尽弃。当祁禳无效最后摧垮了他的心理防线，诸葛亮所感受到的乃是巨大的痛苦和无尽的悲哀：

> 孔明强支病体，令左右扶上小车，出寨遍观各营；自觉秋风吹面，彻骨生寒。乃长叹曰："吾再不能临阵讨贼矣！悠悠苍天，曷此其极！"

比较杜甫诗"出师未捷身先死，长使英雄泪满襟"，这一段描写更见出诸葛亮崇高的悲剧精神。

自隆中出山到秋风五丈原，诸葛亮以与“天命”不屈不挠的斗争度过了他的后半生。他的悲剧在于：明知“天命”之所归而坚决不屈从命运的安排，积极抗争，最终为“天命”所毁灭。在他之后，姜维继承其遗志，九伐中原，也最后失败。三国“分久必合”，一统于晋。诸葛亮和姜维都没有改变蜀汉注定的命运。似乎一切都是徒劳，英雄最终带着无穷遗恨，悲壮地走向命运的祭坛，这是何等令人悲哀啊！

诸葛亮的生命历程体现了人不向命运屈服，敢于抗争，在斗争进取中实现自我生存价值、展现人类尊严的悲剧精神。他虽然在现实斗争中失败了，却展现了人作为历史主体在伟大历史进程中的壮美，其坚强不屈的意志、刚烈悲壮的斗争精神和九死不悔的顽强生命力诱发出了人性的灵光，凝结为《三国演义》蕴含丰富而深刻的艺术雕像。

第五节　以为可为而为之·荒诞

——塞万提斯《堂吉诃德》

西班牙作家塞万提斯的长篇小说《堂吉诃德》是举世闻名的杰作。小说的同名主人公堂吉诃德因迷恋古代骑士小说，竟像古代骑士那样用破甲驽马装扮起来，以丑陋的牧猪女作为自己的心上人，再以矮胖的农民桑丘·潘沙做侍从，三次周游全国，企图创建锄强扶弱的骑士伟业，以致闹出不少笑话，到处碰壁受辱，被打成重伤或当作疯子遣送回家。

堂吉诃德乃西班牙一个偏远乡村拉·曼却的村野老儒，年约50，体格强健，一个穷困潦倒的下级贵族，这位绅士，“一年到头闲的时候居多，闲来无事就埋头看骑士小说，看得爱不释手，津津有味……他好奇心切，而且入迷很深，竟变卖了几亩田去买书看，把能弄到手的骑士小说全搬回家。”这样一个“十足的书呆子”发了狂，立志要当骑士，去行侠猎奇，把书里那些游侠骑士的行事一一照办。堂吉诃德是一位有教养的骑士，他能读会写，知识丰富，涉猎广泛，好发长篇大论，具有高于时代、超于常人的社会理想，企图通过自己的刀剑，消灭一切不平和暴行，建立他所理想的，没有剥削、没有压迫、世风淳朴、人人平等的

“太平盛世”。于是，身为知识分子一员的堂吉诃德肩负使命，以“九死而不悔”的政治抱负，“以天下为己任”，竭力拼杀，赴汤蹈火，可歌可泣。

当时的西班牙社会情况不太平，坏人横行，是非颠倒，民不聊生，是一个“多灾多难”的时世。在堂吉诃德看来，“这年头，懒惰压倒了勤快，闲散压倒了工作，罪恶压倒了美德，傲慢压倒了勇敢。”因此，他认为“天叫我生在这个铁的时代，是要我恢复金子的时代，一般人所谓的黄金时代”。因此，他自觉地去扫除暴行，承担艰险，完成自己的使命。碰到挫折失败，就看作对游侠骑士的考验；餐风饮露，宿野岭卧荒原，也看作游侠骑士的本分；被人打得伤筋断骨、头破血流，同样看作游侠骑士必经之难，恢复骑士道的热情信念始终不减。他以济贫救困、扶弱锄强为己任，肩负着扫除暴行、申雪冤屈、改革弊端的义务，并且，他不仅有思想，还以一腔热情去行动。首次出马，他解救了一个被财主鞭打的牧童。见一伙人护送一辆马车，内坐一位妇女，堂吉诃德以为是一伙强盗抢了一位公主，立即上前拦截：“你们这些妖魔的族类，马上放了高贵的公主，否则要对你们的横行霸道予以处罚。”途中，他遇到一队被押送去服苦役的犯人，听了他们的陈述后说道：“老天爷特意叫我到这个世界上来，实施我信奉的骑士道，履行我扶弱锄强的誓愿。”他先是恳求押送者放了犯人，继之以武力行事，从而解救了所有苦役犯。当神圣友爱团为此要逮捕堂吉诃德时，他义正词严地讲道：“让带锁链的重获自由，释放囚犯，救苦、扶危、济困，你们把这个叫做拦路打劫么?”虽然每一次侠举给他带来的都是失败、伤痛，可他的追求是执着的、真诚的，无论其精神与行为，都是为着社会之公理，民众之甘苦。堂吉诃德的可贵之处就在于行动，言行一致；坚持真理，不惜以性命来捍卫。

堂吉诃德扮演的是游侠骑士的角色，他在不同的时间、场合发表了许多有关“骑士”“骑士书”以及“游侠学”等的见解。在他看来，“骑士”是上帝派到世上来的使者，是为上帝维护正义的胳臂，这个使命是神圣的，而且是不同于其他圣徒。骑士不是宣扬上帝主旨的说教者，而是维护正义的有力的“胳臂”，即惩治坏人坏事。作为一名真正的骑士，他须“得受晒、受冻，风里雨里、日日夜夜或步行或骑马，一脚一个印地踏遍世界”。堂吉诃德不仅如此说，而且他还这样做了，他所追求的不是享乐而是受苦。他十分强调骑士个人的修养，认为骑士“应该温文有礼，和气勤谨，不骄横，不傲慢，不背后议论人。最要紧的是‘居心仁厚’”。其实，就是从我们今天的标准来看，能做到这些的人完全就是整个人类中的优秀分子啊。

堂吉诃德属行动型人物，他不仅具有丰富而鲜明的思想，并把这种思想注入自己的行动中，虽然他以单枪匹马去扶弱锄强，扫荡邪恶，表现出一种脱离实际的近似“疯狂”的举动，但是，他在行动，而且在广阔的社会环境里用一种大无畏的精神，同一切仇视人类的“巨人”进行了搏斗。他对当时的生存环境有着清醒的认识，也知道发明了火药与火器，可他没有明哲保身和苟且偷安，而以扶弱锄强为天职。没有什么“巨人”“魔怪”使他裹足不前，也没有什么自然力量能让他害怕后退。毫不畏惧冲向风车，面不改色打开狮笼向狮挑战，这些惊人的壮举只有堂吉诃德才做得出来。他三次出马，三次失败，多次被打得遍体鳞伤，奄奄一息，然而他从不承认失败，从未退缩，依然保持一种不可思议的执着精神。

堂吉诃德是怀有建立骑士道这样崇高的理想而到处行侠，他认为“天叫我生在这个铁的时代，是要我恢复金子的时代，一般人所谓的黄金时代。各种奇事险遇、丰功伟绩，都是特地留给我的”。为了他的信念他不断出击，但过时的封建骑士制度怎么能承受资本主义的巨大冲击力？我们伟大的骑士先生对世界的感觉方式跟世界本身发生了严重的错位。堂吉诃德企图在一个骑士游侠已成陈迹的时代复兴他的骑士道梦想，找不到合适的时代和方式，最终演绎了一出荒诞剧。

第六节　你看我有我的方向·直面而可敬

——鲁迅《野草》、戴望舒《雨巷》

鲁迅说他的“哲学”都在《野草》里，这是“为自己”设想与写作的，而不是“为别人”设想与写作的；这是“孤独的个体”的存在体验，是要“驱逐旁人”独自承担一切的。

由此我们可以懂得《野草》在鲁迅作品中的特殊性：这是鲁迅最“个人化”的著作，是鲁迅心灵的诗，相对多地露出了鲁迅灵魂的真与善，相对深入地揭示了鲁迅的个人存在：个人生命的存在、文学个人话语的存在，《野草》只属于鲁迅自己。至于我们读者，愿不愿意、能不能进入鲁迅的《野草》世界，拒绝还是接受鲁迅《野草》里的哲学，也完全应该由我们每一个人自主选择。而且，《野草》所展现的只是鲁迅本体性的黑暗与冷酷体验的一部分，并没有全露出他的血肉，这不仅因为鲁迅依然自觉地不将心里的话说尽；更重要的是，人的最刻骨铭心的真正属于自己的生命体验是不能用言语来表达的，一说一写，就变形、扭曲了。所以鲁迅在《〈野草〉题辞》一开始就说：“当我沉默着的时候，我觉得充实；我将开口，同时感到空虚。”

那么，《野草》里展现的是怎样的属于鲁迅个人的生命体验、思想与言语呢？直面现实积极进取。我们先来读《影的告别》。

人睡到不知道时候的时候，就会有影来告别，说出那些话——

“不知道时候的时候”——从表面看起来没有时间，也就没有记忆，但就好像做梦一般，沉下去，沉下去，最后浮现出来的是生命最深处、原始的生命本体的记忆与意念。

于是，人的“影”与“形”分离了。——这本来就已经够离奇与神秘的了；何况又是“影”主动“告别”，还要开口说话。他将说些什么呢？

> 有我所不乐意的在天堂里，我不愿去；有我所不乐意的在地狱里，我不愿去；有我所不乐意的在你们将来的黄金世界里，我不愿去。
>
> 然而你就是我所不乐意的。
>
> 朋友，我不想跟随你了，我不愿住。
>
> 我不愿意！
>
> 呜乎呜乎，我不愿意，我不如彷徨于无地。

五个小节，连续用了十一个“我不”。七个句子，几乎重复的句式（前三句完全一样，后四句略有变化）。

“我不，我不，我不……”这执拗的、如怨如诉的声音，追逐着我们，钉般敲击着读者的心，只让人感到恐怖——就像鲁迅描写的那样，你可以感觉到“毒蛇似的在尸林中蜿蜒，怨鬼似的在黑暗中奔驰”的“酷烈的沉默”中逼人的气势。

这只能发自人的灵魂的最深处，是时间洗刷不掉，永远不能忘记，却也无从逃避的生命的声音。“我不”，只有两个字，却表现了如此强大的主体精神、意志，以及对于他者无条件、无讨论余地的拒绝。

首先拒绝的是，人们或者认为是天堂，或者视为地狱的一切现实的存在。

对于人们预设的未来——那所谓无限美好无限光明的“黄金世界”，“我”也同样拒绝。

“然而你就是我所不乐意的”——“你”是一个认同于群体的自我，是按照常规、常态、常情，按照大家都那样的思维、感情方式去思考与表达。而这正是独立、自由的精神个体的“我”所要拒绝，要努力挣脱出来的。

说到底，这是对于“有”的拒绝，对已有、将有、既定的一切的拒绝。

“我不如彷徨于无地。”——这里的“无”是与“有”对立的；这里的“彷徨”所表现的生命的流动不居状态是与前面的“住”所表现的稳定的生命状态同样对立的。这正是“我”的选择：“我”拒绝“有”而选择“无”，“我”拒绝“住”而选择“彷徨”。我的生命将永远流动于“无”之中。

那么，“我”是谁？“我不过一个影”，一个从群体中分离出来的，从肉体的形状中分离出来的“精神个体”的存在。

那么，“我”将有怎样的命运？“然而黑暗又会吞并我”，因为我反抗现有陈规，反抗黑暗。“然而光明又会使我消失”，因为“我”与黑暗是一个共生体，“我”的价值就体现在和黑暗捣乱中，“我”必将随黑暗的消失而消失。“吞并”与“消失”就是“我”必然的也是唯一的命运。

或许还能“彷徨于明暗之间”？——“然而我不愿”，苟活绝不是“我”的选择。

这里连续三个“然而”，写尽了作为独立的精神个体的生存困境。

“我姑且举灰黑的手装作喝干一杯酒，我将在不知道时候的时候独自远行。”——呈现在我们面前的，就是这样一个“影”的形象：尽管内心充满了痛苦、彷徨与犹豫，却要硬作欢乐，然后独自远行。

但真要独自远行却又不能不多所犹豫：该选择什么时候出发？“倘若黄昏，黑夜自然会来沉没我，否则我要被白天消失，如果现是黎明。”

“朋友，时候近了”，还得做出决定。“我将向黑暗里彷徨于无地”——最后的选择是走向黑暗。

临行之前，“你还想我的赠品”，于是又引出了“我能献你什么呢?”也即“我还拥有什么”的问题。“无已，则仍是黑暗和虚空而已。”——我所拥有的只是黑暗，只是空虚：“唯‘黑暗与虚无’乃是实有。”“但是我愿意只是黑暗，或者会消失于白天，我愿意只是虚空，决不占你的心地。”这里连续几个“我愿意”，正是对前面的“我不”“我不愿意”的回应。一从拒绝现有与将有，到选择无的黑暗与虚空，完成了一个历史过程。

> 我愿意这样，朋友——
>
> 我独自远行，不但没有你，并且再没有别的影在黑暗里。只有我被黑暗沉没，那世界全属于我自己。

注意这里有一个转换：当独自远行，一个人被黑暗所吞没的时候，“我”达到了彻底的空与无；但也就在这独自承担与毁灭中，获得了最大的有：“裹在这无边际的黑絮似的大块里”，“那世界全属于我自己”。正是在这生命的黑暗体验中，实现了“无”向“有”的转化：从拒绝外在世界的“有”达到了自我生命中“无”中之“大有”，这一个过程或许更为重要。

这里提到了生命的黑暗体验，这是一种人生中难以达到的可遇不可求的生命体验，如一位研究者所说，这是一种生命的大沉迷，是无法言说的生命的澄明状态："如此的安详而充盈，从容而大勇，自信而尊严。"你落入一个生命的黑洞之中，这黑洞将所有的光明吸纳、隐藏其中，这里存在着一种内在的、本质的光明："充盈着黑暗的光明。"鲁迅自己也说："爱夜的人要有听夜的耳朵和看夜的眼睛，自在暗中，看一切暗"，"爱夜的人于是领受了夜所给予的光明"。鲁迅正是这样的"爱夜的人"，不仅《影的告别》，而且整本《野草》，都充溢着他以"听夜的耳朵和看夜的眼睛"所听到、看到的"一切暗"，以及他所领受到的"夜所给予的光明"——这是我们在阅读《野草》时，首先要注意和把握的。

《影的告别》实际上讲了两个东西：一是他拒绝了什么？一是他选择了因而承担并获得了什么？这构成了《野草》的一个基本线索。

现在，我们一起来读《过客》。这一篇可以说是鲁迅对自己的生命哲学的一个归结。

我们是这样遭遇"过客"的：

> 约三四十岁，状态困顿倔强，眼光阴沉，黑须，乱发，黑色短衣裤皆破碎，赤足著破鞋，胁下挂一个口袋，支着等身的竹杖。

这是典型的在旷野中匆匆而过的"过客"，我们自然地想起鲁迅本人的形象，"过客"也是鲁迅作品中"黑色人"家族的一个成员。我们甚至可以说，"过客"就是鲁迅的自我命名。他从出现时，就一直在往前走，他遇见老人，老人向他问了三个问题，他都给予了否定性的回答——

> "你是怎么称呼的？"——"我不知道。"
> "你是从那里来的呢？"——"我不知道。"
> "你到那里去么？"——"我不知道。"

应该说，这三个问题，是20世纪整个人类——西方哲人和东方哲人都同时面临的“世纪之问”，而过客的回答都是“我不知道”。这回答本身就有很大的意义，或许更为重要的是“过客”的选择。他其实有三条可供选择的路，一是“回去”，“过客”断然否定了，他说：“回到那里去，就没一处没有名目，没一处没有地主，没一处没有驱逐和牢笼，没一处没有皮面的笑容，没一处没有眶外的眼泪。我憎恶他们，我不回转去！”这是“过客”的一个底线：绝不能容忍任何奴役与压迫，绝不能容忍任何伪善。二是停下“休息”，这是老人的劝告，但“过客”说“我不能”。最后只剩下“往前走”了。

但也还有一个问题：“前方是什么？”剧中的三个人物有不同的回答：小女孩说前方是个美丽的花园，这可能是代表年轻人对未来的一种向往与信念；但“老人”说，前面是坟，既然是坟，就不必往前走了；而“过客”的回答是，明知道前面是坟，但我还是要往前走。这说明“过客”的选择，不是出于希望的召唤，因为他早已知道，希望不过是个娼妓。那么，为什么他要往前走呢？是什么引导他不断往前走呢？他说：

那前面的声音叫我走。

老人也听到过这声音，但他不听它召唤，它就不喊了。但过客却无法拒绝这前面的声音：这是他内在生命的“绝对命令”——往前走。一切都可以怀疑，但有一点不能怀疑，就是往前走。走的结果怎样，怎么走，这些都可以讨论，但有一点不容讨论，就是必须走。这是生命的底线，这一点必须守住！这正是鲁迅和其他人不同之处。有的人之所以走，是因为有个乌托邦的理想世界在等着他，如果他觉得前途并非这样理想就不走了，或者主动放弃乌托邦理想也就不走了。还有的人，对自己所走的路充满信心，对怎么走也有清醒的认识，如胡适就是。鲁迅这样的“过客”不一样，虽然对走的结果存在怀疑，对怎样走也存在怀疑，但有一点是确定的，就是“向前走”——

我不能！我只得走。我还是走好罢。……（即刻昂了头，奋然

向西走去）

（女孩扶老人走进土屋，随即阖了门。过客向野地里跄踉地闯进去，夜色跟在他后面）

“我只得走”，这成为他生命的底线或绝对命令，这是生命的挣扎，是看透与拒绝一切的彻底的“空”与“无”中的唯一坚守与选择。鲁迅后来把这种“永远向前走”的过客精神概括为“反抗绝望”——

《过客》的意思即是虽然明知前路是坟而偏要走，就是反抗绝望，因为我以为为绝望而反抗者难，比因希望而战斗者更勇猛，更悲壮。

这样就有了他最后写的《〈野草〉题辞》。

“当我沉默着的时候，我觉得充实；我将开口，同时感到空虚。”——鲁迅“充实”的世界存在于“沉默”也即“无（言）”之中。

过去的生命已经死亡。我对于这死亡有大欢喜，因为我借此知道它曾经存活。死亡的生命已经朽腐。我对于这朽腐有大欢喜，因为我借此知道它还非空虚。

鲁迅的自我生命的价值是通过死亡来得以理解的，由死知生，向死而生，由死亡反过来体会、证实生命的价值。因此，他对生命有“大欢喜”。

我自爱我的野草，但我憎恶这以野草作装饰的地面。

地火在地下运行，奔突；熔岩一旦喷出，将烧尽一切野草，以及乔木，于是并且无可朽腐。

但我坦然，欣然。我将大笑，我将歌唱。

鲁迅“自爱”野草，因为这是他的生命；同时也渴望“地火”的“喷出”将野草“烧尽”，也即用自我生命的毁灭，来证明新的世界的真正到来。他将为此“大笑”与“歌唱”。

“去罢，野草，连着我的题辞！”——鲁迅显然期待通过《野草》的写作，结束自我生命的一个阶段，同时这也是一个新的生命过程的预示。

到这里，我们就可以做一个简单的小结。从《野草》里可以看到，当鲁迅将自我放逐，或者整个学界、整个社会把他放逐时，他所达到的境界：拒绝、抛弃一切“已有”“将有”“天堂”“地狱”“黄金世界”“求乞”与“布施”“希望”与“绝望”“学问，道德，民意，公义”等一切被垄断的话语、逻辑和经验……也就是说，对现有的语言秩序、思想秩序和社会秩序作绝望的观照，给以一个整体性的怀疑、否定和拒绝。也就是把“有”彻底掏空，这样，他就达到了彻底的绝望，所拥有的就只是“黑暗”“空虚”“无所为”“肉搏”……并在这样的拥有中实现最大的自我承担与毁灭。这样说，鲁迅不是太黑暗了吗？但我们一定要注意到他绝望中的反抗，他所进入的“黑暗”世界、“虚空”世界，并非我们想象的那样一无所有，而实际上是非常丰富的，应该是更大的一个“有”：对现有一切的拒绝达到无、空，由无、空达到更大的有和实，这是一个生命的过程。所以，鲁迅最后说的是：“但我坦然，欣然。我将大笑，我将歌唱。”如果你仅仅看见承担黑暗的鲁迅，而看不到这承担后面的“坦然”“欣然”“大笑”和“歌唱”，你就不能真正理解《野草》。鲁迅对黑暗承担本身虽然是极为沉重的，但另一方面，却使他自身的生命达到更为丰富、博大、自由的境界。我们读鲁迅的《野草》时，一定要把握这两个侧面，否则很可能产生误解。而最后，鲁迅又把他的生命哲学归结为“反抗绝望”：不计后果、不抱希望地，永远不停地“向前走”这一绝对命令，这更是使他的生命获得了不断开拓的活力。

戴望舒的《雨巷》则抒发了另一种积极进取的情怀。

撑着油纸伞，独自
彷徨在悠长、悠长
又寂寥的雨巷
我希望逢着
一个丁香一样的
结着愁怨的姑娘

她是有
丁香一样的颜色
丁香一样的芬芳
丁香一样的忧愁
在雨中哀怨
哀怨又彷徨

她彷徨在这寂寥的雨巷
撑着油纸伞
像我一样
像我一样地
默默彳亍着
冷漠凄清又惆怅

她静默地走近
走近，又投出
太息一样的眼光
她飘过
像梦一般地
像梦一般地凄婉迷茫

像梦中飘过
一支丁香地
我身边飘过这女郎
她静默地远了，远了
到了颓圮的篱墙
走尽这雨巷

在雨的哀曲里
消了她的颜色

散了她的芬芳
消散了甚至她的
太息般的眼光
丁香般的惆怅

撑着油纸伞，独自
彷徨在悠长、悠长
又寂寥的雨巷
我希望逢着
一个丁香一样的
结着愁怨的姑娘

它抒发的是一个小资产阶级知识分子对现实不满的苦闷心情，是梦醒来、记忆消散后留下现实的飘渺、寂寞、哀怨、伤感和追求。

作品一开始就写到“我”带着忧愁郁闷的心情在“雨巷”中孤独地徘徊，并由此情此景而联想起雨中结着愁怨的丁香，又从丁香而想象出“一个丁香一样的/结着愁怨的姑娘”，她的神情举止、她的哀怨惆怅是完全与我的心境合拍的。而丁香姑娘始终似有若无，在我的梦幻中走来，又从梦幻中离去。可以看出诗中无论撑着油纸伞的我，还是飘忽迷离的“丁香一样的/结着愁怨的姑娘”都非是真实生活的具体写照，而是充满象征意味的抒情形象，表达了诗人飘忽不定的愁闷情绪和执着追求的孤独心情。

读起来，给人以柔美、舒缓的哀而不伤的感觉。就好像我们在欣赏一幅水彩画，画的整体被一层烟雨朦胧的纱雾遮掩着，在纱雾的里面有用冷色调绘成的小巷，在小巷的尽头一把暖色的伞，只是这伞因雨雾而暗淡，因冷的小巷而失去了应有的明丽与夺目。当然，这只是一种感觉。为什么会有这种感觉？首先，诗中虽有一些意象，但这意象不是抽象的叠加、给人以错杂的感觉，在诗歌里诗人给每一个物象所赋予的情思都是较为明晰的；其次，诗歌中虽然有一定的场景感，但这场景绝不是用写实的方法创作出来的，它是诗人心造的、心灵的延展，引出了梦幻般的景象，由于和心灵的密切关系，诗的场景就成了心灵的象征物。在诗中有两个具体形象“我”“一个丁香一样的/结着愁怨的姑娘”。并通过这个朦胧的虚幻的形象的描绘，使读者在这个想象的形象上，在这个形象与我的心灵的对流中，感受到抒情主人公实体情怀：彷徨的寂寞的彳亍雨巷的生活。这个生活中诗人有无尽的幻想希望，希望能有一个既和他一样的“在雨中哀怨”“彷徨在这寂寥的雨巷”的太息那样的虚空、飘渺的眼光的姑娘，同时她有丁香一样的颜色/丁香一样的芬芳的理想形象，让她轻轻地飘过我的心灵理解抚慰我凄清冷漠的生活，但，这太理想化了，梦醒后，就明显地感觉到：消了她的颜色/散了她的芬芳/消散了甚至她的/太息般的眼光。自己依旧在雨巷里撑着油纸伞过着彷徨寂寥的生活，或许下一段雨巷还会做飘渺不可捉摸的梦。这就是诗中流露出的情感，表现了诗人对于世外风雨的漠然，而镇静心灵绝非陶公的闲适、洒脱。他的生活永远是“在孤寂中做梦，在梦中体味孤寂”。但依然追求着……

第七节　外面的人想进来，
里面的人想出去·逃避而可悲

——钱钟书《围城》

方鸿渐生活在一个典型的封建大家庭中。在封建时代，科考中举是人们光宗耀祖的唯一进身之阶。但在1905年废除科举制度后，取而代之的便是出国留洋。且看方鸿渐对留洋的清醒认识：

> 现在留学跟前清的科举功名一样……留了学也可以解脱这种自卑心理，并非为了高深学问。出洋好比出痘子、出痧子，非出不可。……我们出过洋，也算了却一桩心愿，灵魂健全，见了博士、硕士这些微生虫，有抵抗力来自卫。

可见，他出国是为了普遍的面子心理，认为唯有“外国招牌”，方可维持地位，这是他对社会做出的身不由己的选择。他在欧洲留学，其

实是“流学”，四年中换了三所大学，“流”到临回国只好从纽约的一个爱尔兰人手里买了一份伪造的博士证书，以便回去交差。他认为：

> 这张文凭，仿佛有亚当、夏娃下身的那片树叶的功用，可以遮羞包丑；小小一方纸，能把一个人的空虚、寡陋、愚笨都掩盖起来。自己没有文凭，好像精神上赤条条的，没有包裹。

他自始至终也未赋予自己的人生任何可以称之为崇高的理想对象，亦无任何可以堪称为伟大的价值目标，没有那种把人们联合起来的精神上的志趣，没有广泛的要求，也没有由于祖国的苦难而引起的真正崇高的悲哀。

方鸿渐的人生经历相对简单些，作者只是具体地展现了最起码的人生价值或内容（教育、爱情、事业、婚姻）在一个普通人身上的例行过程—— 一个失败和幻灭的过程。

方鸿渐的一生可以说就是在外界的包围和自我包围之中反复挣扎的轨迹。在从法国开往上海的“子爵”号船上，方鸿渐经历了人生意义上的第一场爱情。这是一场欲望化的爱情，同时又是概念化的爱情。面对性感、开放的鲍小姐，方鸿渐内心的欲望被蛊惑得起起伏伏。只有当他意识到自己只不过是鲍小姐打发寂寞时光时的消遣的时候，方鸿渐才开始暗暗盘算是赚了便宜还是受了愚弄。方鸿渐在委屈接受父命，与周小姐结婚的时候说：“人生哪有什么爱情，不过是生理冲动罢了。”如果说，这番言论还只是言不由衷的发牢骚，那么在鲍小姐身上，则是这种理论的初步实践。事后，方鸿渐对自己的这段感情的评价是：“鲍小姐只是一块肉，谈不上有心和灵魂……然而，再好的肉放久了也会变质。”从中我们可以想见方鸿渐对这段感情的游戏态度。然而，矛盾之处在于，风流的一夜情后，当鲍小姐下船，根本不理睬方鸿渐，而是热情奔放地投向了未婚夫的怀抱，方鸿渐的心中，却涌动起了一种莫名的酸楚和失落。这种失落是情感的失落，是尊严的落水，更是方鸿渐心中“自我的围困”。一夜欢愉之后是长时间的自我折磨和精神鄙视。从中我们可以看出，方鸿渐对鲍小姐的极力欲望化的描述，一方面，出于传统士人蔑视女性主动展示欲望的心理作怪，另一方面，却不能掩饰他内心深处“红袖夜添香”的情调化爱情的影子。同时，他和鲍小姐的爱情，又不过是互相欲望平衡的产物。高尚纯洁的初恋竟然成为肉欲和功利心的小算盘，这不能不说是对方鸿渐本身爱情观念的极大的讽刺。方鸿渐尴尬的自我困境，其实也概括了当代人对于两性关系的不严肃。

苏文纨对方鸿渐的感情早已经十分明显了，但方鸿渐一直刻意回避、视而不见。可当鲍小姐和未婚夫团聚以后，男人尊严丧尽的方鸿渐却主动接近苏文纨，以安慰自己那颗狼狈的心。姣好的面容、殷实的家底、细腻周到的体贴，都让方鸿渐的自尊心得到了满足和平衡。到上海后，由于没有更好的事情可以做，耐不住寂寞的他便又去找苏文纨。“好像睡不着觉的人顾不得安眠药的害处，先要图眼前的舒服。”方鸿渐错误地将可能引起暧昧和误会的关系毫无主见地延续下去。这固然可以视为一种疏忽和无恶意，更应该被看作是心理动摇和无目的生活态度所致。唐晓芙的出现，以其美丽和貌似的清纯，很快赢得了方鸿渐的心。至此，我们也看到了方鸿渐心目中浪漫爱情的萌芽。可惜，美丽的爱情泡沫经不起冷漠现实环境的围困。唐小姐斩断情丝，苏文纨却快速地嫁给了曹元朗。一切都出人意料，又在情理之中。在赵辛楣—苏文纨—方鸿渐—唐晓芙的爱情追逐中，他们没有一个是真正的胜利者，他们无一例外地得到了异己力量的排斥和打击而得非所愿。同时，即便方鸿渐可以和唐晓芙生活在一起，那么“浪漫爱情”之后会怎么样呢？其实，方鸿渐并没有真正了解唐晓芙，她的生活和内心超出方鸿渐的视阈范围。小说中不经意地写道：

> 唐小姐气愤地想，表姐太欺负人了！方鸿渐又不是她的，要她这样看管着？表姐愈要干预，自己偏要他亲近，自己是决不会爱方鸿渐的。爱是伟大而曲折的事情，绝非这么简单。

这也就是说，即便是面对自己所爱的人，方鸿渐也是孤独的，不能与之进行有效的沟通，恰恰是唐晓芙，方鸿渐最爱的人，而不是苏文纨，给方鸿渐最沉重的打击，这也印证了《围城》中永恒的悖论主题：

可爱者不可信，可信者不可爱。婚姻也罢，爱情也罢，不过是一场无意义的较量，这也使方鸿渐逐步陷入在劫难逃的困境。

三间大学求职途中和在学校期间，方鸿渐希望摆脱中国都市的桎梏寻求新的起点的打算又一次落空了。混迹学界的各色人物使虽不思进取却还正直的他，更真切地体会到了世态炎凉、人心难测。在受到学校帮派利益的倾轧之后，他游离的目光不经意地放到了孙柔嘉的身上。孙小姐柔顺的外表下深藏着心机，在她诡秘不察的进攻下，方鸿渐阵脚大乱。孙柔嘉论相貌不如鲍小姐，论才学不如苏文纨，论纯情可爱不如唐晓芙，那么她靠什么抓住了方鸿渐呢？结论是靠装傻。孙柔嘉在男人世界的规则前游刃有余，并看透了男人们外表强大下的一颗柔软的心。她用自己的“傻”，冒充天真，在满足了方鸿渐的虚荣心后，网住了他的身体。她用自己的“傻”，骗得了方鸿渐的同情，认为“她只是个可怜的女孩子”，进而使这种同情上升到了婚姻关系。但是，同时，这种“傻”是装出来的，一旦和方鸿渐结婚后，孙柔嘉立刻显出了在人际关系等许多方面的老练和世故。她识破了三间大学高校长的诡计，保住了尊严。回到上海后，她又巧妙地利用姑妈的关系，为方鸿渐找工作，为家庭发展想办法，她还运用心机疏离了方鸿渐和家人的关系。而在这焦头烂额、混乱无序的现实生活中，失败的方鸿渐如溺水人抓住救命稻草一样抓住了爱情，也不去考虑这爱情是妥协还是一种错觉。方鸿渐的被“俘虏”，以其主观来说是其在困难情况下寻求认同，获得帮助，改变现状的愿望的体现。但事实往往和愿望背道而驰，为了摆脱困境，他从一个环境走向另一个环境，但背后限定的空间越来越窄，其自由程度也越来越小。与孙柔嘉之间短暂的和谐很快过去，他们之间逐渐产生了裂痕，冲突和恶语中伤逐渐成为家常便饭，无休止的热战和冷战使两个人心力交瘁：这或许才是生活的本来面目和两个人关系的正常状态吧。方鸿渐最后因为不愿背叛自己的政治立场而辞去报馆工作，他与孙柔嘉的关系实际上画上了句号，浪漫情怀已经被完全消解了，爱情也烟消云散了。

方鸿渐的一生可以说，都是在逃跑的。上大学时候，他要逃婚；留学回国他要逃避苏文纨的爱情；去三间大学，要逃开的是对唐晓芙的失去；离开三闾大学，是逃避学校同事对自己的迫害；逃避事业上的失败，他又走入了婚姻。相反，只要是他主动想要追求的，最后却必定要失败，无论是事业、爱情、家庭。方鸿渐不断的努力—挫败—逃离—努力的人生轨迹，不过是原地画着一个个无用的圈，带有西西弗斯的宿命色彩。然而，逃避婚姻的痛苦，他又可以退到哪里呢？可以说，婚姻是他的最后的一道防线。最后方鸿渐的结局将会是怎样的呢？妥协或者灭亡，别无他法。小说最后，那件计时总是慢的时钟具有很强的讽刺和象征意义，它象征着方鸿渐人生的失败，也象征着人生和历史的荒谬。

统观全书，我们毫不怀疑地认为：方鸿渐是聪明善良之辈，但又成了与世无争、于世无补的现代“多余人”的典型。赵辛楣是方鸿渐最要好的朋友，他是这样评价方的：“你不讨厌，可是全无用处。”这一针见血的针砭，使方“气得只好苦笑……闷闷不乐，不懂为什么说话坦白算是美德。”而实际上，当他面对苏文纨铺天盖地的情网却“没有快刀斩乱麻的勇气时”，他也渐渐明白自己是西洋人所谓的“道义上的懦夫”。他真心地爱着唐晓芙，却没有采取实际行动的勇气和决心。他没有多少自己的思想，完全被事情推着走。他缺乏内在的力量去承受有裂痕的婚姻所造成的紧张、与父母岳父母的不和睦以及与妻子的姑妈、妻子的家庭之间的相互怨恨所增加的负担和动乱的时势、战争、失业。他所到之处总是发现自己没有多少可供选择的余地，于是在生活中他表现出麻木不仁和更好地活下去的动物本能，然而他并不明白自己正在努力做什么。可以预见，方鸿渐最后一定会去找赵辛楣，就像一个溺水的人本能地抓住一根救命的稻草。

进取人生是快乐人生的组成部分。人有存在需求和发展需求，生存是快乐的前提，发展才是快乐的本身。人需要进取，进取首先给人带来的是发展方向，是精神能量释放的途径。没有进取心的人往往是缺乏自信的人；没有进取心的人往往由于发展需求没有得到满足，其引发的精神能量由促动力变成压力，使人紧张失调，带来各种心理、生理的疾病。事实也表明，健康的人是积极进取的人，否则他无法维持长期的健康。

人要有希望才可能进取！

人要有意志才能坚持进取！

人要有不断的成功的支持，才可能更好地推进进取！

人在一个公平的环境中，更容易进取！

只有伟大目标的激励，只有执着地追求有意义的人生，你才能在世界上做出一番大的成就。

第五章　多情应笑我，早生华发

——蹉跎人生

尼采说：“人唯有找到生存的理由，才能承受任何境遇。”“生存的理由”是指什么？

“生存的理由”就是人们常说的“人生目标”或理想，是意义的追问、价值的考量，人们安身立命之根基。如果一个人看不到自己根在何处，他多半会觉得生活毫无意义，也就会满足于现状，原地踏步，生活对他毫无情趣；或在庸常生活里消解理想或在逆境中消沉意志，最后会在纷繁浮躁的世界里迷失人性，我们称之为蹉跎人生。

第一节　大家都这么混，不也活了一辈子·理想消解

——刘震云《一地鸡毛》

在人与环境关系处理中，小林听任、顺从环境的摆布，使人与环境的关系倾斜了。在《单位》《一地鸡毛》中小林在生存环境重压、挤兑下，是被磨损的被动体与变形体。一个写单位，一个写家庭，姊妹篇。小林为什么活得那么累？作为一个有理想有抱负有事业心的大学生，他为什么放弃了抱负？失掉了天真、热情和青春的朝气？小说告诉我们不是他自暴自弃，而是“外界对他的强迫改造”。“外界”当然包括单位——不只是一个人工作或生产劳动的场所，工资、提职、住房、调动、结婚、生孩子与死葬……一切包办。简直就是生存环境独特的小社会，束缚才华者的手脚，以致决定一个人的命运。那么单位是怎么改造小林的呢？“小林要想混上去，混个人，混个副主任科员、主任科员、副处长、处长……就得从打扫卫生打开水收拾梨皮开始。而入党……是

混上去的必要条件。”假如小林反抗单位这种模式对他的改造，不打水扫地，不去讨好管他入党的女老乔，不擦掉局长家便缸上的尿渍，他就升不了职，分不到单元房，也就得和妻子一块日复一日闻着令人恶心的厕所倒涌的屎尿味……

在这里他不仅总是身不由己地被生活的旋涡托着打转，而且还被迫为自己的幼稚付出代价。

曾经不拘小节（穿拖鞋上班），曾经说话放肆（目前我对贵党不感兴趣），曾经他觉得和有狐臭的同事在一起工作是一件影响“情绪”和不堪忍受的事，因此单位应该规定“有狐臭者不能上班!”但是他哪里知道自己脱口而出的一句话，已经伤害了被单位生活的种种不如意折磨得神经脆弱的同事的自尊，被认为一种“人身攻击”。如果他的“攻击”对象是一位普通的同事，后果倒也不至于这么严重，但是不幸的是这位同事（女老乔）还身兼单位的党小组组长，她在履行职责时会更强调自己的“情绪”。她的“情绪”尽管还不至于危及小林的“饭碗”（不准上班），却可以直接关系到他是否能尽快入党。

在《单位》里，升官成为这里人们生活的全部目标。张副局长、孙副处长、科员老何原本是一同分进一家单位同住一间宿舍的伙伴，20年后由于职务上的等级之差导致待遇上拉开的差距，人格心理也发生了变换，下级见上级都像孙子似的。同时在这个权力机构运行中起作用的，也全然没有多少理性原则成分，基本是靠关系，靠上级领导的一己好恶，靠彼此之间的利益均衡，靠背后的小动作。老孙为了当上处长，先是找局领导活动，后又联合老何投他的赞成票，打动老何的直接理由便是“房子你想不想住？这副处长你想不想当?”这种赤裸裸的原始动机便有很大的代表性，突显出权力的虚伪。

再看看单位以外的家庭和社会对小林的改造：《一地鸡毛》里的小林，由热情工作而一落千丈，一心只想“把老婆孩子热炕头搞好”。

小说结尾描写小林不再憧憬什么，希冀什么，唯一渴望的是老婆用微波炉给他烤只鸡，喝瓶啤酒，“他就没有什么不满足的了”。小林的价值主要在于像小林这样曾经有理想抱负的大学生何以变得如此卑微与庸俗？

小说从“小林家一斤豆腐变馊了”拉开了序幕，接着，“老婆偷水”“保姆问题”“孩子看病”“坐班车”、储存“爱国菜”、替朋友卖板鸭等发生的一系列日常琐事，让小林着实折腾了一番，这些事情的一件件有效的处理，让小林深刻感受到了生活的艰难与无奈，同时，也逐渐掌握了现在社会处理事件、人情世故往来的基本准则和规律。小说揭示了琐碎的环境对小林以及对那位曾是富有诗意的妻子残酷的磨损和改造，揭露了人们习以为常的、却是消磨人生美好天性的那些细碎生活的巨大堕力。

在《一地鸡毛》里，保姆偷吃鸡蛋；老婆盗用自来水；为调单位而行贿；妻子单位放班车仅仅是领导为了照顾小姨子等因生存本能的需要，人性在不知不觉中发生着变异。小林也不是不曾思考过，“都是大学生，谁也不是没有事业心，大家都奋斗过，发奋过，挑灯夜读过，有过一番宏伟的理想，单位的处长、社会的大大小小的机关，都不在眼里，哪里会想到几年之后，他们也跟大家一样，很快淹没在千篇一律千人一面的人群之中？……有宏图大志怎么了？有事业理想怎么了？”可谓古今将相在何方？荒冢一堆草没了！

小说第二小节中，有这样一段描写：“你也无非是买豆腐、上班下班、吃饭睡觉洗衣服、对付保姆弄孩子，到了晚上你一页书也不想翻，什么宏图大志，什么事业理想，狗屁，都是年轻时候的事，大家都这么混，不也活了一辈子？——有时候小林想想又感到心满意足，虽然在单位经过几番折腾，但折腾之后就是成熟，现在不就对各种事情应付自如了——”当美好的理想和残酷的现实相遇而且要你作出选择的时候，小林的思想也开始了激烈的争斗，但最终的结果是小林“心满意足”地接受了现实，“只要有耐心，能等，不急躁，不反常，别人能得到的东西，你最终也能得到”。

小林老婆换工作的事，因为“犯了路线性错误”给办坏了。小林老婆一边埋怨小林没本事，一边怂恿小林给人上供。小林说：“只和人家见过几次面，熟都不熟，连人家家在哪里都不知道，这供如何上？”小林老婆火了，而且脸色也变白了，小林这时忙说：“好，好，咱送，咱送，看送了能起什么作用？”两人买礼品时又有了新的矛盾——“礼太小了送不出去，礼太大了又心疼钱”。后来，在对待老家来人的事情上，小林更是充满痛苦和无奈，特别是对自己有很大教诲和恩惠的小学老师因为治病大老远来“投奔”他时，妻子的不正当对待，老师另找他人，使他感到极为揪心和难堪，他“身上沉重得像背了座大山”，“随时都有被压垮的危险”。

在琐碎的平凡生活中，小林对金钱的认识有了很大转变。“小李白”出差让小林帮忙卖板鸭，小林忙摆手：“别，别，我还得上班。再说，我也不会卖鸭子。”“小李白”说：“我知道你是爱那个面子。就你小林清高？看你的穿戴神情，也是改不掉的穷酸受罪模样。你下班来替我收账，帮我十天，我每天给你二十块钱！”“小李白”回来后，把最后二十块钱交给小林，交代他以后想吃鸭子就来拿；还说以后到外地去还请他来看摊。小林此时一点也没有不好意思，声音很大地回答：“以后需要我帮忙，你尽管言声！”这次经历引出了他的人生信条。“小李白”说：“我可算看透了……就在人堆里混，什么都不想，最舒服。”小林对于这种混毫无异议，甚至深有同感。

再一个细节：帮助家乡政府送给局长审批一个请示报告。……得一启示：“看来改变生活也不是没有可能，只要加入其中就行了。”

18 世纪法国唯物主义者爱尔维修：“人是环境的产物。”马克思主义也认为，环境影响甚至决定人，但人也反作用和创造环境：“正像社会本身生产作为人的人一样，人也生产社会。”① 小林根基没定，没有锚的小船必然在风浪中迷失……

第二节　死灰的二十一岁·意志消沉

——郁达夫《沉沦》

《沉沦》中的主人公“他”是一个日本留学生，因为追求自由和个性解放，反抗封建专制，被学校开除，因而为社会所不容。他以青年人

① 中共中央马列恩斯著作编译局．马克思恩格斯全集：第 42 卷［M］．北京：人民出版社，1979：121.

所特有的热情渴望和追求着真挚的友谊和纯洁的爱情，但受到“弱国子民”身份拖累，这种热情受到侮辱和嘲弄，在异国他乡备感孤独和空虚，成为了“忧郁症”的患者。他不甘沉沦，但又不可自拔地沉沦下去，在彷徨失措中，来到酒馆妓院，毁掉了自己纯洁的情操。事情过后又自悔自伤，感到前途迷惘，绝望中投海自杀。他在异国的遭遇，与祖国民族的命运密切相连，因而主人公在自杀前，悲愤地疾呼：

祖国呀祖国！我的死是你害我的！你快富起来！强起来罢！你还有许多儿女在那里受苦呢！

小说强烈地表达了一代青年要求自由解放、渴望祖国富强的心声。在处于半殖民地半封建屈辱地位的中国青年中引起了同病相怜的强烈共鸣。

大多数作品选和文学史对《沉沦》的解读大致如此，而且往往认为小说以主人公的血泪经历，控诉了封建思想对青春和爱情的摧残以及帝国主义的民族歧视，具有强烈的反帝反封建思想和爱国主义精神。

我们对以上过多地从意识形态角度出发分析作品主题是不敢苟同的。大家之所以对小说的社会意义（特别是爱国主义）格外看重，主要是文中几次出现了“祖国”的字样。但我觉得，文中几次提到“祖国”和传统意义上的爱国并无太大的关系，只是主人公悲观绝望、自怨自艾时的一个借口。请看本文中几次“祖国”字样出现时的情形：

> 呆人呆人！她们虽有意思，与你有什么相干？她们所送的秋波，不是单送给那三个日本人的么？唉！唉！她们已经知道了，已经知道我是支那人了，否则她们何以不来看我一眼呢！
>
> 复仇复仇，我总要复他们的仇。说到这里，他那火热的颊上忽然滚了几颗冰冷的眼泪下来。他是伤心到极点了。这一天晚上，他记的日记说：“我何苦要到日本来，我何苦要求学问。既然到了日本，那自然不得不被他们日本人轻侮的。中国呀中国！你怎么不富强起来，我不能再隐忍过去了。”

这是主人公在放学路上遇见两个日本女学生后的心理反应，其实日本姑娘并未对他有任何歧视或偏见，主人公却因多疑自卑而对祖国大加埋怨，以至翻江倒海。接下来提到祖国是在他有意无意去酒楼寻妓时发生的：

> 他看了那侍女的围裙角，心头便乱跳起来。愈想同她说话，但愈觉得讲不出话来。大约那侍女是看得不耐烦起来了，便轻轻地问他说：
>
> “你府上是什么地方？”
>
> 一听了这一句话，他那清瘦苍白的面上，又起了一层红色；含含糊糊地回答了一声，他讷讷地总说不出清晰的回话来。可怜他又站在断头台上了。
>
> 原来日本人轻视中国人，同我们轻视猪狗一样。日本人都叫中国人作“支那人”，这“支那人”三字，在日本，比我们骂人的“贱贼”还更难听，如今在一个如花的少女前头，他不得不自认说：“我是支那人”了。中国呀中国，你怎么不强大起来！

文本中主人公由于自认的弱国子民身份如影随形，内心极其敏感怯懦，在日本女子并无不恭的情形下，将一腔怨气再次撒向祖国。

> 狗才！俗物！你们都敢来欺侮我么？复仇复仇，我总要复你们的仇。世间哪里有真心的女子！那侍女的负心东西，你竟敢把我丢了么？
>
> 罢了罢了，我再也不爱女人了，我再也不爱女人了。我就爱我的祖国，我就把我的祖国当作了情人罢。

这是主人公听到刚才招呼自己的日本女子在隔壁和别的男人交谈后的心理反应，究其实，那女孩的暂时离去，是被他的神经质吓跑的，并非和帝国主义的所谓民族歧视有太大的关系。他要把祖国当成“情人”，是出于一种本能的心理防御，和爱国关系不大。事实上，不一会儿，半醉半醒之间他就沉迷于日本女人的温柔乡里优哉游哉了。

最后一次就是临自戕时那最后的呼喊，也是最为人所看重的：

祖国呀祖国！我的死是你害我的！
你快富起来！强起来罢！
你还有许多儿女在那里受苦呢！

这几次提到祖国，并不是传统意义上的爱国，虽然他渴望祖国强大是真诚的，但文本中的“祖国”更像是主人公心理畸形的牺牲品，一个替罪羊，情形恰如一个人在情急之下本能地喊“妈呀”类似，并非此时思念妈妈，而只是一种方式，以舒缓内心的紧张，给自己找一个最后的避风港，归责客观以求自慰。

真的爱国或像鲁迅弃医从文或如洋务运动“师夷长技以制夷”。他同郭沫若的《凤凰涅槃》、闻一多《死水》也是不同的，后者虽然也是愤怒与诅咒，但却是表达出对祖国的深沉之爱。

“凤歌”“凰歌”和“凤凰同歌”是长诗《女神》的第二章，也是全诗的主曲。诗人以第一人称的代言体，使矛盾冲突通过独白的形式得到了充分的展示。

《凤歌》是对命运的诅咒、凌厉、粗犷、悲壮，充满着愤激和反抗。“凤”既坚强，又冷静理智。他正视现实，深深地感到旧世界“冷酷”“黑暗”与“腥秽”。“凤歌”采用屈原《天问》的表达方式对宇宙和人生的奥秘提出了种种疑问。《凤歌》的第二段表达了“五四”时代的“天问”，诗人再生屈原的神魂，注入世界优秀文化的乳汁，铮铮宣告中华民族的更生。这里，不再有屈原当年的无奈，而是充溢着凤凰王者般的神圣、“目空一切”的气魄、打破一切旧套死后再生的勇气与决心。抒情主人公捶胸顿足地叩问天地、大海，但是，天亦好，地亦好，海洋亦好，都没有也不可能回答。这一段表达了先驱者的无助与孤独，突出了旧世界的腐朽。在诗中，诗人警示世人：“生在这样个阴秽的世界当中，就是把金刚石的宝刀也会生锈！”旧世界的可怕之处并不仅仅在于它的阴秽腐朽，更在于它有着极其强大的同化力，从而进一步表现出与这个世界决绝的信念。

接着，诗人从东南西北的空间角度表达了一种无归宿感。这里“东西南北”并非方位上的确指，而是互文。这时要表达的意思是宇宙中四处都是“屠场”“囚牢”“坟墓”“地狱”，没有一块净土，表达了对阴秽与黑暗的旧世界的否定。

昂头我问天，
天徒矜高，莫有点儿知识。
低头我问地，
地已死了，莫有点儿呼吸。
伸头我问海，
海正扬声而呜。

我要努力地把你诅咒：
你脓血污秽著的屠场呀！
你悲哀充塞著的囚牢呀！
你群鬼叫号著的坟墓呀！

你群魔跳梁著的地狱呀！
你到底为甚麽存在？

我们飞向西方，
西方同是一座屠场。
我们飞向东方，
东方同是一座囚牢。
我们飞向南方，
南方同是一座坟墓。
我们飞向北方，
北方同是一座地狱。
我们生在这样个世界当中，
只好学著海洋哀哭。

《凤歌》排山倒海，势如破竹，诗人将生活、时代的问题拉阖到一个广博的背景——宇宙中来，气势宏大。从宏观上、整体上揭露和诅咒旧世界，也多少表露了诗人内心一种探求真理而不可得的苦闷。

如果说，《凤歌》是对外在世界的质问和诅咒，那么《凰歌》则是自我解剖，从历史和时间角度表达无法“安宿”的缥缈感。“缥缈的浮生”，在本章前三段中重复出现三次，刻意强调没有归宿的感觉。

“凰”以“孤舟”比喻个体生命，一连串意象都是从“孤舟”上衍生开来。诗人写出了一种绝境，没有方向、破烂不堪的小舟，倦了的舟子，都进一步加强着“浮生缥缈”的感觉。接着，诗人从周围的环境入手，对先驱者做了一个定位，“我们只是这睡眠中的，一刹那的风烟!”这“风烟”要将周边的睡眠唤醒是何等的困难啊！在此诗人勇敢地剖析了更生所面临的巨大困难、失败以及先行者面对强大黑暗的孤寂和悲怆。

至此，诗人借助“凰”的歌吟，对身边的宇宙做了总结性描绘：“环绕”表现空间里充斥行尸，“贯串”突出时间历程中满是走肉。

《凰歌》末段以对逝去了的“年青时候”的追恋反衬现实中的绝望。四个“哪儿去了”的质问，答以七个斩钉截铁的“去了”，义无反顾，坚定决绝。

去了！去了！去了！
一切都已去了，
一切要要去了。
我们也要去了，
你们也要去了。

“凤”和“凰”的个性色彩尽管不一样，侧重点各有不同，但其精神实质是一致的：都是诅咒黑暗追求光明的歌，都是内在美好愿望与外在肮脏现实，内在的美好追求与因袭重担之间猛烈撞击时迸发的电闪雷鸣。这是“五四”前夕中国典型的时代气氛，这是包括诗人在内“五四”青年一代沸腾燃烧着的激愤感情以及自我解剖精神的体现，是对光明与重生的执着追求。

我们更生了。
我们更生了。
一切的一，更生了。
一的一切，更生了。
我们便是他，他们便是我。
我中也有你，你中也有我。
我便是你。
你便是我。
火便是凰。
凤便是火。
翱翔！翱翔！
欢唱！欢唱！

我们光明，我们新鲜，
我们华美，我们芬芳，
一切的一，芬芳。
一的一切，芬芳。
芬芳便是你，芬芳便是我。
芬芳便是他，芬芳便是火。
火便是你。
火便是我。
火便是他。
火便是火。
翱翔！翱翔！
欢唱！欢唱！

《沉沦》显然不同。一些研究者认为主人公除了“在口头上空喊要求祖国富强的口号之外并无任何实际行动”。

小说中的“伊”作为叙述人，允许自己嫖妓，允许自己窥淫，允许自己手淫等，虽然“伊”在经历了这一切之后，感到痛苦和悔恨，但是他并没有将自己打上道德的耻辱柱，而是将这一切的根源归咎于社会——祖国家乡的贫弱和异国女子的歧视等。其实小说中“我”的感伤，大多是由于所谓的“忧郁症”导致的敏感、多疑、褊狭造成的。因为“我”不仅是感到“日本人”对自己的冷淡而发出复仇的呼喊，即使是自己的同胞甚至自己嫡亲的兄长，也会反目成仇，因此与其说是由于祖国弱小，身在海外受到歧视的社会原因使“我”产生痛苦，不如说是由于“我”本人的性格弱点使自己产生痛苦，是一种病态的痛苦。

作者只是以自然主义的手法将这种痛苦表现出来而已，小说人物悲剧的原因，除忧郁症外，乃是他意志不足以抑制感情，在感情（或欲望）发泄之后，又用理智的烛光照出自己的污秽，这也是郁达夫小说主人公无穷无尽的精神酷刑的一个主要原因。将小说的主题勉强拉到“爱国主义”上，我以为并不符合小说的真正实质。而从叙述者的语气中，也可以看到郁达夫对这一点是有着清醒认识的，因此在描写到主人公的某些内心情绪时，会有一些近似调侃的句子出现。比如在第二节作者叙述到：

> 他的同学说笑的说笑，谈天的谈天，个个都同春来的燕雀似的，在那里作乐；只有他一个人锁了愁眉，舌根好像被千钧的巨石锤住的样子，兀的不做一声。他也很希望他的同学来对他讲些闲话，然而他的同学却都自家管自家的去寻欢乐去，一见了他那一副愁容，没有一个不抱头奔散的，因此他愈加怨他的同学了。
>
> 他们都是日本人，他们都是我的仇敌，我总有一天来复仇，我总要复他们的仇。一到了悲愤的时候，他总这样地想的，然而到了安静之后，他又不得不嘲骂自家说：他们都是日本人，他们对你当然是没有同情的，因为你想得他们的同情，所以你怨他们，这岂不是你自家的错误么？

心理的畸形甚至连主人公自己也觉察到了，只是难以自拔而已。还有一次在同亲兄长决裂后，作者写到：

> 那一封信发出之后，他呆呆地在楼前草地上想了许多时候。他自家想想看，他便是世界上最不幸的人了。其实这一次的决裂，是发始于他的。同室操戈，事更甚于他姓之相争，自此之后，他恨他的长兄竟同蛇蝎一样，他被他人欺侮的时候，每把他长兄拿出来作比："自家的弟兄，尚且如此，何况他人呢！"
>
> 他每达到这一个结论的时候，必尽把他长兄待他苛刻的事情，细细回想出来。把各种过去的事迹，列举出来之后，就把他长兄判决是一个恶人，他自家是一个善人。他又把自家的好处列举出来，把他所受的苦处，夸大地细数起来。他证明得自家是一个世界上最苦的人的时候，他的眼泪就同瀑布似的流下来。

从叙述者的口吻中，我们不难感觉到即使作者本人，也未必同意"伊"对异国同学的抱怨及对祖国的归罪，故有此调侃的语气也就不难理解了，作者只是以自然主义的方式客观叙述而已。

《沉沦》中的主人公从小是一个聪明、上进的青年，在国内就曾受过新式教育。他颇富诗才，口中佳句随出，信手拈得古雅的律诗；他熟知华兹华斯、爱默生、沙尼、尼采等人的某些作品，了解《圣经》内容及基督教史，可以毫不费力地把大诗人华兹华斯的诗译成白话文，可见其中西文化、学识的渊博。但他深感自己面临的中国社会并不量才而用，加上在异域求学所遭受的种种痛楚，于是正值青春期的他决意把追求指向爱情。而从其日记所披露的心迹看，他理想、渴望的爱情，内涵有三：性爱的神圣满足；性爱的肉欲满足；性爱的精神与肉欲满足是人生的目的与意义，愿以生命殉这样的性爱。然而他对此等爱情的渴望并热烈的追求，甚至为之殚精竭虑，而最终因为没有找到理想的对象走向了沉沦。

> 知识我也不要，名誉我也不要，我只要一个安慰我体谅我的"心"。一副白热的心肠！从这一副心肠里生出来的同情！从同情而

来的爱情！我所要的就是爱情！……

槁木的二十一岁！

死灰的二十一岁！

我真还不如变成矿物质的好！我大约没有开花的日子了。

强大的本能欲望被压抑、扼制，而一旦喷发便势必要冲破所有的道德规范，导致理性堤防的溃决。从形而上跌到形而下，从“同情”跨越到“爱情”，从“美人”急转到“妇人”。无论是美是“丑”，实际上就是让“苍天”赐予他“一个伊甸园内的‘伊扶’，使她的肉体与心灵全归我有，就心满意足了”。显然，在这种情形下，对“肉体”的渴求高于对“心灵”的需要。

“一切的一切”全部轰毁、坍塌，天地不复存在，万物就此休哉！问题的严重性已经到了即使在违背道德规范的情况下也无法平息的地步，最后只好以投入死亡怀抱的毁灭方式来“求得一个永久的解脱”。

第三节　孤独的反义词是团结·人性消弭

——卡夫卡《变形记》

19世纪末期，西方资本主义国家迅猛发展，钢筋混凝土的森林取代了田园牧歌式的乡村风光，极大地改变了人们的生活，人们的价值观、世界观、宗教信仰等受到激烈的冲击和挑战。欧美社会的个人出现了普遍的疏离感、陌生感和孤独感。现代主义文学应运而生，现代主义文学最重要的“非人化”元素就由此而来，这也是《变形记》的创作背景。

当然，世界大战对现代主义文学产生了重大影响。战争使许多资本主义国家经济萧条，社会动荡，人民生活在水深火热之中。黑暗的现实、痛苦的生活，使得人们对资本主义社会失去信心，一方面寻求出路，锐意改革，一方面又陷于孤独、颓废、绝望之中。所以，从社会学、政治学角度看，《变形记》确实反映了资本主义社会的黑暗、人和人之间关系的冷酷、人对社会的绝望的重大主旨。可是从人生角度，我们却可以从格里高尔的遭遇中体验到只有明确、现实而功利化的目标，而缺失了为人生进行形上导航的人生理想的悲催人生的哀痛。

格里高尔是个善良而胸无大志的小人物。格里高尔的房子是普通人住的房间，他是旅行推销员，床上挂着一幅画，是一个贵妇人的像，这是室内环境的设计。可以看到格里高尔实际上是一个庸庸碌碌的中产阶级的象征，他的趣味非常贫乏，他是一个最底层的人，没有很高要求，缺少我们想象的高远志向，他的世界很狭小。在他变成甲虫后的思想和心理变化过程中，我们可以感到格里高尔是被时间驱赶、为时间压迫的一类人，他几点钟该干什么完全为生存的艰难所规定，所以，这一天他变成甲虫不能上班以后，他的心里极其不安。读者也有同感，我们的社会是一个快节奏的社会，大家每天有很多事情要做，然后会感觉充实；假如很悠闲没事干，会感觉人生很苍白，特别没有意义。但是，其实人生的很多要义、乐趣就是在忙忙碌碌的追求中消失了，人成为时间的奴隶。格里高尔没变成甲虫前的状态就是这样，他是时间和生活的双重奴隶。一旦离开他的工作职责，他忽然不知道怎样安排自己的生活，那种在激烈的社会结构中被挤压的状态很明显。让他感到不安的另一个原因，是他公司给他的压力非常大，所有人都可以指责他，驱赶他，而他万万不能失去这份工作。从这个意义上来讲，可以感觉到格里高尔的生存目标是非常单纯的，就是保住饭碗，养活一家人。因为他是家里的顶梁柱，所以格里高尔就把他生活的全部意义价值维系在可以赚钱，挣钱以后可以让家里人满意这样一个前提之下，这是他生活的逻辑。在他变成甲虫以后，他生活的价值体系就受到挑战，这也让他感觉到焦躁不安。

父亲破产，母亲生病，妹妹上学。沉重的家庭负担和父亲的债务，压得格里高尔喘不过气来。他拼命干活，目的是还清父债，改善家庭生活。在公司，他受老板的气……可以说，对父母他是个孝子，对妹妹他是个好哥哥，对公司他是个好职员。变成甲虫，身体越来越差，他还为还清父债担忧，还眷恋家人，甚至为讨父亲欢心，自己艰难地乖乖爬回卧室。这样善良、忠厚而又富有责任感的人，最终被亲人抛弃。格里高尔的悲剧是令人心酸的，具有丰富的社会内涵！

现在，让我们走进格里高尔的情感世界，细细品味现代人的哀伤。

格里高尔的震惊。格里高尔突然发现自己变成大甲虫，“一天早晨，格里高尔·萨姆沙从不安的睡梦中醒来，发现自己躺在床上变成了一只巨大的甲虫。他仰卧着，那坚硬的像铁甲一般的背贴着床，他稍稍抬了抬头，便看见自己那穹顶似的棕色肚子分成了好多块弧形的硬片，被子几乎盖不住肚子尖，都快滑下来了。比起偌大的身躯来，他那许多只腿真是细得可怜，都在他眼前无可奈何地舞动着。”他惊慌、恐惧。他回忆过去的生活，怨恨自己的“累人的差使”，为还清父债而苦干。他清醒地想到起床，赶车上班去。父亲发现他变成大甲虫，露出一副恶狠狠的样子，赶他回卧室。他谦恭地恳求，尽快回屋，免得父亲生气。他忍辱负重，还不忘顺从父亲。他非常震惊——他本来是人，现在突然变成了另外一种东西。他忽然发现世界上很多东西可能从此就失去了，他无法掌握了。

格里高尔的震惊也是曾经意识到或不曾意识到自己与格里高尔一样的生存困境的读者的震惊。一种无力感、创伤感油然而生。我们猛然发现，进入现代社会之前，在农业社会的时候，小说主人公往往是生机勃勃的个人英雄。像《鲁滨孙漂流记》《红与黑》一类的小说，他们的主人公哪怕是小人物最终仍然会成就一番事业，可以成为英雄，有可能改变历史。他们对这个世界、对他们所处的时代有极大的控制力。而在《变形记》中，看不到这一点，格里高尔对于这个世界来说，是很软弱的。他变成一只甲虫，变成甲虫的过程是不受他的主观意志控制的，他是被迫变成甲虫的，是被外界挤压的，这里就有一个主体性消退的问题。资本主义上升的17—18世纪，某种意义上，可以说是一个主体性建构的时期。反映在这一时期的作品中，作品中主人公往往都有能力控制世界，他通过征服这个世界来表现自己是强有力的主体。但20世纪以后，这个主体越来越退化，人越来越发现在这个世界庞大的统治机器转动之下，自己是微不足道的，被消灭很容易。人在这个世界上就像泡沫一样，存在或不存在甚至都看不出任何痕迹。格里高尔就是这样的人。在这种存在状态下，我们可以感觉到生存的危机感，主体性的消退带来生存的危机，人会感到很茫然——我为什么要活在这个世界上，活在这个世界上有什么意义呢？这个世界和我有什么关系呢？这样一系列问题就会诞生，这个问题很严重，用海德格尔的话来讲，这就是人“被抛”的感觉。海德格尔是20世纪最著名的存在主义哲学家，他的“被抛”的概念，是用来解释大多数的人和这个世界的关系：你不是出于自愿来到这个世界上，你来到这个世界本来就是浑浑噩噩的，你根本不知道你要成为什么样的人。这种状态，这种所谓的自在而不是自为的状态，在他这里被称为“被抛”。“被抛”这个“抛”不是你意识控制的，也不是你愿意的。格里高尔就处在这样的状态，他是“被抛”而沦落到“甲虫”这个境遇，他的无奈、他作为小人物的状态在这里就很明显地表现出来了。

让格里高尔震惊的不仅是无法掌握世界上很多自己曾经掌握的事情，更让其震惊的是连自己也无法掌握了，自己无法掌控自己的命运了。表现在格里高尔变成甲虫以后碰到的困难，下床这种很细小的问题，对格里高尔来说，却很艰难。他有许多细脚，但不是每只脚都能够被他控制，他的胳膊和腿向四面八方挥动，他想屈腿，可它偏偏伸得笔直，他完全变成一个无法控制自己的人。这段描写非常逼真，他想要转动身体，却是那样困难，所以他尽管有人的思想、但是他的行为完全动物化，作者写出了这种矛盾性。这样写有什么好处呢？这样就让我们体会到他想写的悲剧不只是格里高尔变成甲虫的悲剧。假如就是人变成甲虫，他的思想生命也是甲虫，他的生命体验就不会出现问题，因为甲虫不是人，甲虫没有人的七情六欲，没有人的心理需要，这样就不会产生任何问题。反过来说，假如他没有变成甲虫，仍然延续那种生活，他也不会意识到，原来自己变成甲虫会遇到家人唾弃、生活困顿等一系列问题，就不会发现这个世界隐藏在所谓的温情、道德、伦理背后令人绝望的真相。所以《变形记》最精妙的地方在于格里高尔这个“甲虫人”的身心分裂，当然这种分裂是比较和谐的分裂，他的头脑是人的头脑，有人的思想、人的灵魂，而恰恰身体是动物的，他把这两点结合在一起。

格里高尔的焦虑。他为家庭经济状况焦虑。格里高尔失业在家，过着甲虫生活，只能爬来爬去。但是，他为家庭经济状况焦虑，还想着给妹妹实现“美梦”。他想着，父亲老了，母亲生病，妹妹还只有17岁。他一听到家人出去做工挣钱，就“羞赧和伤心得浑身燥热”。他“受到了自责和忧愁的压抑”“最后在绝望中，他觉得整个房间已经开始绕着他旋转起来，便掉下来摔在那张大桌子的中央”。格里高尔确实是个好儿子、好哥哥。他也为自己成为家庭累赘被家人视为怪物而焦虑。在第一段的时候，有一个冲突性的场景：父亲敲门催格里高尔上班，意味着时间对甲虫世界的侵入，但这时间，是变成甲虫的格里高尔无法控制的。最后公司的人也来了，家里人都很着急要把门撞开，最后真相暴露出来，这真相是以令人恐怖的形态揭示出来的。所有人都无法接受这样的事实——在真相揭示之后，母亲疯狂地逃窜；公司的主任赶紧逃跑了，立刻消失；父亲在震惊之下，无情地把他往后赶，而且对着他嘘嘘叫着，简直像驱赶一个野人，但是格里高尔无法控制自己的身体，他很艰难，可他父亲根本不能体谅他的处境，最后他在拼命往外挤的时候受伤了。这样，在第一段的时候格里高尔完成了人生的大逆转，他从家庭的顶梁柱变成一个需要掩盖的丑闻，从一个能够带来荣誉的好儿子、好哥哥、好职员的形象变成一个累赘。在这里，作者采取了正面描写与侧面描写同时进行的方法，正面描写就是格里高尔一系列的心理过程，他一直在忧虑自己：变成甲虫以后无法完成工作，无法完成职业，该怎么办？他仍然要完成生活赋予他的职责，这是属于人的正常的而且是非常高尚的想法。而在侧面描写中却揭示出，格里高尔已经被大家看成怪物，大家已经不在乎他想什么，而仅仅从形体的变化给他下判断，将他视为一个异己之物，是一个完全跟我们不一样的东西，是让我们感觉很羞愧很耻辱的一种存在。这里就是一个自我认定和他人认定的矛盾，没有家人理解他。让家人帮助他治病、重新“做人”的希望化为泡影的焦虑紧紧萦绕着格里高尔。

格里高尔的绝望。受重伤后，被亲人厌弃而绝望。一只苹果砸在背上，身受重伤，父子亲情也受到重创。格里高尔最终被妹妹厌弃。妹妹一再说“我们必须设法摆脱它”。格里高尔“怀着深情和爱意回忆他的一家人。他认为自己必须离开这里，他的这个意见也许比他妹妹的意见还坚决呢”。格里高尔异常冷静，他在绝望而又平和的心境中死去。面对变形，面对亲人厌弃，面对死亡，格里高尔惊慌、痛苦、绝望，最终平静地死去。

亲情的异变细腻地表现在妹妹的言行中。

亲哥哥。对待变甲虫前的哥哥，是温存的、体贴的、尊敬的。第一段家人叫格里高尔起床时，爸爸妈妈和妹妹都来叩门，都很有耐心，都是轻轻地敲门，连爸爸也是轻轻的，虽然用的是拳头。妈妈用“好温和的声音”提醒儿子赶火车，爸爸催促的声音是低沉的。只有妹妹想到了哥哥是不是病了？好担心。

> 在另一侧的门上他的妹妹也用轻轻的悲哀的声音问：“格里高尔，你不舒服吗？要不要什么东西？”他同时回答了他们两个人：“我马上就好了。”他把声音发得更清晰，说完一个字过一会儿才说另一个字，竭力使他的声音显得正常。于是他父亲走回去吃他的早饭了，他妹妹却低声地说：“格里高尔，开开门吧，求求你。”

甚至在主任、爸爸不耐烦时，在左面房间里是一阵令人痛苦的寂静时，妹妹却在右面房间里为他啜泣起来了。

爱哥哥。变形之初，耐心地、细心地关爱哥哥。“妹妹对他不错，仍然把他当成人来处理。”父母都不愿意或不敢照料格里高尔，是妹妹照顾他的生活。以至于父母都对妹妹的行为表示感激。妹妹给哥哥送来的是食物，是人吃的东西。

> 那儿放了一个盆子，盛满了甜牛奶，上面还浮着切碎的白面包。

甚至，妹妹还记得哥哥最爱喝牛奶。妹妹细心地观察哥哥，依然能够照顾到哥哥的感受，曾为自己因为害怕而砰地把门关上的举动而后悔，像看望一个重病人一样地踮起脚走进来。当发现哥哥不吃新鲜食物时，“妹妹马上就注意到了”，端走了牛奶，换来了哥哥爱吃的东西，并且“她考虑得非常周到，生怕格里高尔不愿当她的面吃东西，所以马上就退了出去”。

嫌哥哥。哥哥的肠胃变异了，不吃食物而喜欢吃垃圾了，“腐烂的

大共同点就是都有生理性需要，比如衣食住行，动物也要吃饭、走路、繁衍后代，在这些方面，人和动物没有根本性区别。作者在小说中，将人的生物性特征放到现代生活当中，把它放大。格里高尔变成甲虫，实际上是为生存、为这些生理性需要奔波而造成的。而作者之所以让他变成甲虫而又在行文中不让我们感觉到不可信，其合理性就在于，格里高尔在变成甲虫之前的所作所为，其实就和一个为了生存而拼命攫取的动物在本质上并没有多大区别。从这个意义上可以说，让格里高尔变成甲虫，实际上体现了作者对于资本主义发展时期西方社会中人异化的生存状态的一种深刻洞察。如果说，在正常的情况下，我们也许还不太那么容易发掘人的异化现实，那么，把人变成甲虫，应该就是一种令人震惊的方式强行为我们剥离出了这种现实的真相。

其次，甲虫象征的是阴暗的内心世界，通过甲虫，作者提供了一个观照现实生活的角度。一个人假如不是站在非正常环境中，他是看不到生活的真相。文学作品中经常可以发现疯子视角——假如不是疯子，他是看不到正常生活原来是这样疯狂。也就是说，文学作品中的“疯子”实际上是比正常人更为清醒的人，他是站在正常之外发现了正常世界骨子里的疯狂与变态。在这方面，如鲁迅先生的小说《狂人日记》，小说中的“我”（狂人）翻开古书一看，表面上写满了仁义道德，但仔细一看，却看到了“吃人”的字样。这种对于“吃人”的发现，既是一种疯子的话语，同时却也未尝不可以看作是一种人所未见的真理。同样，假如格里高尔没有变成甲虫，他不可能看到，在家人的视角中原来他仅仅只是挣钱的工具。因此，通过人变形为甲虫，卡夫卡就将人内心的黑暗，将血缘、亲情、人性掩盖下的人的冷酷的一面淋漓尽致地揭示出来。甲虫的出现，代表着卡夫卡内心中对于人性的一种绝望；而甲虫的出现所导致的亲情、伦理等出现的不可弥合的裂缝，又代表着卡夫卡作为现代人对于传统的家庭/亲人的一种反省和颠覆。可以说，在传统社会中，家庭被当作是人能退居到最后的栖居地和庇护所，这一点我们中国人可能感受较深。五柳先生陶渊明之所以在饱受现实打击后，还能悠然吟出“采菊东篱下，悠然见南山”，其实就是有温暖的家/家人作为后盾。但现代工业社会的到来，将大批的人从土地、自然和家庭中驱赶出

亲情的异变细腻地表现在妹妹的言行中。

亲哥哥。对待变甲虫前的哥哥，是温存的、体贴的、尊敬的。第一段家人叫格里高尔起床时，爸爸妈妈和妹妹都来叩门，都很有耐心，都是轻轻地敲门，连爸爸也是轻轻的，虽然用的是拳头。妈妈用“好温和的声音”提醒儿子赶火车，爸爸催促的声音是低沉的。只有妹妹想到了哥哥是不是病了？好担心。

> 在另一侧的门上他的妹妹也用轻轻的悲哀的声音问：“格里高尔，你不舒服吗？要不要什么东西？”他同时回答了他们两个人：“我马上就好了。”他把声音发得更清晰，说完一个字过一会儿才说另一个字，竭力使他的声音显得正常。于是他父亲走回去吃他的早饭了，他妹妹却低声地说：“格里高尔，开开门吧，求求你。”

甚至在主任、爸爸不耐烦时，在左面房间里是一阵令人痛苦的寂静时，妹妹却在右面房间里为他啜泣起来了。

爱哥哥。变形之初，耐心地、细心地关爱哥哥。“妹妹对他不错，仍然把他当成人来处理。”父母都不愿意或不敢照料格里高尔，是妹妹照顾他的生活。以至于父母都对妹妹的行为表示感激。妹妹给哥哥送来的是食物，是人吃的东西。

> 那儿放了一个盆子，盛满了甜牛奶，上面还浮着切碎的白面包。

甚至，妹妹还记得哥哥最爱喝牛奶。妹妹细心地观察哥哥，依然能够照顾到哥哥的感受，曾为自己因为害怕而砰地把门关上的举动而后悔，像看望一个重病人一样地踮起脚走进来。当发现哥哥不吃新鲜食物时，“妹妹马上就注意到了”，端走了牛奶，换来了哥哥爱吃的东西，并且“她考虑得非常周到，生怕格里高尔不愿当她的面吃东西，所以马上就退了出去”。

嫌哥哥。哥哥的肠胃变异了，不吃食物而喜欢吃垃圾了，“腐烂的

大共同点就是都有生理性需要，比如衣食住行，动物也要吃饭、走路、繁衍后代，在这些方面，人和动物没有根本性区别。作者在小说中，将人的生物性特征放到现代生活当中，把它放大。格里高尔变成甲虫，实际上是为生存、为这些生理性需要奔波而造成的。而作者之所以让他变成甲虫而又在行文中不让我们感觉到不可信，其合理性就在于，格里高尔在变成甲虫之前的所作所为，其实就和一个为了生存而拼命攫取的动物在本质上并没有多大区别。从这个意义上可以说，让格里高尔变成甲虫，实际上体现了作者对于资本主义发展时期西方社会中人异化的生存状态的一种深刻洞察。如果说，在正常的情况下，我们也许还不太那么容易发掘人的异化现实，那么，把人变成甲虫，应该就是一种令人震惊的方式强行为我们剥离出了这种现实的真相。

其次，甲虫象征的是阴暗的内心世界，通过甲虫，作者提供了一个观照现实生活的角度。一个人假如不是站在非正常环境中，他是看不到生活的真相。文学作品中经常可以发现疯子视角——假如不是疯子，他是看不到正常生活原来是这样疯狂。也就是说，文学作品中的“疯子”实际上是比正常人更为清醒的人，他是站在正常之外发现了正常世界骨子里的疯狂与变态。在这方面，如鲁迅先生的小说《狂人日记》，小说中的“我”（狂人）翻开古书一看，表面上写满了仁义道德，但仔细一看，却看到了“吃人”的字样。这种对于“吃人”的发现，既是一种疯子的话语，同时却也未尝不可以看作是一种人所未见的真理。同样，假如格里高尔没有变成甲虫，他不可能看到，在家人的视角中原来他仅仅只是挣钱的工具。因此，通过人变形为甲虫，卡夫卡就将人内心的黑暗，将血缘、亲情、人性掩盖下的人的冷酷的一面淋漓尽致地揭示出来。甲虫的出现，代表着卡夫卡内心中对于人性的一种绝望；而甲虫的出现所导致的亲情、伦理等出现的不可弥合的裂缝，又代表着卡夫卡作为现代人对于传统的家庭/亲人的一种反省和颠覆。可以说，在传统社会中，家庭被当作是人能退居到最后的栖居地和庇护所，这一点我们中国人可能感受较深。五柳先生陶渊明之所以在饱受现实打击后，还能悠然吟出“采菊东篱下，悠然见南山”，其实就是有温暖的家/家人作为后盾。但现代工业社会的到来，将大批的人从土地、自然和家庭中驱赶出

亲情的异变细腻地表现在妹妹的言行中。

亲哥哥。对待变甲虫前的哥哥，是温存的、体贴的、尊敬的。第一段家人叫格里高尔起床时，爸爸妈妈和妹妹都来叩门，都很有耐心，都是轻轻地敲门，连爸爸也是轻轻的，虽然用的是拳头。妈妈用“好温和的声音”提醒儿子赶火车，爸爸催促的声音是低沉的。只有妹妹想到了哥哥是不是病了？好担心。

> 在另一侧的门上他的妹妹也用轻轻的悲哀的声音问：“格里高尔，你不舒服吗？要不要什么东西？”他同时回答了他们两个人：“我马上就好了。”他把声音发得更清晰，说完一个字过一会儿才说另一个字，竭力使他的声音显得正常。于是他父亲走回去吃他的早饭了，他妹妹却低声地说：“格里高尔，开开门吧，求求你。”

甚至在主任、爸爸不耐烦时，在左面房间里是一阵令人痛苦的寂静时，妹妹却在右面房间里为他啜泣起来了。

爱哥哥。变形之初，耐心地、细心地关爱哥哥。“妹妹对他不错，仍然把他当成人来处理。”父母都不愿意或不敢照料格里高尔，是妹妹照顾他的生活。以至于父母都对妹妹的行为表示感激。妹妹给哥哥送来的是食物，是人吃的东西。

> 那儿放了一个盆子，盛满了甜牛奶，上面还浮着切碎的白面包。

甚至，妹妹还记得哥哥最爱喝牛奶。妹妹细心地观察哥哥，依然能够照顾到哥哥的感受，曾为自己因为害怕而砰地把门关上的举动而后悔，像看望一个重病人一样地踮起脚走进来。当发现哥哥不吃新鲜食物时，“妹妹马上就注意到了”，端走了牛奶，换来了哥哥爱吃的东西，并且“她考虑得非常周到，生怕格里高尔不愿当她的面吃东西，所以马上就退了出去”。

嫌哥哥。哥哥的肠胃变异了，不吃食物而喜欢吃垃圾了，“腐烂的

苹果，昨天剩的肉，已经变成稠的硬结的白酱油，葡萄干，杏仁，一块两天前格里高尔准会说吃不得的乳酪。”妹妹虽然还在喂养他，但已经不免有些些嫌弃了。上文说到照顾哥哥担心他不愿当妹妹的面吃东西，但从她马上闪出，紧锁房门的动作看，也是不愿或不忍看到他吃垃圾的情形。妹妹开始嫌弃虫性越来越多的哥哥了。在第二次送食物进去之后，通过格里高尔的视角就可以清清楚楚看见他妹妹的变化：“他望着没有察觉任何情况的妹妹在用扫帚扫去他剩下的食物，甚至包括他没碰的食物，仿佛这些东西根本没人要，扫完之后，倒进桶里，把桶盖盖上就走了。”这些细节可以说比较无情地揭露了妹妹心中对甲虫的态度。

弃哥哥。厌恶、放弃哥哥，视哥哥如动物。格里高尔特爱吃动物吃的很脏很臭的东西，这个地方印证了他妹妹的想法，就是格里高尔的确已经变成动物了，已经不再是人了。很显然哥哥吃这些剩下的食物就是他完全变成一只甲虫的标志，她收拾残羹冷炙的时候并没有顾及哥哥也许还有人的情感和人的思想，她已经完全把他看成动物。因为是动物，所以，再也不用顾忌格里高尔的内心感受了。集中表现在因格里高尔房间家具的“搬走”与“留下”的冲突引起的一场家庭战争之中。

> 妹妹决定把他房里的家具全部搬走，以便他更好地爬行，当然他的母亲持相反意见：“再说，我们搬走家具，岂不等于向他表示，我们放弃了他好转的希望，硬着心肠由他去了吗？我想还是让他房间保持原状的好，这样，等格里高尔回到我们中间，他就会发现一切如故，也就能更容易忘掉这其间发生的事了。”

母亲还是很爱儿子的。随着妹妹慢慢淡出哥哥的视野，母亲的爱成为他的支撑之一，母亲成为最能理解他的人，但母亲在家庭中是没有多少话语权的。当遭到妹妹反对之后，搬走家具便顺理成章。妹妹已经把他当成一个不需要任何人关怀的动物性的存在，在中间可以体会到格里高尔悲哀苍凉的心情，他在这一系列的行动中，被迫完成一个自我认同——成为一只甲虫。

家庭战争是在格里高尔将母亲吓晕之后爆发的。父子大战，当然主要是父亲打儿子，最后，爸爸还将一个苹果砸中了他的背并且还陷了进去，最后是母亲求父亲不要伤了儿子的性命战争才得以结束。“可是这时格里高尔的眼光已经逐渐黯淡。”客观地说，家具对于甲虫来讲已经没有实际用途了，为什么格里高尔要死命留住并不惜发生家庭战争？格里高尔这场大战的意义在于想保留自己作为人的最后权利，保留房间的旧有摆设实际上是为了保留以往的记忆，这个房间的摆设都是他以前作为人的时候留下的印记，而妹妹要把他曾经作为人的印记全部扫除，在某种程度上就断绝了他作为人和这世界发生的最后联系。在这地方，格里高尔反对妹妹搬家具的行为，很大程度上可以说是为了维护人最后的尊严，可是这行为，在妹妹和父亲那里，甚至在母亲那里，是不能被理解的。他们是一步步要剥夺他作为人曾经有过的存在意义。从此开始，作者将人世间的某种残酷性表现出来，大家注意到，格里高尔丧失了挣钱能力，是他家人对他产生不满的一点。上文分析过，格里高尔焦虑的一点就是担心家人抛弃他而使他失去医疗的机会。他的担心不是多余的，家人不但不帮助格里高尔恢复人的形状，而且还一步步驱赶他，塑造他，要将他坐实成为一只实实在在的甲虫。尽管格里高尔外形变成了一只甲虫，但其具有的思想行为可能并没有让他自己彻底认同这一形象，执着地认为自己是人，是个病人而已。他要做最后挣扎，虽然这挣扎是无望的，但是在家人的“帮助”下，他越来越意识到，他除了变成一只彻底的甲虫以外，无路可走。

灭哥哥。仇恨、消灭虫子。格里高尔为妹妹喝彩事件无疑是给自己致命一击。妹妹演奏起美妙的音乐，这曾经是格里高尔心中最大的梦想，一个与他作为普通人的庸庸碌碌生活不太一样的生命华彩的乐章。所有人不懂他妹妹的演奏，只有他怀着亲情和感激，怀着曾经有过的梦想，得意忘形的他慢慢爬过来，然而却收获了最大的侮辱，他妹妹发疯似的把他驱赶出去，然后狠狠地发了一通火，妹妹这样说：

> “事情不能这样拖下去了，你们也许不明白，我可明白，对着这个怪物，我无法开口叫他哥哥，所以我的意思是：我们一定得把他弄走。我们照顾过他，已经对他仁至义尽，我想谁也不能责怪我

们有半分不是。”

这个时候，父亲同意她说的；母亲因为喘不过气而憋得难受，眼睛露出疯狂的神色，她的态度其实也不言自明。全家发出共鸣，要把格里高尔驱赶到某个死亡的境地，在这里，格里高尔除了死，已经无路可走，因为他完全变成一个无所事事、而且总是带来麻烦的累赘的怪物。他只剩下两种方式：

一种是自己消灭自己，一种是被别人消灭。格里高尔选择了前者。其实，小说早已暗示这一悲惨结局。就在妹妹再也不考虑拿他喜欢的东西来喂他，只是在中午上班前匆匆忙忙把东西用脚踢进去，手头有什么就给他吃什么的时候；在妹妹到晚上，也不管他尝了几口，还是一动没动，而经常的情况是一动也没动就用扫把一下子扫出去的时候；在妹妹给他打扫是不能再马虎了，墙上到处是灰尘、脏东西的时候；在格里高尔想要提醒家人而故意待在黑暗角落里，但他们只是视而不见的时候。格里高尔已经明白，他在家中的地位基本没有了，他成为一个可有可无的存在，这应该也是他消灭自己的一个前奏——本来你很珍视这个群落的人，但却发现，在这个群落的视野中，你是不重要，甚至可以被视而不见，你当然会感觉到自己的无意义和无价值。在这之前我们已经发现格里高尔是一个小人物，他没有高远理想，他存在的价值就是挣钱养活一家人，在家人表扬中得到满足，这是他的认同方式。他发现在这时候，他完全找不到自己的价值归宿，他成为一个在角落之间可有可无的存在，这样，很大程度上，支撑他活下去的精神支柱就崩溃了。

当格里高尔选择了自己消灭自己时，仍然让人震撼，因为选择自己消灭自己，让我们感觉到他仍然是作为人的选择，而且是一个有想法有自尊心的人，不是完全等着别人来消灭，因为只有有羞耻感有尊严的人才会自己消灭自己，这本身就是人的行为。从这一点上讲，我们看到悲剧的内涵就一点点浮现出来了：格里高尔不是作为虫被消灭，而在很大程度上是作为“人”被另外一群“人”杀掉，尽管他采取的行动是自己消灭自己。

格里高尔们的焦虑与绝望。让读者、让格里高尔们绝望的是格里高尔死后的其家人的欢乐。他一死，父母赶紧把老妈子辞掉，分别请假，决定去郊游。春天就要到来了，他们带着极其欢乐的心情，准备买房子，准备谈谈前途。看到女儿虽然经过这么多忧患，却已经成为一个身材丰满的美丽少女，他们心里定下主意要给她找一个好女婿，一切都向美丽的方向发展。而格里高尔，在这段美丽考虑中间是完全没有的。这是非常欢乐的心情，这段结尾写出了人生被揭开盖子之后的某种残酷，而这残酷恰恰来自于温情脉脉面纱掩盖之下人的自私性、残酷性。在正常情况下，人是受法律、道德、舆论等一系列东西约束，是这些东西使你成为这样的人，但是格里高尔成为甲虫这件事恰恰给他们提供了一个借口，也提供了一个窗口：让他们撕开了温情脉脉的伦理面纱，让他们看出每个人其实只是为自己活着。在他们的世界当中，每个人的既得利益是最重要的。其他人即便是你的兄长，曾经给你很大帮助，或者是你的儿子，曾经赡养过你，但是这些和你自己的利益相比仍然不能相提并论。所以，即使他们是潜在做了一回凶手，仍然心安理得，因为他们的出发点完全是出于个人主义。我们分析某些东西，是不能脱离其得以产生的具体环境，比如“群体文化”。中国传统文化是压抑个人存在的群体文化，每个人都不能自己自由地发展，我们会把这看成中国传统文化的弱点，但是我们同时也会产生一种疑问：完全抛弃这一切，完全用个人主义作为个人行为准则，是否完全没有问题？在格里高尔这里，可以看到个人主义的弊端非常明显。每个人都是孤独的、利己的、自私的，每个人其实都无法得到救赎。欢乐的心情用残酷的东西烘托出来，而欢乐本身也反衬了这种残酷，人生的真相无非如此。局中人可能体会不到，发现不了，而艺术家的价值就在于他总能在幸福、欢乐中发掘出被遮蔽、被忽视的人类生存的真相，尽管这种真相也许惨不忍睹。

正如董丽敏所说①：甲虫首先象征着被压抑的物质化的人。在格里高尔身上，最明显体现甲虫特征的是他的外表、他的细腿、他的饮食习惯、他的行为，比如爬来爬去，这象征人的动物性的一面。人和动物最

① 王晓明，董丽敏，孙晓忠．文学经典与当代人生［M］．上海：复旦大学出版社，2008：71.

大共同点就是都有生理性需要，比如衣食住行，动物也要吃饭、走路、繁衍后代，在这些方面，人和动物没有根本性区别。作者在小说中，将人的生物性特征放到现代生活当中，把它放大。格里高尔变成甲虫，实际上是为生存、为这些生理性需要奔波而造成的。而作者之所以让他变成甲虫而又在行文中不让我们感觉到不可信，其合理性就在于，格里高尔在变成甲虫之前的所作所为，其实就和一个为了生存而拼命攫取的动物在本质上并没有多大区别。从这个意义上可以说，让格里高尔变成甲虫，实际上体现了作者对于资本主义发展时期西方社会中人异化的生存状态的一种深刻洞察。如果说，在正常的情况下，我们也许还不太那么容易发掘人的异化现实，那么，把人变成甲虫，应该就是一种令人震惊的方式强行为我们剥离出了这种现实的真相。

其次，甲虫象征的是阴暗的内心世界，通过甲虫，作者提供了一个观照现实生活的角度。一个人假如不是站在非正常环境中，他是看不到生活的真相。文学作品中经常可以发现疯子视角——假如不是疯子，他是看不到正常生活原来是这样疯狂。也就是说，文学作品中的“疯子”实际上是比正常人更为清醒的人，他是站在正常之外发现了正常世界骨子里的疯狂与变态。在这方面，如鲁迅先生的小说《狂人日记》，小说中的“我”（狂人）翻开古书一看，表面上写满了仁义道德，但仔细一看，却看到了“吃人”的字样。这种对于“吃人”的发现，既是一种疯子的话语，同时却也未尝不可以看作是一种人所未见的真理。同样，假如格里高尔没有变成甲虫，他不可能看到，在家人的视角中原来他仅仅只是挣钱的工具。因此，通过人变形为甲虫，卡夫卡就将人内心的黑暗，将血缘、亲情、人性掩盖下的人的冷酷的一面淋漓尽致地揭示出来。甲虫的出现，代表着卡夫卡内心中对于人性的一种绝望；而甲虫的出现所导致的亲情、伦理等出现的不可弥合的裂缝，又代表着卡夫卡作为现代人对于传统的家庭/亲人的一种反省和颠覆。可以说，在传统社会中，家庭被当作是人能退居到最后的栖居地和庇护所，这一点我们中国人可能感受较深。五柳先生陶渊明之所以在饱受现实打击后，还能悠然吟出“采菊东篱下，悠然见南山”，其实就是有温暖的家/家人作为后盾。但现代工业社会的到来，将大批的人从土地、自然和家庭中驱赶出

来，让他们成为流水线上日复一日单调劳作的工人，家/家人的重要性由此被降低了，家人之间的血浓于水的亲情也被瓦解了。卡夫卡对格里高尔家人对甲虫的冷漠与厌弃的描写，可以说是揭示了现代工业社会中家/家人的真相。这种真相的呈现，非常具有“现代性”。

最后，甲虫是一种无语的存在，在小说中，格里高尔与外界的交流和沟通很成问题。假如甲虫有人的语言能力，也许它的境遇会不同，大家还可能把它当作一个人而不是把他完全变成一只甲虫。在这里巧妙的是：让甲虫有人的思想，但不能用人的话说出来，他说的话别人不理解，格里高尔的悲剧也可以说是话语权丧失所带来的悲剧，这也是非常典型的现代人的困境。我们经常讲好像隔一两岁就成为两代人，因为交流起来比较困难，这里也一样。即便是家人之间，一旦发生变故，沟通仍然是问题。当你不能把你内心的困惑、焦虑乃至绝望表达出来，不能通过沟通交流使你的困惑焦虑得以缓和、稀释的话，那么，你内心的问题就永远只是困扰你个人的问题，将成为你内心最脆弱的地方，成为你内心的黑洞。无语的个人必然会最终走向崩溃，这成为格里高尔最后必须以孤独的甲虫形象死去的又一个原因。

格里高尔是孤独的。孤独是世纪病——现代人的现代病症。荣格说过：“唯有对现在最具有感知性的人才是现代人”，而“一位道道地地被我们称为现代人者是孤独的……是一位和完全生活在传统里的群众疏远的人”。[①]“孤，幼而无父的人。独，老而无子的人。心理学上指亲密人际关系缺失而产生的消极情绪。”[②]功利化时代，亲情、友情、爱情、血缘、文化、伦理都沦为工具的时候，人们已经不会分享、不会分担了，富起来之后的国人，也产生类似的问题。我们的房子越来越大，家却越来越小；婚礼场面越来越恢弘，爱情天地越来越局促；医学越来越发达，健康却每况愈下；我们花钱越来越多，笑容却越来越少；别墅越来越多，婚姻质量却越来越糟；道路越来越宽广，眼光却越来越狭隘；我们能往返于地球与月球之间，却不能穿过马路去问候新邻居！当下我们

① 荣格．现代灵魂的自我拯救［M］．黄奇铭，译．北京：工人出版社，1987：294－295.

② 荆其诚．简明心理学百科全书［M］．长沙：湖南教育出版社，1991：167.

不是沟通的问题，而是不愿意沟通的问题。构建中国梦，培养社会主义核心价值观就是要构筑交流平台，激活沟通的欲望，呵护人们的精神家园，提升人生质量。

第六章　衣带渐宽终不悔

——信仰人生

信念是认知、情感和意志的有机统一体，是人们在一定的认识基础上确立的对某种思想或事物坚信不疑并身体力行的心理态度和精神状态。

信仰——是人们对一种思想、学说或者主义的极度信服和仰慕。信仰可以分为两种类型：一种是对虚幻的世界、不切实际的观念、荒诞的理论的盲目相信、狂热崇拜；另一种是在社会实践活动中，对以事物发展规律的正确认识为基础的思想见解或理论主张的坚信不疑、身体力行。前者是非科学信仰，后者是科学信仰，就是我们所主张的信仰，如马克思主义信仰。

信仰人生，以坚定的信念信仰指导自己的人生，实现人生价值的人生历程。

第一节　一个人可以被毁灭，但不能被打败·信仰的力量是无穷的

——张承志《心灵史》、海明威《老人与海》

张承志一面正视痛苦，一面凭着坚强的意志与绝望抗争，向世俗挑战。他因此而成为理想主义热血青年的知音。

他一面强化着“人民伟大”“以宁静坚韧抗御喧嚣”的主旨；一面开拓着：理想信仰不可战胜的主旨。张承志出身回民之家，当他在大西北发现了回族的神圣信仰时，便写下了一系列回民捍卫信仰的动人故事。《残月》第一次触及信仰问题：“心里还有主的念想，再苦也能寻个

安慰……不像如今，太平日子白面馍馍，人过得有出息了。有时还莫名其妙的鼻子酸。”杨三老汉的忧思和他走向清真寺的步子都是耐人寻味的。《黄泥小屋》贼娃子、丁拐子、韩二个都为欲火煎熬，也都被困火狱，而苏尕三却一心要追求“黄泥小屋”的“念想”，只有他听从了古兰经的指点幸免于火狱；《金牧场》是气势恢宏、激越高亢的长篇。作者融入自己在长征路上、草原上、黄土高坡上、天山大阪上、历史典籍中以及日本访学中丰富的人生感悟于一炉，描绘出各民族历尽艰辛、为理想的金牧场而九死不悔、前赴后继的壮丽画卷。1990 年《心灵史》为回民一个神秘教派——哲合忍耶写的一部教史，却超出了一般教史。这是：“一个为了内心信仰和人道受尽了压迫、付出了不可思议的惨重牺牲的集体”，他们仅仅“为着一份心灵的纯洁，居然敢在 200 年的时光里牺牲至少 50 万人”，而张承志正是从这个“牺牲者集团”中找到了他的精神寄托和信仰归宿。他特别申明：“不应该认为我描写的只是宗教，我一直描写的都只是你们一直追求的理想。”引以为豪的是：“对于我 1978 年童言无忌地喊出的口号——那备受人嘲笑的‘为人民’三个字，我已经能够无愧地说：我全美了它。”至此为人民的主题终于升华为一个具有鲜明时代精神的文化主题：“信仰是不可战胜的。”这是一个崇高命题，他的作品之所以能充满阳刚之气和正义激情与此有关。

张承志一直追求崇高的人生，从红卫兵到知青到大学生、研究生、作家和历史学家，他一直是精英人物。不屑于随波逐流，憎恶平庸，憎恶虚无主义者；甚至憎恶那些“文革”后只是一味哭诉的老教授和那些只是热衷于追赶新潮的时髦青年。受吉尔吉斯作家爱特玛托夫的影响，他对民族传统、古老人文精神一往情深，还倾心于海明威“那股透着硬的劲头”。这一切都给他的小说打上了崇高壮美的烙印。

他说小说的真正使命是表现自己，故事是次要的，是情绪的宣泄，是“切开了自己的血管”任激情奔涌。崇拜梵高，要在作品中像梵高一样以“挣扎的绿、激动的蓝、嚎喊的黑、迸溅的黄和流血的红”去表现自我。全部的作品既是情绪的宣泄产物，又指向永恒的人生哲理。《绿夜》象征发现的“美丽瞬间”；《黑骏马》象征“永远的缺憾”；《北方的河》象征人生的理想境界；《黄泥小屋》象征人的念想；《金牧场》

象征人类理想。每一幅壮美画面都平添了浓厚的哲理光辉；每一阵情绪的涌动都隐喻着永恒的人生感悟。

《北方的河》一口气写了五条大河，每条都写得激情充沛，每一条河又都象征着人生的一种境界：黄河民族传统的象征，湟水人生缺憾的象征，额尔齐斯河青春野性象征，永定河坚韧品格象征，黑龙江梦想与追求的象征。

《心灵史》几乎是直接地描绘了一个心灵世界，非常典型。它的题目："心灵史"，它已经告诉我们他的这部小说要写什么，他就是要写心灵。可是有一个非常奇怪的事情，你打开这本书你所看到的是什么呢？你看到一个伊斯兰教的支教叫哲合忍耶的教史，张承志却为这部书命名《心灵史》。

这本书，读起来也许会感到困难，因为它涉及比较多的历史问题和宗教问题。当这本书出版的时候，正是文学黯淡的时期，它带来了光芒，大家可说是奔走相告，山东的作家张炜说过一句话，他说文学搞到这个份上才有点意思。说明什么呢？说明这本书已经触及到了一个文学的本质问题。它非常彻底地而且是非常直接地去描述心灵世界的情景，它不是像我们曾经或继续分析的一连串的作品那样，是用日常生活的材料重新建设起来的一个世界，它直接就是一个心灵世界。

这个故事主要是写哲合忍耶的历史。我们现在完全撇开宗教，作为一本小说书来分析。

"哲合忍耶"是伊斯兰教的一个分支，一个神秘主义教派。它广泛流传于贫穷的大西北的西海固。这里非常贫困，贫困到"庄稼是无望的指望"的地步。书里描写到：一个小孩子到地里去挖苦子菜（一种野菜），他跑到地里，连挖开地皮的力气都没有了，就在苦子菜旁边死了，当目睹者奔回来告诉他的母亲，说她的儿子死了，饿死了，他母亲怎么样呢？他母亲正从左邻右舍讨来了一碗面糊糊，准备给她儿子吃的，一听她儿子死在地里了，她接下来的动作是马上把这碗面糊糊喝下去了。还有一个父亲，他要去很远的地方打工谋生，前途茫茫，全家都在送他，哭哭啼啼的，而他的孩子心里在想什么呢？他心里一直在想他父亲的包裹里面有一块馒头，一直在想这个馍，最后他到底还是把这块馒头偷了。就这么一个贫苦的地方，寸草不长，非常贫瘠，这就是哲合忍耶的生存环境。在这种地方，人的欲望落在了最低点，是最适于信仰生长的地方。它有什么呢？只有信仰，人生的目的都是非物质性的。那边盛传的一个故事就是千里背埋体（埋体就是尸体的意思），是说在一次教争中，有兄弟两个，弟弟关在监狱里被打死了，然后这个哥哥长途跋涉，历尽艰辛，跑到监狱里，把他弟弟的尸体偷出来，背着回家。白天背尸体的人不能走大路，只能藏在荒草丛中躲着，等到天黑以后上路，就这样把弟弟的尸体背回来，埋到拱北——哲合忍耶的圣德墓。从弟弟入狱的第一天算起，已过去了 15 年。为什么呢？为了把他弟弟送到真正的归宿里去，这就是他的信仰。哲合忍耶还充满了神秘主义的精神，他们相信奇迹能够发生的。小说里怎么描写神秘主义亦即苏菲主义的产生原因呢？它说："这种肃杀的风景是不能理解的，这种残忍的苦旱是不能理解的，这种活不下去又走不出来的绝境是不能理解的，大自然的不合理消灭了中国式的端庄理性思维。"于是，神秘主义来临。他说的苦旱，是什么样的呢？家庭的富裕程度是以拥有几窖水衡量。他们挖地窖，把雪块铲在里面，等雪化了以后，全家一年的吃喝用全都在这窖里了，所以谁家富裕，就是他家的窖水多。哲合忍耶就是存在于这么一个生存绝境，远离物质主义的俗世，精神崇拜便不可阻挡地诞生和发展壮大。现在我们大约可以看出哲合忍耶是怎样一个世界。这个世界我们是否可以下这么一个断言，就是绝对的没有物质，绝对的没有功利，绝对的没有肉体欲望，因此是绝对的献身，而且绝对的痛苦受罪。人的本性、本能总是趋乐避苦，总是趋向快乐而避免苦难的，可是这里苦难扑面而来，你躲都躲不开，你必须违反你的本能，要创造另一种人性的方式和内容，那就是受苦、受煎熬、受难、牺牲。

张承志怎么描写这个世界呢？他给它两句话："他们热爱的家乡永远是他们的流放地。他们的流血像家乡的草木一样，一枯一荣。"这就是张承志给哲合忍耶家园的一个定义。这本书读起来的时候，会感到困难，所以不要太去追求里面的情节、人物，要注意它的文字。它的文字非常激昂，它是很好的诗歌，很华美，张承志一直追求美的文字。但这种美绝不是空虚的，都有着重要的意义。所以当你一旦进入文字，便也进入了内容。

那么哲合忍耶的哲学内容是什么呢？就是两句话，第一句话是“伊斯兰的终点，那是无计无力”，没有办法，也没有力量。这是一个非常茫然的终点。第二句话叫“川流不息的天命”，好像是接近循环的意思。再则，就是这个哲合忍耶宗教有着非常非常严格的仪式，它的仪式非常简单，但是非常的严格，这个仪式叫打依尔。这个打依尔就是大家围坐成一个圈子，中间是一张矮桌，一个专门的单子蒙着，上面烧着香，然后大家摊开了《穆罕麦斯》（《穆罕麦斯》是他们的经书），然后开始念，必须要经过洗澡才能来念。只要说一个例子就能证明它的严格性，那就是它永远不中断。如果哲合忍耶遇到了巨大的灾难——灭教，譬如说同治十年，同治十年的灭教对哲合忍耶来说是非常惨痛的，大家全都潜入地下，无论是中断多少年以后再坐到这里，也必须一代人一代人地回想，回想当时我们最后一次打依尔说到哪一页上，再顺着它往下念。所以它永远不会中断，它总是连着的，还因为这个缘故，全国各地的哲合忍耶都是在同一天里读着同一页，还因为每天规定是读五页。它永远不会错，不是说今天你读到这儿他读到那儿。巨大的凝聚力，就是以打依尔这种形式造就的。

这本书的结构很奇特，它不像我们通常所说的第一章、第二章、第三章，也不是第一卷、第二卷，它是用“门”来划分段落，是以哲合忍耶内部的秘密抄本的格式，一共是七门，就是人们通常小说里的七章，或者七卷，它是七门，每一门叙述一代圣徒。它一共叙述了七代圣徒，从它的创造者到第七代，从无教到复兴，几起几落，一共是七代。我们简单地把这七代圣徒叙述一下，基本上可以了解哲合忍耶的历史，也就是这本书、我们所说的故事的情节是怎么样的。

他们的第一代也就是创教人，名字叫马明心。他不是如我们所了解的佛教的释迦牟尼，是一个王族的家庭背景，或者像基督教的耶稣，是木匠的儿子，他是一个出身寒微的孩子，一个孤儿，没父没母的，童年非常苦难。他九岁那年跟着叔父去寻找圣地，去到阿拉伯世界，也就是伊斯兰的真理家乡。穿过大沙漠，涉过九条河流，到最后同去的亲戚都失散了，只剩下他和叔父，一老一小跋涉在沙漠里，没有地图，没有指南针，也不识字，完全是凭着本能，即后来的圣徒们所说的一种前定。他们喜欢用“前定”这个词，也就是我们所说的命运这样的意思。就这样茫茫然地寻找，最后他和他叔父也失散了，只剩下他一个人。经历了九死一生，好几次昏过去又醒过来，但突然之间奇迹出现了，沙漠里有个老人过来送了他一串葡萄，然后就给他指点了一个方向，一个什么方向呢？一个也门道场，这是一个伊斯兰教苏菲派的传道所。他顺着老人的指点去了那个传道所，在这个传道所里他兢兢业业地学习，非常用功，苦修了15年。这时候他已经是个25岁的青年了，他在路上花掉一年的时间。25岁的那一年，他们的导师就指点他要回到中国的甘肃，给他指定了一个方向，去传道。然后他就回到了甘肃，就是那个我先前所描绘的极其穷苦的地方。马明心他行的是一种苦修。他有一个教徒，穷得简直没法再穷了，有一天这个人的亲戚遇到他，实在是看不过去，说我已经够穷了，你比我还穷，我就带你去化缘吧。这个亲戚也是一个神职人员，是个阿訇，带他募捐到很多衣服和吃的回来。马明心知道后就非常愤怒，他说你要入我的教，你就不能这样，最后他只能把东西全退返回去，送给穷人。

所以这个教派和别的教派有一点不一样，它不求施舍，基督教讲奉献，和尚讲化缘，而他们不，他们就穷到底算数。在此之前并没有哲合忍耶，哲合忍耶是在马明心手里逐渐形成的，他给予它的第一个，最基本的要义就是受苦受穷，他把人的肉体上的欲望约束到最低点。

马明心终生只穿一件蓝色的长袍，羊毛长袍（因为“羊毛”这个词在阿拉伯语里正好是“苏菲”的意思）。他这个教义显然是太适合生存在绝望的贫瘠之中的人们了，真是落到他们心坎上去了，他们用一句话来给它命名：这是我们穷人的教。在很短的时间里马明心争取到很多教徒，以至于引起了教争，这也为他们以后的灭顶之灾埋下了祸根。

和他发生教争的是花寺教派。花寺教派的圣徒也是和马明心一起在也门教场里受洗礼，一起修行，但是这一个教派比较物质主义，它搜集财物，求布施、募捐，所以它积累起一定的财富，而且有文化积累，比如彩画的创作，所以说比较贵族气，慢慢它就脱离了受苦受穷的民众。它的很多教徒跟随了马明心。逐渐马明心就形成了自己的教派、自己的教徒，他的势力就大了起来。他使穷人的心里有了一种安慰，饥饿的穷人得以在精神上富有起来，有了一点生存的勇气。然而花寺教派毕竟是个比较大的教派，这个教派和清朝政府有一定的关系，所以最后的结果是官府介入了他们的教争。官府一旦介入，就开始对马明心教派进行弹压。在乾隆四十六年一次大规模的血战中，马明心被捕了。马明心被捕的时候，教众简直是疯狂了，举行了无数次起义，要求把马明心放出来。当官府把马明心押到兰州的城门上面斩首的时刻，他的身影一出现，下面满满的群众全都疯了，齐声欢呼，叫喊，他包头的白头巾扔下去，一下子就被下面的人分抢成丝丝缕缕。最后马明心在城楼上被杀了，这就是哲合忍耶的第一代教主。

接下来的第二代教主，名叫平凉太爷，这是个尊称。他继承马明心的衣钵也是很神秘的事情，马明心曾经很微妙地对他说了这么一句话，他说："我的有些门人拿得起，放不下，有些能放下，却拿不起，仅仅只有这个人，他能够拿得起，也能够放得下，这个人现在他不知道他，人也不知道他。托靠主！两三年后他也会知道他，人也将知道他。"这个宗教是非常神秘的，话都不直接说，是用一种非常隐晦的语言来说。此话非常符合他们那种前定的观念。其时，平凉太爷并不知道自己在接受传位，但他心中有一种宗教的激情，所以说当有人向他传教，要带他去修行的时候，他不顾母亲、妻子的阻拦，到一个官传道堂，离他家乡非常远的一个道堂里做一名普通的教职人员，就是洒洒水，扫扫地，同时潜心于修炼。所有的宗教任务都是怎么去和主接近，那么这个平凉太爷怎么去和主接近呢？在道场后边，有一口井，他老在井边坐着，坐着坐着他就能看见井里边浮现起一个形象，他认为这就是主的形象。在哲合忍耶可歌可泣的历史上，这名教主所经历和担任的任务以及他的结局就是一个隐藏。因为在马明心被杀死的时候，哲合忍耶的力量已经非常薄弱了，不可能像马明心开创时候那样四处都有他们的念经僧，布道传教。现在不能了，平凉太爷所做的事情就是隐藏，他把自己隐藏起来，维持这一脉生息，把这一脉生息传递给下一个圣徒。他是一个传递火种的人。马明心死后的数年是一个非常困难的时期，一方面官府对哲合忍耶开始注意，视其为异端，另一方面，因为马明心的死，激起教众的反抗，不断造反和起义，结果是一次又一次的弹压、血洗，整个形势非常恶劣。在这种情况下，这个平凉太爷的主要任务就是隐藏自己，而且他把自己隐藏得非常好。他曾经有过一次入狱，在著名的底店惨案中。就在乾隆四十九年，清政府在底店实行了一次大屠杀，将1268名15岁以上的男丁全部杀掉，剩下2500名儿童、妇女全给清朝官兵为奴，其中近半数流放到江苏、浙江、福建、广东等南方沿海一带。在这个背景下，平凉太爷入狱了，但他也是悄悄的，没有暴露哲合忍耶的身份，所以他又生还了。他在监狱里除了忍受严刑拷打，还忍受着另一种更为残酷的刑罚，这是种什么刑罚呢？就是眼睁睁地看着别人壮烈牺牲而自己苟活。哲合忍耶的最大理想就是牺牲，如果不能够去牺牲，他就没有价值，他存在就没有意义。所以平凉太爷非常痛苦，他眼睁睁地看着别人赴汤蹈火去牺牲，而他却不能牺牲，为什么呢？因为马明心把教传给他了，他有责任，他必须要把哲合忍耶的火种传下去，这是他的任务，他不能忘记，他必须要隐藏下来。他最终是病死的，就死在修行的井旁边，几十天的不睡觉。张承志对他的评价中有一句话是说得很悲壮的，他说："由于命定的悲剧，圣战和教争都以殉死为结局。留下来的事业，永远由选择了心灵痛苦的生者来完成。"他把死者说成是幸福，而生者是心灵痛苦，就此我们可稍稍窥见这个《心灵史》的心灵世界的面貌。

第三代圣徒叫马达天。这位圣徒维持大业的时间非常非常短，一共才六年，但是在哲合忍耶历史上很重要，它是一个承前启后的时期。这时候的哲合忍耶没有公开的寺，没有庙，没有一个他们可以做礼拜聚集的地方，看起来哲合忍耶已经完了，已经被斩草除根了，但是有两件事情表明哲合忍耶没有死，还活着。第一件事就是当平凉太爷病重时，他们开始实行了一种新的规定，原来教徒们都是要留须的，他们认为这是一种圣徒给予他们的圣形，很神圣的一种形象，而这一次大惨，则正是被诬告为"耳毛为号"而以其标志捕杀镇压他们。所以一方面是为了保护自己，另一方面是要把这种仇恨铭刻下来，他们从平凉太爷将死之时，开始把须全都剃掉，光脸。在他们来讲很痛心，因为把圣须剃掉了，所以他们称作"剃须毁容"，他们觉得人的容貌就此毁掉了，可他们必须这样。这个"剃须毁容"是在马达天的时代正式流行、保留了下来。第二件事情则是他们还在悄悄地做着打依尔，没有地方，也不能公开号召大家，他们就立出一个暗号：打梆子。

在那些偏僻贫困的村庄里，夜深人静的时候，你听到了梆子的声音，千万不要以为是在敲更，那是在召集教徒们去做打依尔。不能大声地诵念，就默默地坐着。在马达天的时期，这两件事情证明着哲合忍耶没有死。这一个教主很谨慎、很忍让，他能委曲求全，看起来似乎比较软弱。这时候形势平静了，最残酷的事情已经过去了，大家有点乐而忘忧，说咱们应该盖房子，应该盖寺庙了，没有一个寺庙集合嘛。马达天觉得这样做太兴师动众了，会招来大祸，心里感到很不安，但因为呼声非常高只能同意。大兴土木造房子，果然惊动了官府，结果把马达天抓进去了。关于马达天的入狱，却有一个美妙的民间传说。说在新疆那儿有一个教徒，他挑了两个非常非常大的哈密瓜，从很远的新疆往甘肃送过来，一路上过了很多关卡。其中一个关卡的两个清兵说，你这瓜那么好，能不能给我。他说不行，我有用。清兵说你这瓜要干什么，他说我的瓜要敬上。清兵说你的上是谁，他说我的上是教主，一下子就暴露了马达天。这是民间传说，但哲合忍耶到今天为止好像更认可这民间传说。这个传说反映了一种安定和平甚至兴旺的背景，走那么远的路，一个教徒，扛着两只瓜送给马达天。但是他给马达天带来的是厄运，马达天被捕了。对马达天的判决是流放，将他流放到黑龙江。他的 12 个门徒，自愿地陪着他上路，带着他们的家属。于是壮烈的一幕诞生了：马达天乘着木笼囚车，他的 12 个门徒以及他们的家小步行尾随着他走向了黑龙江。

第四代圣徒名为马以德，因其归真于四月初八而被称为四月八太爷，他是马达天的长子，他是在父亲的流放途中，接受传位。这一辈的光阴是 32 年，是哲合忍耶历史上的第一个大发展时期，称为“第一次教门的复兴”。马以德是一个积极行动的人，他四处奔走传教，将失散的民众再集合起来。由于前两辈圣徒的隐忍，哲合忍耶保存了一定的人数，这是他所以能集合起教徒的基础。并且，因为血统的关系，他也具有先天的号召力。同时，为使民众更信任他是“真的”，他极其重视自身修养，施行严格的苦行。他强化了许多宗教细节，比如说严格宰牲规定，哲合忍耶用于祭祀的鸡羊牲畜，宰前必须拴养喂食保证洁净与肃穆。他就这样一个村庄一个村庄地进行复教，渐渐恢复了信仰，并且重新建立了完整的哲合忍耶体系，比如导师“穆勒什德”，地区掌教者“热依斯”，村坊中的清真寺开学“阿訇”，教众“多斯达尼”，这样一级级的组织。他有所创见地把“打依尔”的形式化进日常的劳动，使真主与人们无时不在一起，无处不在一起。例如打麦的劳动，书中摘录了一段史传的原文：“在打麦场上，他们排成两行，面对面地打。一行人整整齐齐地，把连枷打在地上，同时就高声念‘俩依俩罕’，脚也随着移动。另一行人又整整齐齐地打一次，同时念‘印安拉乎’，脚又动一动。”马以德为哲合忍耶做了许多富有建树的工作，但同前三辈导师相比，他没有得到那种完美的牺牲结局。他是哲合忍耶第一位寿终正寝的导师。如书中所说：“他没有获得殉教者的名义和光荣，而哲合忍耶获得了全面的复兴。”以此种观念来看，马以德则是以另一种方式作出了牺牲。

第五代尊师马化龙，即十三太爷，可说是生逢其时，他经历了一个壮烈的时期。在这一个时期里，哲合忍耶的奋斗与牺牲是在前所未有的广阔背景之下展开，按张承志的话说，便是：“哲合忍耶第一次不孤独。”在太平天国的革命之中，涌现了不少人物。作者猜测大约是左宗棠把用四百万外债购买的欧洲新式军火投入战斗。这一场战斗持续数年，城被围困，饥饿中已经有人相食者，并且时刻面临着血洗的屠城之灾。同治九年十一月十六日，十三太爷自缚走出金积堡东门，请以一家八门三百余口性命，赎金积堡一带回民死罪。在这株连殉身的三百余人之中，却奇迹般地保留了一条性命，那就是他的妻子，人称西府太太。似乎也是一个神秘的前定，要为哲合忍耶留一线命脉。这位太太是一个汉人，在一次回民进攻武城时，十三太爷在逃亡的人群中，与一个女人撞了个满怀，后来便娶了这女人，唤她作西府太太。当哲合忍耶退守金积堡时，十三太爷对她说：“你把所有传教的凭证都带上，金积堡破了，你就说，当时是我依仗势力霸占了你。”最后，西府太太果然被释放，她带走了八个箱子，其中四个是传教的“衣扎孜”——衣钵。同治十年正月十三日，左宗棠下令，将十三太爷提出官营，凌迟杀害。“十三太爷”这个尊称，便是由正月十三日殉教的日子而来，至此，十三太爷在狱中整整受酷刑折磨56日。从此，当教徒念辞到“万物非主，只有真主”这一句时，要连诵56遍。同时，“同治十年”也成了一个教内的代词，专指灾难的极限。要注意，这恐怖血腥的一门，却被张承志命名为“牺牲之美”，他极其激昂热烈地书写这一篇章，使人感觉，一个被压抑几辈的理想，终于到了实现的时候。我们从中可以了解《心灵史》的心灵世界的内容。

第六代圣徒马进城，尊称汴梁太爷，是在死后被追认的教主。他是马化龙第四子的儿子。同治十年，他只七岁，跟随受株连的族人走上流放的道路。他们是走向北京内务府，在那里将接受阉割的酷刑，再发往边地为奴。当流放的队伍走到平凉时，有位官吏有心想开脱他，问他究竟是不是马化龙的孙子。他一连三遍回答：“我就是马化龙的孙子！”此时此刻，他便不可推卸地承担了他的命运。有一位在北京做官的教友，多方设法，到底无法使他免受阉割。后来，只能通融使他来到汴梁，在一个姓温的满人小官吏家作仆人，免于流放边地。温家待他很仁厚，甚至让他与自家孩子一起读书，在他死后，还为他缝了一件袍子送终。这是一个沉默而短命的少年，据温家的子侄说，他夜间不睡觉，不知在做什么。他的经名为西拉伦丁，阿拉伯文意即弦月，是转瞬即逝的新月。他身体衰弱，且心事重重，但却不肯从他的命运中脱逃。哲合忍耶稍事养息之后，曾由西府太太策划并实施过一项营救行动。西府太太乘一辆骡车进城，让一名教徒去温家带他。可是当马进城走到骡车前，一见是她，转身就走，营救就此落空。为了在暗中保护照顾他，哲合忍耶在温家附近开了一个小店铺，每见马进城进店，便把一迭钱放在案子上，他有时全部拿走，有时只取几枚。过了几年，他不再来了，人们便知道他死了。这是光绪十五年，马进城25岁，是一代受辱受难的教主，张承志写道：“由于有了他，哲合忍耶便不仅有了血而且有了泪。”他还写道：“由于他的悲剧故事，哲合忍耶终于完成了牺牲和受难两大功课。”这就是在他死后追认的教主马进城对哲合忍耶的贡献与作为。人们至今没有忘记他默默承受苦难的日月。如今，每年都有从各处山沟走出来的哲合忍耶回民，走进开封，当年的汴梁城，在人声鼎沸的公园里，找一个地方，跪下，脱了鞋，点香，致礼，诵经悼念，然后，摘掉头上的六角白帽走进人群。

哲合忍耶是在第七代教主马元章（沙沟太爷）的光阴里步入了近代史。在同治年间的起义中，云南东沟出了一个叛徒，名叫马现，率领清军灭了大东沟。东沟寨子里有一条七里长的地道，一位回民将领便由此实施了逃离的计划。马元章就是在此次逃离的行动中，换了汉族装束，率领亲从们成功地逃出的一例。从此教内便有了著名的故事："十八鸟儿出云南。"十八是指当时马元章正是 18 岁。出了云南，再出四川，最后进入张家川谷地，开始了复教的大业。在汴梁开店保护马进城的，也是他，他一共守了 13 年。同时，他还主持营救马化龙家族的另一名男孩马进西，在流放途中，打死解差，背着孩子穿过青纱帐，渡过黄河，最终在杭州藏身。就这样，马元章以张家川一隅为根据地，悄无声息地在一切哲合忍耶旧地展开了秘密的复教活动。他壮大了势力，以他的权威，将这个见惯鲜血的被迫害教派劝导走上和平的宗教道路，使之发展到了它的全盛时期。它谨慎地对待外界，虔诚于苏菲功课，严格教派组织，与官府达成默契礼让，双方放弃暴力。此时马元章在张家川道堂，可说广交三教九流，迎送八方来客。而在这盛世的顶点，便是震惊西北的"沙沟太爷进兰州"。在一篇教文《进兰州》里，描绘了这壮丽场面："官员百姓上万人，众人踏起的尘土遮盖了太阳的光辉。"然而，我们必须注意到这一门中的微妙的矛盾。

张承志在以极大的热情写下马元章的业绩和哲合忍耶的盛况时，他并没有忘记对马元章向官府的妥协作一点辩解，他写道："哲合忍耶可以放弃暴力但决不放弃自己对于官府的异端感"，他也没有忘记在这民国初年的政府，也许是将哲合忍耶作为反清的盟友而接纳了他们。但他还是强调："这里确实含有不可思议的神秘。"于是，不管怎么样，张承志是不能放弃进兰州这个宏大的场面，它使张承志的心灵世界有了最高点，用他的语言说，就是"上限"的景观和完成。一句话："人道，就这样顽强地活下来了。"

小说彰显的是作者极其个人化的价值观。讲述完这七门教主的历史，我们大约可以基本了解张承志心灵世界的内容，那就是对牺牲的崇尚，对孤独的崇尚，对放逐世俗人群之外的自豪，以摒弃物质享受、追求心灵自由为自豪、光荣……这使他选择了被称为“血脖子教”的哲合忍耶为他小说的故事。并且，使他醉心的场面都是牺牲。他将哲合忍耶的魂定为“悲观主义”，他还将哲合忍耶的信仰的真理定为“束海达依”，就是“殉教之路”。哲合忍耶的被弹压，被排斥，所占弱势位置都是被赋予强烈的精神价值。“手提血衣撒手进天堂”——是为其最肯定、扩张、发扬的情状。他在哲合忍耶的历史上寄托了他纯精神化的价值观，完全无视无论历史也好，宗教也好，其存在的现实内容，他说：“几十万哲合忍耶的多斯达尼从未怀疑自己的魅力，他们对一个自称是进步了的世界说：你有一种就像对自己血统一样的感情吗？”

1993 年 1 月山西省作家协会主办的《黄河》杂志发表了丁东等四人的长篇笔谈，题为《在信仰的档案里——漫谈张承志的〈心灵史〉》，较为深入地探讨了《心灵史》的意义。陈坪说：“读《心灵史》，给我最强烈的感受是人的不可辱。信仰作为人类不屈的精神力量的神圣和伟大。张承志的这本书，简直就可以说是借记述一个民族的宗教信仰史而谱写的一曲人的赞美诗。我们可以从书中读到诸如什么是人，什么是人不可让渡不可出卖的权利等一些最基本、最古老也最具有当代意味的人生命题。受着张承志激情的点燃，读者也会思索一些过去从未深思过的问题，读此书，最强烈的印象是张承志对‘人’的解答的深刻性和尖锐性。”谢泳说，张承志之所以全身心地沉浸、投入到精神世界中，“是因为当代中国人太缺少这种精神了。现在人们一方面可以高谈超脱，而在实际生活中又很庸俗，张承志自然不满。现在知识界之所以重视张承志的《心灵史》，就是因为痛感当代中国人缺少一种不屈不挠的殉道精神，而张承志以自己的书张扬了这种精神，同时张承志也以自己做人的实践张扬了这种精神。”

也许，最有价值的评论在于提出了这样一种看法：张承志通过《心灵史》赋予人道主义和理想主义以新的含义。索飒在 1995 年初于《当代作家评论》发表的《永不孤独的孤独者》一文中说：“在美元、港币熏染人心的恶臭之中，张承志正义凛然；支持这一股正气的是他所坚持的彻底的人道主义。如同自由、文化、人权这些文明词，人道主义一词也遭受着文明的污染。无数欺骗甚至罪行假人道主义的名义而行。……只有以最底层的人的理想、希望和追求为出发点，才有可能擦去污锈，让人道主义显露出原初的纯洁光辉。因此，彻底的人道主义也可以更加简明地称之为穷人的人道主义。这个思想在一切伟大宗教的原始教义里，在一切彻底的革命理论里，都有过表现。”郜元宝在《信仰是面不倒的旗》中把《心灵史》放在80年代之后并延续至今的某种整体文化格局中考察，肯定了张承志创作中释放的宗教激情：“张承志是在后理想主义时代高举理想主义大旗的当代作家，是在立场几乎不存在的多元时代也是多疑的时代更加沉稳地守住立场的信徒，是在生存的无名状态和等待命名的状态中毫不犹豫不含糊地要给一切暧昧之境加以命名的语言艺术家。”① 他认为：“张承志是跨世纪跨时间跨历史阶段的那种作家，他的笔直指人类精神生活的永恒之境，信仰之境”，而《心灵史》则是“信仰的文字，是足以鄙视人间一切苦难足以抬高人自身的地位的那种尊严的文字和文字的尊严……足当灵魂不死的象征。”

张承志是生活在我们时代又超出我们时代的一位写作者，是处于世纪末而又最少世纪末流行病的强者。张承志正是以永恒信仰的精神力量压倒了苦难，压倒了世纪末人类自身种种沉渣泛起的旧病。现在，张承志也许不再拥有以往那么多的读者。但是，他花了偌长一段时间，为自己找到了新的读者。张承志相信这些新读者比起以往的那些崇拜者，也许更值得他敬重和信赖。他们甚至会像保护自己的生命一样保护张承志的苦难之书，因为这本书是直接书写他们的苦难，热情讴歌他们在苦难人世升华出来的足以战胜一切苦难的信仰。至少在张承志写书的过程中，我相信，读与写的界限确实消失了。张承志并不像以前写《大坂》《北方的河》《九座宫殿》《黄泥小屋》，甚至也不是像写《金牧场》时那样孤独一人迎战人世无边的苦难，嘲笑向苦难低头的委琐鄙俗。在《心灵史》的全部写作过程中，张承志和他的新读者们一道体验着贫瘠、残酷、血腥、压迫和死亡种种生存苦难，也和他们一道在生命深处慢慢积蓄征服苦难的心劲气力，积蓄着超越苦难的纯真纯善纯美的人类

① 郜元宝．信仰是面不倒的旗［J］．当代作家评论，1995（1）：4－7.

情感。

《心灵史》确实是一部向我们真诚地诉说苦难的奇书，书中随处闪烁着令我们激动、感奋、提升、澄明的本质性语言的光彩。

张承志在《心灵史》中显得从未有过的充实、安定和成熟。张承志用他那杆力透纸背的笔所挥洒的语言，是一颗成熟的心才具有的语言。它不是苦难民族无力的呻吟或绝望的号哭，也不只是苦难民族单纯的义愤和激昂，而是澎湃于受苦受难的民族隐秘的精神海洋中震动魂魄的涛声，是这个民族最终将苦难踩在脚下时内心的那种圆满、恬静和巨大的欢悦。这是信仰的文字，只有被人的存在的尊严充实着，文字才不至于成为可以随意揉捏的工具而体现出它本身的神圣性和尊严性。这样的语言，足当灵魂不死的象征。融入这种语言的张承志真的处在迷狂之中了。这是理想的许诺，信仰的许诺。

张承志的《心灵史》提醒我们，文学要想和一般的“写字”“码字儿”区别开来，就应该以其精神理想乃至信仰的本性，为苦难的生存争取一个超越性的价值空间。如果我们不能要求全部的作品都要像《心灵史》那样为理想为信仰笑骂歌哭，那么我们至少要在文学终极的内涵意义上规定文学的精神性、理想性、信仰性。我们现在有坚定信仰的作家吗？有宗教徒一般虔诚的作家吗？张承志至少是一个。在张承志的小说中，苦难就像一枚坚硬的果核和不断圣洁化的信仰始终并存着。张承志所发煌的精神信仰或理想人道，并不是在世俗的维度可以消除苦难的圣泉，而是在心灵的天平上担当苦难抗衡苦难的砝码。对张承志来说，苦难是苦难，信仰是信仰，二者都实实在在地存在着。张承志肯定信仰，坚执信仰，并不是否定苦难的存在，并不是叫人们无视到处都有的现实的苦难。人们在信仰中获得了依靠和安定，这并不是说他靠着信仰就能够为自己争取到更多的面包和水，更多的财富和安全，而只是意味着，他在心灵中抗住了苦难的重压。苦难纵能击倒他的肉体，但绝不能打败他的心灵。强大的心灵还能最大限度地激发起肉体抗衡苦难的潜力。精神上有了信仰支撑的人，即便在疾病冻馁之中也能显示出人格的坚毅刚强，包括肉体上惊人的强悍。《心灵史》中这样的描写比比皆是。对于张承志来说，苦难的重压正是磨砺人的信仰意志的命定之路。他甚至认为，只有那些在巨大的苦难中坚守理想之火的人，才配谈信仰，才配谈人的尊严，人的伟大，人的人道。身处安谧富庶的环境，苟活于鄙俗窝囊的人群，是不会有上升，有希望，有美，有尊严，有意义的。

《老人与海》也同样让我们体味了信仰的力量无穷之震撼！它为海明威赢得了1953年美国普利策奖和1954年诺贝尔文学奖。这篇小说被认为是20世纪欧美文坛最有影响力的小说之一，对欧美文学的发展具有深远影响。《老人与海》是海明威一生思想和艺术探索的总结，也是最典型的海明威式小说，集中体现了海明威的世界观和人生哲学，作品的主旨具有深刻的哲理性：人类应当勇敢地面对磨难、面对失败，决不妥协。小说中有一句名言："一个人并不是生来要给打败的，你尽可以把他消灭掉，可就是打不败他。"小说故事情节极为简单。一位打鱼的老人桑提亚哥在墨西哥湾84天没有捕到鱼后，终于在第85天捕到一条见所未见、闻所未闻的巨大马林鱼。在与它较量了三天两夜之后，终于将它杀死。返航的途中，鲨鱼袭击了老人的战利品。最后老人只带着马林鱼的骨架返回了陆地。为了突出想要表现的主旨，作者把主人公桑提亚哥抛进了几乎与世隔绝的茫茫大海之中，让他孤独地与海洋和鲨鱼搏斗。桑提亚哥孤军奋战的形象是海明威在20世纪20～30年代创造的"硬汉"形象的进一步发展和升华，而且"硬汉"形象在《老人与海》中的艺术概括程度更高，用象征手法表现作品的主旨达到了新的高度。小说的"冰山顶部"峻拔剔透，而水面以下的大千世界则深藏若虚。自小说问世之日起，文学评论界和读者对其中随处可见的象征手法就有很多解读。有人认为它纯粹写实，有人认为它蕴含着丰富的象征意义。

海明威对艺术描写的含蓄是十分有意识的，海明威强调"客观"描写，主观思想隐晦含蓄，反对作者直接出场对小说主旨或人物的思想感情进行带有主观色彩的评说或暗示，只是客观地描写人物形象、行为等构成可见的"八分之一"，留下"八分之七"的空间让读者反复思考，层层剖析。象征的基本含义是用某种知觉或想象的图像标示来暗示某种不可见的意蕴，它可以通过意象来诱发欣赏者的经验和情感的表现，使文学作品产生强盛的生命力和永久的艺术魅力。海明威运用象征主义手法将抽象的思想变成具体的物象，再让读者从具体的物象激发经验想象和情感的表现，去挖掘其中的意蕴。正是象征手法的运用让全篇仅26000字的中篇小说的内涵远远超过了表面的“八分之一”。

海明威通过赋予自然物体、自然现象、人的行为、动植物等以象征意义来揭示现代人复杂的内心世界的手法使其小说拥有深刻的艺术韵味，象征使他小说的叙述高度凝练，赋予普通的生活素材以深厚的思想内涵。《老人与海》就蕴含着丰富的象征意义。

《老人与海》的主人公桑提亚哥老迈却刚毅，代表整个人类，大海孕育了他，大海培养了他坚强的性格，他是“生命英雄”的象征。他敢于向种种磨难宣战，向人的生命极限挑战并超越它，以生命换荣誉、换尊严，从前所未有的角度震撼人心地展示了人的生命价值。在与大海、大马林鱼和鲨鱼的较量中，他以自信、勇敢、强悍再现了“硬汉”形象。桑提亚哥又是基督的化身，老人拖着那巨大的鱼骨架回来，肩扛着桅杆往堤岸上爬时，曾回头望那绑在船边的马林鱼残骸，这一静止的镜头象征着老人作为基督正在开始另一次苦难历程。老人摊开四肢的睡姿象征基督受难的形象。

大海的形象贯穿于小说通篇。大海象征人生舞台，象征世界，象征变幻无常的现实社会，它永恒无限，神秘莫测，它有美丽的外表，却有凶险的实质，它时而仁慈，给你带来丰厚的收获；时而残忍，狂风巨浪，让你九死一生。老人是大海的一部分，与海有着紧密的联系，是海孕育了他，并培养了他坚强的性格。大海是桑提亚哥赖以生存的物质世界，是他生活的全部内容。大海是女性的，自身蕴含着大量的生殖力和可能性，所以她才为老人准备好一条巨大无比而又神秘的大鱼，为他提供了展示其勇气和毅力的场所。在老人心目中，大海像艳丽丰盈的女人一样诱人，是他生命的依托。老人已经老了，他没有妻子、没有孩子、没有财产，让他魂牵梦绕的是大海。大海珍藏着老人美好的回忆：“他梦见小时候见到的非洲，长长的金色海滩和白色海滩，白得耀眼，还有高耸的海岬和褐色的大山。他如今每天夜里都回到那道海岸边，在梦中听见拍岸海浪的隆隆声，看见土人驾船穿浪而行。”大海风和日丽时纯洁而宁静，恶浪滔天时暴躁而任性。老人把大海当成了亲昵而又善变的情人：“她有爱有憎，如果她有时候撒性子，甚至恶作剧，那是她无法控制自己性情的缘故：正如月光媚惑女子，月光也能媚惑海洋。”大海又像母亲一样温柔宽广，是万物的衣食之源，更是万物的精神依归。大海还是老人的神祇：“天快黑之前，小船经过一段海面，这里密密层层的马尾藻连成一大片，顺着轻波温柔地起伏。老人觉得那黄缎子被下，海之女神正沉醉于爱情中。”大海是至高无上的造物主的象征，变幻无常，至高莫测，蕴藏着勃勃生机，拥有无限的生命力。她的宽广足以使老人驶入体验未知的现实奥秘的领域，她的浩大足以允许老人生活在永恒之中！海明威在“大海”身上寄托了一个男人对女人的所有向往：既是情人，又是母亲；既是女妖，又是女神；既是灵魂的归宿，又是童年的家园。这是海明威笔下女性人物从未有过的境界，可以看作是升华的女性形象。

大马林鱼象征着人生的理想，象征着人类美好前途。

如前所述，在桑提亚哥身上，寄寓着作者的理念：一个真正的人，应从失败中走来，还得继续面对未来。面对，是获得成功的前提，勇敢面对，才有获得成功的希望。经历了创伤和失败又能勇敢地面对，实质上就是一种沧桑硬汉的形象，更是一种英雄行为，是英雄就能产生传达力和渗透力。而这个“真正的老人”用他未被打败且表现得十分勇敢的张力替作者成功地完成了对“一个真正孩子”成长为英雄似的硬汉的诱导责任。也许，老人不是最后的胜利者，可是他始终没有向大海、向大马林鱼、向鲨鱼妥协，他其实是一个敢于挑战自身缺陷及自己勇气和信心的胜利者。从他自己的人生观看来，他是成功的。当一个人努力去战胜困难而没有选择屈从于它的时候，无论最后是捕到一条完整的马林鱼还是一副空骨架，这都已经无所谓了，因为一个人的生命价值已在那追捕马林鱼的过程中充分体现了。曾经为自己的理想，尽其生命的能量，努力追求过、奋斗过，他就是一个胜利者。事实上，人在物质上无论取得多么大的成就，都不一定能够赢得人们崇高的敬意，而只有精神和气魄的胜利，才容易使人们感动，才能使人们和追随老人的孩子曼若琳一样，为他的悲壮落泪。

一个人并不是生来要给打败的，你尽可以消灭他，可就是打不败他！

一个人可以被毁灭，但不能被打败！

信仰的力量是无穷的！

第二节　砍头不要紧·科学的信仰导向成功

——罗广斌，杨益言《红岩》

红岩精神是坚定共产主义理想信念的精神支柱和力量源泉。只有坚定的理想信念和对党的事业的无比忠诚，才具有伟大的目标和正确的方向，也才有为坚持这一目标方向不懈奋斗的力量。邓小平曾说过：“在我们最困难的时期，共产主义的理想是我们的精神支柱。多少人牺牲就是为了实现这个理想。”共产主义理想无论过去、现在还是将来，都是共产党人的力量源泉和精神支柱，都是革命者的人生航标和指路灯塔。皖南事变后，新四军军长叶挺被蒋介石监禁了五个年头。当时，蒋介石屡屡派陈诚等人，乃至本人亲自出马，说服叶挺答应任职，让他离开共产党，获取高官俸禄。但叶挺矢志不移，信念坚定，那首著名的《囚歌》就清楚地表现了他坚定的革命气节。1946 年出狱前，特务沈醉问他出狱后第一要做的事是什么？叶挺掷地有声地回答：“出去后第一件要办的事，便是请求共产党恢复我的党籍。”戴笠听到后说了一句话：“共产党人的可怕之处就在这些地方。”① 这就是真正共产党人的理想信念和执着追求——为共产主义而奋斗终生。

《红岩》最动人的场面描写，当然是对革命者狱中斗争生活的艺术再现。作者以“渣滓洞”和“白公馆”这两处人间地狱作为知识分子肉体与意志的历练平台，为广大读者谱写了一曲浩然正气的英雄赞歌。众所周知，《红岩》的前身是革命回忆录《在烈火中永生》，而《红岩》后来被改编成电影时仍取名为《烈火中永生》，这一醒目标题比《红岩》更能准确地传达出作者的创作意图。因为“在烈火中永生”的真正内涵是一种“凤凰涅槃”的精神境界，其本身就充满虔诚的“殉道”意味。无论是许云峰、江雪琴还是成岗、刘思扬，他们经历了肉体与精神上的

① 黄宁．论红岩精神的历史内涵和时代意义［J］．西南农业大学学报，2004：84－86.

严酷考验，每一个人都能心地坦然面对死亡，这种“集香木自焚，复从死灰中更生”[①]的悲壮之举，虽然生动地展示了知识分子革命者的高尚气节，但其必须以牺牲为代价的命运归宿，多少又会令读者感到有些苦涩和惊悸。

肉体酷刑是《红岩》中表现知识分子革命者顽强意志的常用手段。作者以知识分子革命者的“政治肉体”，去对抗美蒋特务现代化的“刑讯工具”，“肉体”实际上已经被作者变成了一种斗争的“武器”，毫不遮掩地“直接卷入某种政治领域”。作为《红岩》故事的第三号人物，成岗这一艺术形象的全部意义，就在于他用自己的“政治肉体”，象征知识分子思想成长的苦难意识。作品从一开始便反复交代，成岗决心要以许云峰为光辉榜样，抛弃任何个人情欲，全心全意为党工作。尤其是当江雪琴问他为什么不解决婚姻问题时，他毫不犹豫地回答道：“因为恋爱、结婚，很快就掉进庸俗窄小的‘家庭’中去了。一点可怜的‘温暖’和‘幸福’，轻易地代替了革命和理想。”

严刑拷打没有使成岗屈服动摇，化学药剂更没能使成岗丧失意志；而那首充满革命浪漫主义的“我的自白”，则被看作是知识分子革命者向党所交出的满意答卷：

任脚下响着沉重的脚镣
任你把皮鞭举得高高
我不需要什么“自由”
哪怕胸口对着带血的刺刀
人，不能低下高贵的头
只有怕死鬼才乞求自由
毒刑拷打算得了什么
死亡也无法叫我开口
对着死亡我放声大笑
魔鬼的宫殿在笑声中动摇

---

① 郭沫若．郭沫若选集：第1卷［M］．北京：人民文学出版社，2004：20.

这就是我—— 一个共产党员的“自白”
高唱凯歌埋葬蒋家王朝！

作者不仅以激情磅礴的“我的自白”，高度赞美了成岗的革命情操；同时还以革命英雄主义的审美法则，夸张性地表现了他凡身肉体的神奇力量：

谁也想象不到，隔壁新来的战友，竟有这样超人的顽强意志，被担架抬进牢房时，已经是奄奄一息，才过了短短的几天，谁能想到他竟挺身站起，哪怕拖着满身刑具，哪怕将面临更残酷的摧残，哪怕那沉重的铁镣钢锯似的磨锯着皮开肉绽沾满脓血的踝骨，那充溢着胜利信心的脚步，正带着对敌人的极度轻蔑，迎着初升的红日，从容不迫地在魔窟中顽强地散步。他用硬朗的脚步声，铁镣碰响的啷当声，慰问着战友们的关切；并且用钢铁的声音磨砺着他自己，和每一个人顽强斗争的意志。

在作者笔下，“渣滓洞”与“白公馆”这两处人间“魔窟”，作为知识分子革命者辉煌生命的最后归宿，俨然就像一所磨砺他们人格意志的革命大学校，每个人都在尽情上演着自己革命浪漫主义的精神狂欢。

在革命者“受虐”的身体上直接见证了他们的忠诚度、忍耐力和意志力。他们对抗敌人的能力不是战场上的你死我活，而是其精神世界的坚定不屈的信仰和自我控制力。身体是完全靠信仰的力量来控制的，信仰左右一个人面对敌人施虐之时的身体表现。可以说，肉体越受到敌人暴力的虐待，革命者的灵魂和精神信仰越得以彰显，这是一种超越生理之痛的受虐考验的忠贞之美。黄子平认为：“‘革命历史小说’强调‘发扬革命精神’和‘改造思想’，却也从来不放过对身体的‘铭写’和改造。灵魂的改造和心意的更新，必须借用身体器官的隐喻，才能表达得较为显豁。”[①] 这就是他说的“脱胎换骨”，在“身体”打下的“铭记”

① 黄子平．“灰阑”中的叙述［M］．上海：上海文艺出版社，2001：98.

中，革命者“身份”的合法性才得以确定，这是一个革命者成长道路上的必修课。身体的受刑是思想洗礼的隐喻。

在小说中，刘思扬就因为自己没有经历过身体受虐而担心自己不能成为一名真正的革命战士：多时以来，他始终感到歉疚，因为自己不像其他战友那样，受过毒刑的考验。他觉得经不起刑讯，就不配成为不屈的战士。当他一旦戴上沉重的镣铐，能够“享受”和战友们相同的“待遇”时，他油然而生一种自豪和幸福。当“身体”打上刑罚的戳记后，他就得到了“感染神圣”的洗礼和通过了“革命身体身份”的政治资格审查。

《红岩》书写的是革命者集体受难的仪式。这场“身体较量”以仪式主角（受难者）的凯旋和众多的旁观者（难友）的洗礼为结果。小说借用难友们的视角，来建构受难者的光辉形象。江姐被捕后，敌人残酷地虐待江姐，希冀从她口中得到想要的党的秘密，他们用竹签钉她的双手：“一根，两根！……竹签深深地撕裂着血肉……左手，右手，两只手钉满了粗长的竹签……”作为难友，“人们感到连心的痛苦，像竹签钉在每一个人心上……”敌人的刑讯没能得逞，奄奄一息的江姐，受到英雄凯旋式的欢迎，旁观的难友也感染到这种受难仪式带来的心灵的震撼和灵魂的洗礼，革命的观者和革命的受难者达成了共识。

“受难”“殉难”的仪式转变成思想、意志的洗礼典礼。在“施虐”与“受虐”的较量中，胜利的一方将自己的真理和信仰种植在众人的心中。楼上、楼下各室都送来了热情洋溢和深表敬意的来信，楼下二室是这样写的：“……我们向党保证：在敌人面前不软弱，不动摇，绝不投降，像你一样勇敢，坚强……”刘思扬为江姐写了激昂的诗句：“热铁烙在胸脯上，竹签子钉进每一根指尖，凉水灌进鼻孔，电流通过全身……人的意志呀，在地狱的毒火中熬炼。像金子一般的亮，像金子一般的坚。可以使皮肉烧焦，可以使筋骨折断。铁的棍子，木的杠子，撬不开紧咬着的嘴唇。那是千百个战士的安全线呵！用刺刀来切剖胸腹吧，挖出来的——也只有又热又红的心肝。”江姐给难友们回信道：

毒刑拷打是太小的考验！

竹签子是竹做的，共产党员的意志是钢铁！

“处死”是最残酷的施虐方式，它意味着“身体”的终结和退场。革命者在面对“牺牲”的考验时，都大义凛然。牺牲的过程伴随着革命的豪言壮语和九死不悔的革命气节，他们是带着真理凯旋的姿态离去的。齐晓轩为了自己的同志能赢得越狱的时间，站在巨大高耸的岩石上，吸引着全部毒弹的袭击：

> “扫射吧！”他把双手叉在腰间，一动也不动地分开双脚，稳稳地踏住岩石。“子弹征服不了共产党人！”齐晓轩苍白带血的脸上露出冷笑，让鲜血从洞穿的身上流出，染遍了脚下的红岩……僵化中的目光，渐渐昂向远方。齐晓轩仿佛看见了无数金星闪闪的红旗，在眼前招展回旋，渐渐溶成一片光亮的鲜红……他的嘴角微微一动，朝着胜利的旗海，最后微笑了。

江姐临刑前，心情“异常平静，没有激动，更没有恐惧和悲戚”。“此刻，她全身心充满希望与幸福的感受，带着永恒的笑容，站起来，走到墙边，拿起梳子，在微光中，对着墙上的破镜，像平常一样从容地梳理她的头发。”她问道：“明霞，你看我头上还有乱发吗？”“没有，一丝乱发也没有……”她换上了蓝色的旗袍，披起了红色的绒线衣，习惯地拍拍身上干净的衣服，再用手熨平旗袍上的一些褶痕。“明霞，帮我扯扯衣服。”孙明霞感到，江姐心中充满着一种庄严的感情，也许就是一种从容献身的感情。小说将江姐的赴难写得庄严而细致：

江姐再次对着镜子，照了一下，回头在室内试着走了几步，像准备去参加欢乐的聚会，或者出席隆重的典礼似的。这是庄严和隆重的殉难仪式，江姐从容地整理身体的衣着仪表，是带着身体的尊严离去的。这“淡化”了死亡的痛感心理：“血变成了酒，而残酷的激战跟可怕的死亡变成了欢宴，牺牲者的篝火变成了厨房炉灶。”①《红岩》里的受难英雄是用“身体力行”的受虐经历教育和激励着战友，成为坚定难友们革命信念和信仰的“情景教育”和“榜样影响”。刑罚不再是敌人权力的

① 巴赫金．拉伯雷研究［M］．李兆林，夏忠宪，译．石家庄：河北教育出版社，1998：241.

“凯旋”仪典，相反转化为革命者自我信仰的“真理凯旋”和难友们建构崇高革命者形象的活生生的洗礼典礼。

第三节　吃鱼会生活鱼·非科学信仰引向失败
——韩少功《爸爸爸》

在《爸爸爸》中，韩少功以看似平淡实则充满感情的笔触把一个封闭、愚昧、原始的小山村赤裸裸地展现在读者面前；把一个埋藏在民族历史尘埃中的活化石挖了出来，让人触目惊心，感慨万千。韩少功的小说《爸爸爸》展现了一幅人类童年时期的生活画卷。在神灵观念的作用下，这部作品体现出原始思维的神秘性、互渗性、象征性等，其语言具有简洁性、直感性、形象性等原始语言的特征。韩少功以原始思维方式来构建这部作品。

在这里，他挖出来的是民族遗留下来的惰性，披露了原始、愚昧的生活和思想，表达了哀其不幸、怒其不争的情感和深深的忧患意识。

鸡头寨是一个被历史凝固、遗忘了的小村寨。它那不变的形象，不变的传统，不变的观念无不使人感到惊愕。在鸡头寨，时间是停滞了的，人也似乎变成了一种多余的——仿佛他们从来没有在这里存在过，又仿佛是从远古走来。他们生来就不是为自己而活，他们是在为鸡头寨而活，为了延续鸡头寨那永远不变的传统而生活。他们在走由祖先给设计好的生活之路，他们的头脑被祖先控制，他们的躯体为虚无所驱使。他们在这个凝固的小山村，由生到死，无限轮回。然而，他们却始终走不出这个怪圈圈。

作为停滞物的象征，丙崽无疑首先承担了这一责任。当他能在地上爬来爬去时，便学会了说两句话：“爸爸”，“×你妈”。然而七八年后，“他还是只能说这两句话，而且眼目无神，行动呆滞，畸形的脑袋倒很大，像个倒竖的青皮葫芦，以脑袋自居，装着些古怪的物质。吃饱了的时候，他嘴角粘着一两颗残饭，胸前油水光光的一片，摇摇晃晃地四处访问，见人不分男女老幼，亲切地喊一声‘爸爸’”。

但是时间是不顾丙崽的“长不大”，又多少年过去时，当“后生们一个个冒胡茬了，背也慢慢弯了”时，“丙崽还是只有背篓高，仍然穿着开裆的红花裤”，但是，“他的相明显地老了，额上隐隐有了皱纹”。丙崽不管在受到欢迎还是遭受人们厌恶、羞辱时，都一直用他仅有的两句话来应对，一卑一亢，一喜一怒。在别人眼里，丙崽一会儿是可以随意羞辱的白痴，一会儿是被顶礼膜拜的丙大仙。究竟是人们在愚弄丙崽，还是丙崽在用两句简单的话语处世混世，嘲弄整个鸡头寨甚至鸡尾寨？这似乎都不重要。鸡头寨的人不理解，也不理解他们自己。在这里，生命与时间都凝固了，他们祖祖辈辈都在重复同样的生存方式。就像永远长不大的丙崽，永远只用那两句话来打发自己的生活。也许是他们承受了太多的岁月积淀，被压抑成了历史的活化石。它是民族文化的最深层的痕迹，超越了时间、空间，悄无声息地存留下来，就像一幅浮雕，把沉重的历史凝聚在自己的永恒之中。尽管它也曾生活过，年轻过，辉煌过，但它留给人们的只有深深的遗憾和令人压抑的沧桑感和绝望感。

几千年沉重的历史凝住了山村。它在给了山村安宁生活的同时，也给了它“苍老的遗传”。无论是永远长不大的丙崽那张苍老的面孔，还是“苍老的遗传”，都承载了过多的历史文化的痕迹，变得压抑、沧桑而又身不由己。时间、生命在鸡头寨凝固了，鸡头寨的人们仍在继承着祖先留下的生存方式：苍老的观念情感，对鬼神的迷信，用牛头做的占卜仪式，以及寨子之间无休止的“打冤”……这个远离现代文明干扰的小部落，在受到环境庇佑的同时，又被限制了眼光、思维，使他们的生活一直停留在原始时期的愚昧、蛮荒。除了丙崽的怪异之外，鸡头寨人的生活、环境也完完全全可以用“怪异”来形容：那“黑如焦炭，小如拇指，叫得特别干脆洪亮”的铁甲子鸟，仿佛从远古一直活到现在；那“从天上飘来的一片硕大的黑影，像打开了的两页书，粗看是鹰，细看是蝶”，就像出现在虚无缥缈的梦中。

鸡头寨的人不相信史官，他们更相信从父亲唱到祖父，从祖父唱到曾祖父，一直唱到姜凉，最后可以上溯到刑天的古歌：

奶奶离东方兮队伍长，公公离东方兮队伍长。走走又走走兮高山头，回头看家乡兮白云后。行行又行行兮天坳口，奶奶和公公兮真难受。抬头望西方兮万重山，越走路越远兮哪是头？

这样一个巫楚民间文化堡垒，无论类似阿Q的仁宝从千家坪带来怎样的诸如“保守”之类的新词，还是“一个玻璃瓶子”“一盏破马灯”“一张旧报纸”等东西，除了能给鸡头寨人短暂的新鲜感之外，丝毫不能动摇他们对于原始民间文化的执着和认同。而仁宝换来的也是他父亲仲裁缝的一阵谩骂：“畜生，三天两头颠下山，老子剁了你的脚。”他们所能接受的就是诸如丙崽娘去鸡尾寨接生时听说的：三阿公坐在屋里被一条大蜈蚣咬死了，死了两天还没人知道，结果两只脚被老鼠吃去了一半——这种虚幻的故事。这个封闭、愚昧、原始的小村寨容不下任何外来文化，他们固守的是神秘的民间原始文化：丙崽娘生下丙崽是因为多年前她在灶房里弄死了蜘蛛精，冒犯了神明，现时报应；在山间迷路要赶紧撒尿、赶紧骂娘，用来对付岔路鬼；吃鱼会生活鱼，吃鸡会生活鸡等。

在这里，人们以农耕为生，日出而作，日落而息，打冤械斗、占卜算卦……展现出一幅淳朴、自然的人类童年时期的生活画卷。在这个接近人类文明原生形态的世界中，原始人的信仰崇拜、审美取向、价值判断、思维方式、道德标准、处世原则等都得以充分展现。

在《爸爸爸》中，鸡头寨年成不好，他们首先想祭谷神以改变年运，正准备杀丙崽时响了一声雷，即仪式进行得不顺利。然而，他们并不认为这是仪式失败，而认为是神对丙崽这个祭品不满意。接着，他们听信巫师的话想炸掉“鸡头”，却遭了鸡尾寨的极力反对，双方动起手脚，使炸鸡头峰的计划破产。然而，他们执意想再去炸“鸡头”，准备同鸡尾寨进行械斗，为预知吉凶，鸡头寨人杀牛以求神谕，牛死时进，表示能赢，结果却连连失败，说明了神谕的谬误。但是，神的力量并没有遭到鸡头寨人怀疑，他们把丙崽当活神仙，根据他的指示准备火攻鸡尾寨，结果还是惨败。丙崽咕哝了一句：“爸爸”，被当成了“胜卦”。丙崽指向檐角，被认为是“炎”，要“用火攻”，这些都表现出鸡头寨人的象征性思维方式。在这一连串事件之中，神的预言可以说是次次破产，然而，鸡头寨人并未放弃对神灵的信仰，而是归罪于丙崽——人们“甚至觉得打冤的惨败，也是受了他的愚弄。鸡头寨的天灾人祸，也是沾了他的晦气。”丙崽的“晦气”成为了为神灵开脱的借口，充分说明了鸡头寨人对神灵的无限尊崇。鸡头寨攻打鸡尾寨之际上演的“打冤吃肉”的仪式。鸡头寨人将一头猪和一具冤家的尸体放在一口大铁锅里煮，全寨每人都要吃一块，一位老者还振振有词地说：“同仇敌忾，生死相托，既是鸡头寨的儿孙，岂有不吃之理?”通过分吃“冤家”的尸体，来宣泄对“冤家”的仇恨。同时，他们也力图通过这样的仪式来昭示冤家的惨败、械斗的胜利。

在鸡头寨“已无三日粮”，生存遇到危机的时候，他们便以“殉古道”的方式牺牲老人和孩子，让年轻的男女把种族的香火继续繁衍下去。所以，他们很认真地，坦然地，自豪地喝下由“鸟触即死，兽遇则僵”的毒草雀芋熬成的毒汁。这已经不仅仅是“怪异”，更多地散发着一种无私，一股慷慨悲壮的气息。

信念的稳定往往带来情感上的执著。所以，在我们的人生实践中，一旦发现自己的信念与客观情况相矛盾，需自觉用正反两方面的实践去校正自己的信念，不可死抱着不放。

第七章　仰天大笑出门去，我辈岂是蓬蒿人

——自由人生

自由人生，是对自我精神的解放，其目的是用精神逾越一切，不为外物的力量所束缚，以彰显主体性价值为人生追求的人生历程。

第一节　明月几时有？把酒问青天·豪放

——庄子《逍遥游》

乘天地之正，而御六气之辩。

战国之时，九家之说崛起，诸侯纷争，外则交相攻伐，内则加强统制，庄子生当其时，身心俱受重重之拘束与压迫，故思探求一绝对之自由，超脱一切限制，使其精神获得彻底之解放，故有逍遥思想之产生。

《逍遥游》一文，可以分为三部分：

首先从“北冥有鱼”开始，到“此小大之辨也”为止，都是借鲲和蜩鸠的相形，揭示生命转化的过程，并说明小大的分别。

这段寓言至少有三层涵义：一是以鹏之“大”对照蜩与学鸠及斥鴳之“小”，说明物物各有其本然的分际、先天的限量。二是天地万物之间虽然有其本然分际，但也有其相通之处。如此处所言的“野马也，尘埃也，生物之以息相吹也”。而最重要的是，以鲲化为鹏而徙于南冥来隐喻深蓄厚养的功夫进路以臻至无待的必须性。

小麻雀的大，是有条件的，是在一定的条件下，一定的范围内，你才显得大，一旦到了一个更大的范围里，你的大就变成小了。庄子所谓“有待”就是说你的大也好，小也好，都是有条件的，在“有条件”这

一点上，其实一样。庄子思想的一个核心观念——齐物，就是从这里发展起来的。可是，一般人往往忘记了自己的这个“有待”，只看见别人的“有待”，所谓“井底之蛙”，并不是说见识小，而是说他看不见自己的局限，因而觉得别人很小自己很大。如果鲲鹏自以为了不起了，在庄子看来，它也就是井底之蛙。所以，庄子的小大之辨，就是要唤起人对于自己的“有待”的自觉，人一旦意识到自己“有待”，就从蒙昧状态走到了它的边缘，有可能突破这蒙昧，进入一个更高的“无待”的境界了。你把你的局限性看得很透彻了，你就有可能进入一个更高的境界。

其实这个道理，我们今天来讲，并不觉得很复杂。我把它通俗化一下来说，现在社会上有很多人，有了一点钱、买了一个别墅，就很神气，觉得自己很“成功”，可是，你无论怎么“成功”，总会发现有人比你钱更多，房子比你更豪华。一旦你看清楚这种世俗的追求是没有尽头的，你就容易跳出来，来想一想这种方向的拼命追求到的值不值得？而到这一步，你也就有可能转到另一个人生境界了。

其次，从“故夫知效一官”起，到“故曰至人无己、神人无功、圣人无名”为止，说明有待至无待的不同境界。

庄子以四个层次，说明由有待而无待之不同层面：

第一个层次，是“知效一官，行比一乡，德合一君，而征一国者”。这种人追求荣华富贵、功名利禄，以此沾沾自喜，自以为成就非凡。然庄子反将此类之人置于最低之层次，盖其留滞于功名利禄，生命为外在爵禄所左右，有如斥鴳之小鸟，为一小知小见之人。

第二层次，是如宋荣子“举世而誉之而不加劝，举世而非之而不加沮，定乎内外之分，辩乎荣辱之竟，斯已矣”。宋荣子将生命局限于一己之内在，而轻忽外物，故曰“定内外之分”，而嘲笑追求爵名利禄之人。但是庄子认为这些人虽忘怀功名利禄，亦局于一己之内在，与世隔绝，而不得超脱。

第三层次，则是如“列子御风而行，泠然善也，旨有五日而后反”。列子能脱却形体之拘累，超越自我，故能身轻如燕，随风翱翔，而免于形累，然无风则不得行。故庄子认为“此虽免乎行，犹有所待者也。”即在于其虽摆脱形体之局限，仍为外在自然之气——风所左右。

第四层次，即庄子认为最理想的人生应该是“乘天地之正，而御六气之辩，以游无穷者”。庄子认为唯有如此，才能到达无待之境，才能以天地自然之道为己任，置身于六气变化之流，与自然世界合而为一，宇宙即我，我即宇宙，融合无间，毫无分别对待，故曰无待。唯此无待，方为逍遥。“故曰，至人无己，神人无功，圣人无名。”

第一种人有己，他才会有功有名，因为他要把功名带到自己的身上；第二种人是可以无功无名，但是他还是有己；第三种人虽是无己，不过仍受限于形体，随风而起；而第四种人物无己无功无名，是自己精神上的绝对自由与自在，所以能游无穷，且恶乎待哉。

最后从“尧让天下于许由”起，到最后“无所可用，安所困苦哉！”这是承接前文无待之境界，借前人的故事，或今人辩答，说明因物为用，物莫之伤的观念。

承前，一个人若依着深蓄厚养有成之后所达致的无待之心境，则能享有游于无穷的逍遥之乐，而这是因为此种人在随顺无待的心境之中必能坦然地面对、以至于全然地因任一己及万物万事的自然分际，能因任自然，所以在待人接物处世上，将能因物为用，而决不会勉物从己或抑己从物。这大至治理国家，小至三餐饮食皆然。庄子举了“尧让天下于许由”“肩吾问于连叔”“魏王赠瓠于惠子”等故事说明无用而大用的意义。

总而言之，由陷溺转化到超拔，由解消有待的心结转化到依无待的心境，一个深蓄厚养有成的人，其在待人接物处世上必是广大自在，毫无忧惧畏苦地生机盎然，而这也即是逍遥游的极境了。于此我们可以进一步分析何谓逍遥的境界：

> 藐姑射之山，有神人居焉……其神凝，使物不疵疠而年穀熟……之人也，之德也，将磅礴万物以为一世蕲乎乱，孰弊弊焉以天下为事……是其尘垢糠，将犹陶铸尧舜者也，孰肯以物为事！

在远远的姑射山，有神人居焉，而神人肌肤若冰雪，绰约若处子——这几句是后来被广泛引用的，“不食五谷，吸风饮露，乘云气，游乎四海之外”，请特别注意这一句：“其神凝，使物不疵疠而年穀熟”。这些神人，不食人间烟火，好像与世事人间无关，可实际上不是，他是能够把他的能量积聚下来，使天下为物，什么叫“为物”？第一，使万物不生病，第二，使它们按自己的方式生长。所以，庄子的神人并不是要修炼得离开人世，他的“逍遥”，说得夸张一点，是另外一种对待万事万物的方式，或者说引领万事万物的方式。他反对从儒家、法家的那些路子来对待人事，他说的是，你只要到了一定的境界，你就自然而然具有巨大的力量，能够影响万事万物，保护万事万物，使它们很好地生长。正因为是这样，所以庄子接着说，尧见了这些神人之后，幡然醒悟，就丢下天下不管了。为什么呢？因为尧发现，神人用“凝神”的方式来化育万物，比他那种辛辛苦苦的管理天下的方式要好得多。这当然也是庄子编出来的故事，把儒家推崇的圣人说得像迷途的小孩。但我们却可以看得很清楚，逍遥并非消极无为，而恰恰是一种好像是无为，其实却“为”得更有效、更正确的方式，是以无为而实现了大为。

因此，要达到逍遥的境界，吾人必须注意两点：第一，逍遥游不是指形体上的自由，而是心灵上的自在；第二，逍遥游不是指纵情任性的，而是要在心上不断的修养才能达到。

逍遥观念对宇宙人生的观察是深入的，也是庄子人生哲学的中心旨趣，逍遥游一文是庄子所描绘的理想境界。由于全篇文字生动，一气呵成，再加上大鹏小鸠的寓言点缀其中，所以读起来非常顺畅，而有情味。可是危险性也就在这里，因为全文都是在描写逍遥的境界，没有详论达成逍遥的工夫，所以容易使读者误入歧途，以为只要学学文中那些大鹏的一飞冲天，大树的处于无何有之乡，便可逍遥。因此，如要真能把握逍遥游的精神，必须配合齐物论，德充符

第二节　不分水天一碗酒哇·豪爽

——施耐庵《水浒传》

施耐庵在《水浒传》中以生花妙笔塑造了各具性格特征的梁山 108 位英雄好汉形象，其中最富有魅力的人物当推鲁智深。疾恶如仇，不畏

权势，除暴安良，好打不平，善恶分明，急人患难，见义勇为，不计得失，主动出击等，这些都是他性格品质的特色。这一切的深层动因在于他的自由生命意识，它具有净化、升华人灵魂的魔力，用金圣叹的话来说，“写鲁达为人处，一片热血直喷出来，令人读之深愧虚生世上，不曾为人出力。”

周作人《小说的回忆》评论鲁智深说：“他是一个纯乎赤子之心的人，一生好打不平，都是事不关己的。对女人毫无兴趣，却为了她们一再闹出事来。”“赤子之心”即不掺杂任何假、恶、丑的纯真的本心，蕴含着真、善、美的人的本性。向往自由、追求自由是人性深处的原始基因。《水浒传》塑造的众英雄中，这一点在鲁智深身上体现得尤为明显。他虽然出身行伍，但他出污泥而不染，人性中善的一面丝毫未受损。自由自在，海阔天空，心胸浩荡，童心烂漫，放荡不羁而合乎人情天理，也是天性使然。纵观整部《水浒传》，鲁智深的所作所为无处不表现出他强烈的自由生命意识。

我们从两个层面来说明这一点。第一个层面就是弗洛伊德所说的人的“本我”——原始本能。摆脱桎梏，获得自由正是人的本能之一，属于人类的集体无意识。当然，施耐庵在表现鲁智深的“本我”时，放大了善的成分，缩小了恶的成分，使之理想化。鲁智深的俗名是鲁达。达，豁达、旷达也。人如其名，不受束缚，放荡不羁是他的性格基色。追求自由，是形体的自由，更是精神的自由，是他生命中最美丽的华彩。他所追求的自由是消除世间丑恶与虚伪，舒张人性中的真与善。他是火焰，无论在什么地方都要燃烧；他是汹涌的海浪，绝不向陡峭的岩石低头。燃烧着、冲击着、张扬着原始的、活脱脱的生命力。他心怀坦荡，无所畏惧，敢作敢为，不带有任何功利色彩。“遇事便做，遇弱便扶，遇硬便打。”打死郑屠，解救金氏父女，与史进合力剪除邱小乙、崔道成等一系列义举，均是率性而为，绝非沽名钓誉。他只是用从心底升起的浩然正气去抵制邪恶，匡扶正义，这反映了他的价值取向。

孟子说：“食色，性也。”说到“食”，这里要提及的主要是酒肉。一般的素食菜汤只能起到维持生命的作用，至于要进入到享乐的层次上来，没有酒肉便无从谈起。对于僧侣来说，酒肉一直被清规戒律所禁止。酒不仅本身“色恶”，而且令人颜改智昏，乃至于妄言大语，伤礼犯禁，故内典中便有“饮酒十过”“饮酒三十六失”等许多名词，不许僧侣有点滴沾染。至于肉就更是不准，这不仅浊俗，且涉及“杀生”大忌，所以也在严禁之列。但鲁智深恰恰酒肉均嗜，狂饮豪嚼，不守戒律。他打死郑屠后，为躲避缉捕，上了五台山，做和尚不到一年，两次下山醉饮而归，大闹五台山，且一次胜过一次，以致引起众怒。他是佛门中人，但他首先是一个俗人，其次才是一个僧人。饮、食是人的天性，绝大多数人不会从生理需求上拒绝美酒肥肉。佛教的清规戒律在引导僧众行善弃恶的同时，也抑制了人的包括饮与食在内的诸多本能。但鲁智深却以其率真摆脱了这种束缚，获得了人性的自由。他虽然“酒肉穿肠过”，但“佛祖心头坐”。智真长老独具慧眼：“此人上应天星，心地刚直。虽然时下凶顽，命中驳杂，久后却得清静，正果非凡，汝等皆不及他。”“此回文字，分明是个成佛作祖图。若是那般闭眼合掌的和尚，绝无成佛之理。何也？外面模样尽好看，佛性反无一些。如鲁智深吃酒打人，无所不为，无所不做，佛性反是完全的，所以到底成了正果。算来外面模样，看不得人，济不得事，此假道学之所以可恶也与！”① 他惩恶扬善，济危扶困的义举符合佛理之要旨。人性与佛性在他身上得到了统一，内佛外俗是他个性特征的准确概括。这一点从他的名字也可以看出——他原本姓鲁，智深是其法号，法号前加上俗姓，这种情况在佛教徒中是极少见的。这是施耐庵特意为之，俗姓代表他人性的一面，法号代表他佛性的一面。

第二个层面就是“他我”——为他人奉献为原则。在善与恶的斗争中，鲁智深展现出他的自然天性——扶危救困，为他人争得自由。他进入角色的第一件事情就是解救金氏父女，三拳打死镇关西。第二件事情是大闹桃花村，痛打小霸王周通，了结了周通强娶刘太公女儿的事。第三件事情是大闹野猪林，拯救林冲性命。金氏父女、刘太公、林冲均处于弱势地位，都是受害者。鲁智深以其疾恶如仇、不畏强暴的斗争精神，救他们于危难之中，使他们重新获得自由，这是中国古代侠义精神

① http：//www. blog. renren. com/share/238483744/10507237188.

的继承与发展。号称“及时雨”的宋江也常济危扶困，仗义疏财，但与他相比，总令人觉得少了真诚与血性。在当时的社会历史时期，如金氏父女者何止千千万万，如郑屠者又何止万万千千。我们似乎有理由认为，鲁智深正是作者笔下所塑造的，为下层人民伸张正义、争得自由的英雄人物的代表，这表现了施耐庵的民主思想的萌芽。梁山好汉都是替天行道者，但这个代表只能是鲁智深。尽管鲁智深本人主观上并不具有这种自觉意识，但从文本解读的角度，读者可以获得这种客观的认识。

在施耐庵的笔下，不少英雄人物在入伙前的传记完成之后，在梁山上性格就没有什么发展了。如林冲、杨志、武松等都是如此。可是鲁智深就不同了，在他上梁山之后，仍没有失去他性格发展应有的光彩，特别是在对待招安问题上，更能表现出他的自由生命意识。梁山泊力主招安的是宋江，反对最坚决的是鲁智深。“只今满朝文武，多是奸邪，蒙蔽圣聪，就比俺的直裰染做皂了，洗杀？怎得干净？招安不济事，便辞拜了，明日一个个各去寻趁罢。”他曾经是一位军官，对封建统治阶级及其政治制度的黑暗性有着清楚的认识。招安固然可以享受富贵，但受制于人，这与鲁智深的个性格格不入。他认为宁可飘荡江湖、自由自在，也比招安受佞臣贼子的气好得多。这一点，与屈原、李白等人的独异气质存在某种暗合。他最终遁入空门，是对尘世的彻悟——社会现实使他不可能真正获得所追求的价值，是佛性的升华，同时也是一种无奈的选择——选择一块自由精神的栖息地，不仅是生的自由，也是死的自由——坐化，而非像大多数好汉被害死。

鲁智深形象的意义不仅仅在于一个典型形象的出现，更重要的是为人们提供了一种人生境界，使人们能在自身的生命历程中发现生命本身的光彩和生气。生命是一株常青树，自由，则是使常青树永不凋陨的根。

第三节　喝了咱的酒，见了皇帝不磕头·豪气

——莫言《红高粱家族》

《红高粱家族》的独特价值不只在于表现了人的生命意识，更在于

它张扬了酒神精神。生命意识与酒神精神有着不同的内涵，其差别哪怕只有一步之遥，也绝不能完全等同。表现生命意识的作品不一定就张扬了酒神精神，张扬了酒神精神的作品一定有生命意识作底。哲学人类学认为"生命意识"是人类对自身作为生命存在的一种体察。那么酒神精神呢，根据我的理解，它应该是将生命意识加以充分肯定与实现的生命状态或审美状态。

尼采在《悲剧的诞生》一书中提出的"酒神精神"和"日神精神"并不只是对古希腊人的生命状态与艺术精神的概括，其实，"酒神精神"和"日神精神"是人类所有民族共有的两种基本的生命状态和审美状态。日神精神是一种内省的状态，是冥想，是对规范、和谐、节制的沉思，而酒神精神则是一种生命原欲的冲动，是扩张，是实现生之原欲的迷狂境界。

在我国的远古文化中，酒神精神与日神精神是平衡的，傅道彬先生的《晚唐钟声——中国文化的精神原型》一书研究了中国最早的哲学《周易》和最早的文学艺术集《诗经》，发现了中国文化的星象系统中隐藏着深刻的生命事实，认为《周易》是对野性的生命恋情的歌颂，《诗经》中的许多诗也绝不仅是什么"温柔敦厚"的诗教，其中充满了蛮荒的自然生命的情趣。但在中国的文化历史进程中，酒神精神和日神精神现象的发展呈不平衡状态，日神精神逐渐主流化，酒神精神被刻意淡化，甚至以酒神精神为不齿，尤其是宋明理学对人的正常的自然欲望都采取完全否定的态度。我国传统的主流文学中，伦理意识、政治意识挤掉了人作为生命存在的生命意识，大多数作品显得冷漠、枯燥、做作，缺失了最动人的艺术魅力。把生命意识加以实现的酒神精神更是从我们民族的生命里与艺术里逃逸，遁入到最深层的心理结构——民族集体无意识之中。

"五四"时期，在西方生命哲学的冲击下，中国文学界张扬起个性解放大旗，生命意识逐渐觉醒了，出现了郁达夫的《沉沦》、郭沫若的《喀尔美萝姑娘》、丁玲的《莎菲女士日记》等表现生命意识的作品。但是，作家们的生命意识虽然觉醒了，却只是一种在意识范围内的确认，他们的生命状态是在觉醒了的生命意识与强大的传统文化的束缚之下做痛苦的挣扎，郁达夫的《沉沦》是对性苦闷的淋漓抒写，在中国首次正面描写了性意识乃至变态性心理，但作者在这里并未把人的生命原欲视为合理人性加以张扬，而是陷入传统道德与生命原欲的矛盾之中不能自拔。这部作品看起来颓废，作者面对生命原欲实是“清教徒”式的态度，时时在为自己的生命欲望感到羞耻，骂自己是“衣冠禽兽”。郭沫若的《喀尔美萝姑娘》通过对梦境的描写来表现被压抑的生命欲望，表现了性与婚姻的矛盾冲突。面对此矛盾，作者是痛苦和绝望的，小说中他写道“我随身带得有一瓶息氨酸，和一管手枪，我到东京去要杀人——至少要杀我自己！”《莎菲女士日记》中丁玲以女性视角透视了现代女性的生命意识，表现出了史无前例的勇气，勇敢地抒写了主人公莎菲女士真实的生命需要——性。但作者又是无力的，她让莎菲陷于文明给她的高尚爱情观与癫狂的性渴望的矛盾中，并让她在此矛盾中反反复复地挣扎，空耗着青春的生命。

郁达夫、郭沫若、丁玲等“五四”作家是从传统文化中孕育成长起来的，虽受了西方文明中的人道主义、个性主义以及生命哲学的影响，但深层的思想意识仍然是传统的，西方文明只是给了他们敢于承认人类是一种生命存在的勇气，而一旦面对自己的生命原欲，作家的判断就是陈旧的、传统的。作品中没有充分肯定人作为生命存在的生命意识，他们怀抱传统道德思想又真切地感受着生命的本能冲动，他们是新旧交替时期的既肯定生命又否定生命的一种悖论人生，生命耗费在抵挡不可抵挡的生命欲望之中。作品中抒写了一群弱质生命面对强大文化传统的痛苦与感伤，作品所呈现的审美状态是感伤忧郁之美，散发着颓废的气息。酒神精神仍潜伏在集体无意识之中，未能穿过几千年文化的压抑重返并抵达他们的生命与作品中。远离主流文化的人生命中的酒神精神也未被现代知识分子们发现而加以艺术的观照。

生命意识在“五四”时期刚被郁达夫们感伤地言说，就被阶级意识取代。直至新时期，思想大解放后生命意识才又有了被言说的机会。以刘心武的《爱情的位置》开步，直至张贤亮的《男人的一半是女人》，好几年的时间，文学创作的禁区才艰难地一个一个地被突破。到 20 世纪 80 年代中期，“生命意识”才为更多的作家所关注，“文化寻根派”

和许多现代主义作品也表现出浓烈的生命意识。在新时期，张贤亮的《男人的一半是女人》、王安忆的《三恋》、莫言的《红高粱家族》、刘恒的《伏曦伏曦》等作品具有一定代表意义。这些当代小说作品似乎比现代作品更多地触及了生命意识中的核心内涵——“性”，表现也更直露、赤裸。但除莫言的《红高粱家族》外，当代作家在作品中表现出的生命观并不比现代作家高明，酒神精神普遍缺席，生命意识仍与伦理道德纠缠不休，生命状态不是虚幻的，就是绝望的。

新时期作家中张贤亮较早直露地言及“性”。在《男人的 半是女人》里，他第一个以“性”为视角来审视社会历史，深刻地揭示那个特殊时代对人的“性”的残忍剥夺，同时也是对人的尊严的剥夺。作品显示了社会文化批判的力度与深度。但在生命意识的体察方面，作家表现出了先天的不足，作者在安排主人公章永麟与黄香久的命运结局时不自觉地回到了社会对他的塑造，即人的生命存在是渺小的，生命意识是人类意识中微不足道的部分，生命最重要的是社会要义。小说的结局是章永麟为了追求社会赋予他的、自己并不清楚的虚幻理想，断然离开了黄香久。

从这里，我们见到了作者关于生命的灵与肉的沉重思考，但我们可以发现他所谓的“灵”，是从古到今的社会文化赋予他的，不是从他感性生命中生长起来的，这个灵游离于他的生命存在之外，作者与作品都是矛盾体。从关注生命意识起，又把生命意识纳入了陈旧的社会理性之中。

刘恒的小说《伏曦伏曦》写了婶侄之间超人伦之爱，作者笔下的人物受到强大的伦理力量的压抑而陷于无法超越的绝望之境，最后男主人公自溺而亡。作者在认识上有一个误区，认为是“性”本身给人造成了困境。那么，在刘恒看来，人的绝望将是永恒的，因为没有人能改变自己作为生命存在的事实。

从郁达夫到刘恒虽然都写到了人作为生命存在的生命意识，但他们笔下的人是没有出路的，是可怜的、痛苦的、绝望的，这也体现了作家的困惑与绝望，作品也因此而散发出无限的感伤与凄凉之美，但也只到此止步了。

莫言的《红高粱家族》在所有表现生命意识的作品里最引人注目。小说中人的生命意识得到了充分的肯定与实现，张扬了中国文学史上罕见的酒神精神。

《红高粱家族》追溯了家族祖先蔑视礼法与规范而遵循生命法则的故事，着重表达了他们在情爱与国仇家恨方面所表现出的生命态度与精神。作者塑造了“我”爷爷奶奶辈人物，在他们身上体现了酒神精神的生命状态，敢爱敢恨，活得潇洒死得痛快，爷爷奶奶在高粱地的结合是蔑视人间道德规范的最为原始粗野又最纯真的性爱。他们是“纯种红高粱”般的自然生命，体现了一种雄强的生命本能，任何法律、道德伦理都束缚不了他们自由奔放的生命强力。他们遵循的是自然生命法则：热爱生命、热爱美、热爱力量。

“红高粱”这个意象就是自然生命的象征，是生命之火，是欲的燃烧，也有生殖崇拜之意。

“高粱酒”即酒神精神的象征，是诗一般沉醉、升腾、勃发的意志生命本体的象征。

红色：生命力的躁动与升腾。

小说着力描绘较多的不外是：红高粱，黑土地，墨河水。我爷爷、我奶奶、我爸爸、峦儿、罗汉大叔这些英雄好汉，就是生于斯，长于斯，战斗于斯，死亡于斯。由于象征物象与人物与情节有着紧密的关系，使得对它们的描写极为方便，极为自然，也很容易找到所描写的物象与人物、情节、小说主旨的内在联系。《红高粱家族》对高密东北乡的英雄儿女们的传奇故事的描写，意在表现和歌颂一种人生，一种生命价值观。那是强悍勇敢、放纵不羁、风流潇洒的精神意识。显然，其主旨具有阳刚之美，具有丰厚沉实的韵味。

红高粱：“八月深秋，无边无际的高粱红成汪洋的血海，高粱高密辉煌，高粱凄婉可人，高粱爱情激荡。秋风苍凉，阳光很旺，瓦蓝的天上游荡着一朵朵丰满的白云，高粱上滑动一朵朵丰满白云的紫红色影子。它们扎根沃土，受日精月华，得雨露滋润，上知天文，下知地理。”在这些描写中，突出了红高粱广阔壮美、丰满旺盛的生命力，并且还夸张地赋予它以人的灵性情感。

《高粱酒》中：我奶奶摔碗之后，放声大哭起来，哭声婉转，感情饱满，水分充足，屋里盛不下，溢到屋外边，飞散到田野里去，与夏末的受精的高粱的烨晬声响融合在一起……三天里的每一个画面，每一个音响，每一种味道都在他的脑海里重现。

> 奶奶听到了宇宙的声音，那声音来自一株红高粱，奶奶注视着红高粱，在她朦胧的眼睛里，高粱们奇谲瑰丽，奇形怪状，它们呻吟着，扭曲着，呼号着，缠绕着，时而像魔鬼，时而又像亲人，它们在奶奶眼里盘成蛇样的一团，又忽喇喇地伸展开来……它们红红绿绿，白白黑黑，它们哈哈大笑，它们号啕大哭，哭出的泪水像雨点一样打在奶奶心中那一片苍凉的沙河滩上。

《红高粱家族》在这方面不同于传统的写法。作者力图渲染、铺张强化象征本体表现。正如那些象征物体、景致是小说人物的生存空间一样，作者也力图使这些自然物象里的象征意义如同阳光、如同空气一样，弥漫、散发在作品的内容里。所以，作者除相当静态地描写了那些景致之外，还把象征景物的描写同人物、情节的发展变化节奏结合起来，从而使象征寓意表现得丰富充沛、多姿多彩、酣畅淋漓。

如“我奶奶”，她的生命就是和红高粱联系在一起。“我奶奶”形象的直接描述起点是在高粱地。她出嫁的时候，经过高粱地。在那里，她见到了“我爷爷”，继而又在那里落入了“我爷爷”的怀抱，如同一叶在恶流浊浪中无所依托的小舟找到了可以停泊的岛屿。在红高粱地里，她与“我爷爷”寻欢作乐，耕云播雨，勇敢地冲破封建道德和封建意识的束缚，大胆地表露和实现属于他们自己的真正幸福，因而突出地表现了“我奶奶”的个性。可以说，“我奶奶”从红高粱地里走来，红高粱地是“我奶奶”真正生命的故乡。最后，“我奶奶”又死于高粱地，葬于高粱地，在那里找到了她最终的归宿。因此，红高粱的象征本体如同伴随“我奶奶”生命的魂灵，在关键的精彩的非凡的时候，显示出了奇光异彩，为“我奶奶”的形象唱出了一组和谐的伴歌。如在“我奶奶”出嫁时，清淡的高粱花粉为她送香，乌黑发亮的高粱衬托着“我奶奶”

丰满诱人的青春，连地里的鸽子也在咕咕欢叫；而当“我奶奶”获得了她真正的、符合人性的爱情满足时，红高粱正处于雨后阳光照耀中，高粱贪婪地吸吮着甘露般的雨水得意地享受阳光温暖，整个高粱地一片生机。后来，“我奶奶”在战斗中负伤，躺在高粱地里，燃烧着生命最后的火光。这时，作者描写了“我奶奶”感觉中的红高粱形象。那形象有着丰富色彩，有着野性活力，有着七情六欲，它们追随着“我奶奶”，关注着“我奶奶”，依恋着“我奶奶”，“我奶奶”的灵魂同它们对话、共鸣、交融，在红高粱那儿找到了灵魂的依托。最后把自己的生命同红高粱融为一体。如同“我奶奶”魂灵深处的一个意念：“天赐我三十年红高粱般充实的生活”，红高粱形象就是我奶奶风度、性格的象征。在其他的一些重要情节的表现中，同样伴随着这些象征物体，如袭击日本鬼子军车，与野狗群的奋争，都有一个红高粱的背景。

红高粱，它代表着莫言所向往的洋溢着生命力度的充满狂欢色彩的酒神精神，是生命强力的象征。作品中多次写到高密东北乡人的生命强力。这部作品以红高粱为名，而且第一章也以红高粱命名，开篇就营造了一个红高粱世界，到处弥漫着红高粱的气息，它们都是活生生的灵物。生存在这片土地上的喜食高粱的乡亲们也都具有了高粱般鲜明的性格：挺拔坚韧、坚固、团结、伟岸、生气蓬勃、狂放不羁、英勇无畏。按《红高粱》内容先后为序，红高粱意象作为酒神精神第一次集中体现是罗汉大爷愤砍骡腿。莫言在文中写道：

> 鲜嫩的高粱在铁蹄下断裂、倒伏，倒伏断裂的高粱又被带棱槽的碌碡和不带棱槽的石磙子反复镇压。各色的碌碡和磙子都变成了深绿色，高粱的汁液把它们湿透了。一股浓烈青苗子味道笼罩着工地。

坚忍的罗汉大爷在连续遭到日本人及其走狗的侮辱毒打之后，“一股紫红色的火苗时强时弱地在他脑子里燃着，一直没有熄灭”。隐藏在罗汉大爷身上的酒神精神终于爆发了，他不再惧怕，不再唯唯诺诺。他毫无拘禁，自由自在地叫骂，把对走狗汉奸的仇恨都发泄到两头不认主人的骡马身上。也正是这种精神使高密东北乡人尤其是民间英雄“我爷爷”和“我奶奶”写下了自己辉煌灿烂的人生。

红高粱意象作为酒神精神的第二次集中体现是：“我爷爷”与“我奶奶”敢爱敢恨，敢作敢为，不顾礼俗大胆地在高粱地里野合，以自己的生命强力追求自己向往的自由自在的生活方式，并为此扫荡一切生命张扬的阻碍，心安理得地获得自己应得到的东西。在“我奶奶”和“我爷爷”野合的高粱地里：

高粱梢头，薄气袅袅，四面八方响着高粱生长的声音。

这是他们体内酒神精神的聚集和爆发。“我爷爷”与“我奶奶”的结合，他们的爱，激起了“我爷爷”对于单家父子利用金钱残害“我奶奶”一举的仇恨，生命力的伸展受到了阻碍，刺激了“我爷爷”身上的酒神精神，使他杀死了单家父子，“为那小女子开创一个新世界”，同时也体现了民间的侠义精神。莫言在书中写道：在某种意义上，英雄是天生的，英雄气质是一股潜在的暗流，遇到外界的诱因，便转化为英雄行为。

尽管齐鲁文化中的酒神精神一直以一种隐性的状态存在于他们身上，但是一旦被激起便一发而不可收，蓬勃旺盛的生命力便愈加伸展、张扬。“我奶奶”虽然当时年方十六，正是青春年少天真烂漫的年龄，但是被曾祖父置于一种生不如死的绝境之后，在红高粱花粉弥漫的空间中，彰显出英雄本色：敢于斗争，敢于反抗。在回单家的路上“她不是按着女人骑骡子骑马骑毛驴的规矩偏着坐，而是把毛驴的脊背夹在双腿之间”。“我奶奶”是妇女解放的先驱。

红高粱意象作为酒神精神的第三次集中体现即一二章的主要内容是：“我爷爷”在没有冷麻子队伍的支持下，虽人单力孤，但仍带领几十个弟兄去伏击日军，这是高密东北乡人沉睡的酒神精神的苏醒。红高粱虽被铁蹄踩得疲惫不堪，搞得伤痕累累，却是受日精月华，得雨露滋润的灵物。

每一棵高粱都有一个成熟的面孔。所有的高粱合成一个壮大的集体……

经过殊死的搏斗，虽最终以几十个队员和“我奶奶”的牺牲为终结，但黑脸白胡子老头告诉余占鳌这是一个大胜仗。他们有一个信念：人的生命不求长久，但求活得精神，活得高贵，活得张扬。个体生命的毁灭、解体与高粱地融为一体，与整个自然相融合，这正是尼采所提倡的酒神境界，又有着儒家“知其不可而为之”的牺牲精神。

红高粱酒是莫言的作品中不断出现的另一意象，而且红高粱酒经常和血气混合在一起。“我爷爷”和“我奶奶”总是和红高粱酒紧密联系在一起，红高粱酒就如同他们的血液一样对于他们的生命有同样的重要性，而红高粱在酒中的含量也如同酒神精神在他们血液中的含量。“我奶奶”到单家之后用红高粱酒泼地消毒，是对过去的告别，是对单家酒店中死尸气息的更新，是更纯净更有生机活力的生命力的注入，显示了“我奶奶”的英雄本色：有胆有识，把单家弄了个天翻地覆，带着心头千种滋味开始了新的生活。由于“我奶奶”的欲扬先抑的手段，使“我爷爷”的地位一时得不到承认，“我爷爷”每日烂醉如泥，是酒神精神的再次聚积。在作品中红高粱酒就是酒神精神的显性的精灵。“我爷爷”杀死单家父子的壮举是在酒后，“我爷爷”和“我奶奶”关系的公开化也是在“我奶奶”饮高粱酒之后的事情。“我爷爷”当众“伸胳膊抱住了我奶奶，在她脸上亲了一口”，“气汹汹地说‘你肚里的孩子是不是我的?’”显出了一种霸气。至于“我爷爷”在酒里撒尿使高粱酒酒味醇厚，这可以看作是深藏于民间的土生土长的粗放的蓬勃的原生力。这是人性当中本身所固有的，精彩的人生更需要这样虽原始、粗俗，但更有活力的“原生力”。这也就是莫言一直在苦苦追寻的东西。

酒歌就是对其内涵的诠释：九月九酿新酒，好酒出自咱的手……喝了咱的酒，一人敢走青纱口，喝了咱的酒，见了皇帝不磕头，一四七三六九九九归一跟我走……

红颜色。再一个意象——红色。纵观全篇的原型意象“红色”作为小说的主色调强烈地呈示出一种生命的意义：生命力的躁动与升腾。生存在高密东北乡这块黑土地上的祖辈们，他们“杀人越货、精忠报国”、无法无天、自由自在，现存的社会秩序、动荡不定的时世似乎奈何他们不得，他们任生命的潮水自由流淌，生命的欲望自觉膨胀。“我爷爷”和奶奶戴凤莲就是这样一对桀骜不驯、不拘法规、无拘无束的英雄好汉。小说用赞美的笔调描绘他们的辉煌历史就是以“我爷爷”和奶奶在高粱地里的野合为开端的。奶奶为人善良、温柔贤淑，但旧式的封建婚姻制度迫使她嫁给了一个麻风病人单扁郎，为了维护自己的生存权利，自由不羁的奶奶并没有屈从于三从四德的封建伦理制度，当她在高粱地里遇见了改变她一生命运的人的时候，她完全沉醉了，追求自由和幸福的渴望在她心中升腾起来，毅然主动地接受了眼前的一切：

在这片如火如荼的红色高粱地里，两个叛逆的灵魂撕毁了伪善的封建道德罗网，迸发出生命的火花。这里，作者极力渲染的红色高粱地成为作品情绪宣泄的符号，“红色”的强烈凸现为他们生命的自由勃发提供了契机和媒介，从某种程度上刺激着他们的本能欲望由隐到显，由内蓄到外向。最终，两个民族神话中的亚当与夏娃，在充满生命力的红色高粱地的感召下，偷吃了人类的禁果。“两颗蔑视人间法规的不羁心灵”从此为高密东北乡“抹上了一道酥红”。爷爷奶奶的结合应该说完全是原始本能的爱欲融合，生命的程式里呈现出自由本我的状态，真实而坦荡的感情不掺杂任何功利色彩。这片红高粱地就是他们爱情的见证，生命活力的象征，就像“四面八方响着高粱生长的声音”一样充满生机。在作者的笔下，红高粱世界里不仅激荡着自由的爱情、生命的活力，而且在这片土地上生长的植物都是那样“显露着不可驯服的生命意志”，“充满生命的狂气”。这里所有的一切都是依乎天理、顺乎自然、自由自在地生活。

如果说红高粱地蕴含着对生命意识的张扬，有着“向善”的一面，那么“红色”所孕育的“死亡”意象在红高粱世界里发生的残酷事件中也得到了再现，但作为文化禁忌的“死亡”观念在小说中并没有让读者感到死亡的恐惧，相反会使人在生命的终结中领略到自由精神的飞腾，重新认识和思索人生的意义。罗汉大爷一生正直、善良，但在道德的束缚下始终压抑着自己的情感，想爱而不敢爱。当他被日本鬼子抓住活剥人皮所表现出的刚毅与宁死不屈时，他怯懦的一生从此抹上了壮丽的色彩，残酷的死亡因而获得一种美丽，温暖了罗汉大爷羸弱的人生。死亡的悲惨场面也丧失了“血”色带给人的惊恐，使人们在死亡的战栗中感受到生命力的飞扬，从而对罗汉大爷的血性人生肃然起敬。另外，小说中对死亡者的描写还有“我奶奶”，她与“克制内在激情”的罗汉大爷不同，她敢爱敢恨，完全不拘囿于陈规礼教，任生命自由奔放。小说写到奶奶在送饼的路上不幸中弹身亡时，并没有大量描写奶奶死时的痛苦，而是超越了对死亡的认识价值，浓墨重彩的铺叙了奶奶在死亡瞬间对“三十年红高粱般充实的生活”的满足与幸福感：

“天赐我情人，天赐我儿子，天赐我财富……”在奶奶的眼里，人生所有的幸福已经全部体验到，生命中没有丝毫的缺憾，人生的价值在奶奶自由舒展的性格张扬中得到了实现，奶奶已无怨。

> 什么叫贞节？什么叫正道？什么是善良？什么是邪恶？你一直没有告诉过我，我只有按着我自己的想法去办，我爱幸福，我爱力量，我爱美，我的身体是我的，我为自己做主，我不怕罪，不怕罚，我不怕进你的十八层地狱，我该做的都做了，该干的都干了，我什么都不怕。

奶奶临终前动人心魄的“天问”，就像一个挑战者在面对世俗社会所发出的胜利宣言，荡气回肠，震人心撼。确实，奶奶的一生就是如此狂放不羁，爱得爽直，恨得痛快淋漓，“她的天性就像一棵长疯了的高粱一样疯生疯长”，甚至到死，她的灵魂依然那样自由自在地飞翔。正因如此，奶奶的死获得了一种生命的意义，死亡成为延续生命的手段。在罗汉大爷、奶奶的“美丽死亡”中，我们可以看出，作者对“死亡”意象的终极关怀，他解构了传统意义上对“死亡”的恐怖之感，将生命意识与死亡意识融为一体，“把死亡不再看作是拯救而当作是解放，从而似乎是具有感性现实性的自由和快乐”。从这个层面来看，作者是有意疏离且超越了“红色”所表征的常规文化心理内涵（死亡意象），旨在达到一种特殊的精神效果，使读者在“红色”超常性的氛围构造中，强化对人类生命状态的感悟与思索。

总而言之，作者通过对“红色”这一强烈的视觉形象的营造，不仅渲染了作品的氛围，而且勾勒出生命极度勃发的自由世界，折射出作者所寄寓的主观理想。

《红高粱家族》充满蛮荒的自然生命的情趣，莫言凭着对自然生命的体察和对远古先民生命的遥想，以及对我国数千年历史文化遮掩了的生命状态——酒神精神的发现，塑造了余占鳌、戴凤莲、罗汉大爷等自然生命形象，他们遵循着生命内在性的呼唤，是任性的，又不悖乎健康、力量和美。生命本质的美，特别是生命原欲实现的狂放与迷醉情态压倒了一切。生命的本质里也包含了暴烈与血腥，但酒神精神这种生命状态把这些都笼罩于生命非理性的迷狂的境界里了。人类的生命意识得到了充分的肯定与实现，人物不再是蜷伏在强大的传统规范下作痛苦的挣扎，而是无所羁绊地实现生命意志，一切政治的法律的道德伦理的规范都被踩在了脚下，正如尼采之言：不论在哪里，只要是听到了狄奥尼索斯（酒神）的声音，阿波罗（日神）的规范便归于乌有了。莫言通过原型对祖先的自然生命进行艺术性还原，张扬了他们生命中的酒神精神，肯定了生命力本体本身，也成功地实现了他的创作意图：有感于现代人种的退化，竭力寻求现代人与远古自然生命的精神联系，为生命力退化的现代人吁求一种雄强的自由奔放的生命精神。

《红高粱家族》的意义更在于莫言把蛮荒生命情状作了诗意化的处理，最原始粗野的性关系被赋予了崇高的诗意，嗜杀成性的野蛮被赋予了崇高的悲壮色彩，作者在自然生命中提炼出“生命强力”与“自由精神”，使得先民们的最基本的生命状态——酒神精神得以升华，成为一种审美状态，尼采称这种审美状态为“狄奥尼索斯式”的美。这种美的状态是一种陶醉的情态，一种迷狂的境界，是各种奇异情绪的混合，是矛盾、痛苦与俱的欢悦，她散发着一种恐怖与深沉的战栗，她是生的欢乐与死的恐怖相交织的审美状态。狄奥尼索斯式的美源于酒神精神的张扬，源于冲决一切道德规范的生命原欲的宣泄。《红高粱家族》在中国文学史上让生命闪现出了夺目的光彩。

莫言极力张扬酒神精神的同时，又不时显露出一种超逸的情怀。它似乎作为酒神精神的点缀而忽隐忽现，但又让人不可忽视，这种情怀与对酒神精神的追寻形成《红高粱家族》的双重品格。在《红高粱家族》激烈紧张的描写中常常不时插入宁静的自然描写。比如在墨水河伏击战中，莫言先是渲染伏击战的紧张与焦虑，同时通过豆官的回忆来写他与罗汉大爷逮螃蟹的事情，写得平静淡泊。

> 父亲听着河声，想着从前的秋天夜晚，跟着我家的老伙计刘罗汉大爷去河边捉螃蟹的情景。夜色灰葡萄，金风串河道，宝蓝色的天空深邃无边，绿色的星辰格外明亮。北斗勺子星……。
>
> 河里的水流都流到灯影里，黄得像熟透的杏子一样可爱，但可爱一霎霎，就流过去了，黑暗中的河水倒映着一天星斗。

还有高粱地里狐狸的兴奋鸣叫，河底淤泥的腥味，河滩捉螃蟹时的神秘、欢快而有趣，河滩上的野鸭。一边是激烈紧张的战前描写，一边是恬淡自然的描写，两者的极大反差使作品显出了特别的艺术效果。同时表明了莫言的一种矛盾：一方面极力张扬酒神精神，赞美自由生命强力，蓬勃的生命力；另一方面，又仿佛要尽力避开这些强力的争斗，试图逃离到一个没有纷争、恬淡宁静的境界中去。这实际上是莫言的一种隐忧和对于凡尘世界纷争的厌倦，于是又去追寻超脱的境界，显示了他的一种超越情怀。

因为莫言已深深地意识到酒神精神中的生命强力尽管有其灿烂辉煌的一面，但同时又有其破坏性的一面，缺乏理性的一面。余占鳌为了解救“我奶奶”不惜杀死单家父子；为了所谓的“自尊”而绞尽脑汁杀死花脖子；为了维护家族的名誉杀死母亲的情人。他还毫不留情地杀死了那个求饶的日本青年军官，旁观者“父亲”——豆官却感到万分痛苦：为了那被日本兵杀死的“我奶奶”和乡亲们，也是为了被“我爷爷”杀死的日本兵。这种人类间的相互残杀使莫言产生了困惑：生命力的强悍、蓬勃旺盛难道真的能拯救这世界的黑夜吗？真的能给这世界带来明媚的阳光吗？莫言无法承受这样的现实，因为他把酒神精神作为一味药来用，当它不能起到治疗作用的时候，莫言转而寻求超脱：希望有一个恬淡安宁的环境，逃离这种蓬勃的酒神精神。

“我爷爷”被曹梦九设计几乎一网打尽，他面对死去的弟兄们“感到无比的惭愧、恐惧、仇恨。站在断桥上，他生存的愿望特别强烈，杀人、被人杀、吃人、被人吃，这种车轮般的生活他厌烦透了，他想起了炊烟缭绕的宁静村庄，嘎嘎吱吱响着的辘轳把清凉的井水绞上来，一头紫茸茸的驴驹子把嘴巴伸到桶里抢水喝，火红的公鸡站在生满酸枣棵子的土墙上迎着绚烂的朝霞引吭高歌……爷爷决定回家”。蓬勃的原生力不但不能拯救这个荒诞的世界，而且在荒诞的世界面前显得那么苍白无力。作者又通过“我奶奶”之口发出了对这个荒诞世界的质问：“天，你认为我有罪吗？……天，什么叫贞节？什么叫正道？什么是善良？什么是邪恶？……”正是由于对世界荒诞和酒神精神的怀疑，莫言感到束手无策，无计可施，于是莫言开始逃离酒神精神，转向了超脱。在作品中莫言让惨败后的“我爷爷”回家，家意味着宁静、平淡、温馨。

第八章　过把瘾就死

——游戏人生

游戏人生，指失去了理想信念，热衷于亵渎神圣、嘲弄规范、消除人生的意义，以玩世不恭的调侃挣扎于现实世界的生命历程。

第一节　别把我当人·流氓的悲歌

——王朔《顽主》

王朔作品揭示的是“流氓”悲歌。20 世纪 80 年代中期的中国文坛总体上还处于对过去的严肃总结和沉痛悼念的阶段，“伤痕”“反思”和“改革”是创作的主流，相对于这类严肃的文本，王朔作品提供给人们的则是一个幽默宽松的小社会，这里的人没有什么崇高的精神，没有什么救世的情怀，他们都是一些没有什么正当职业的人，他们打架、咒骂、起哄、相互嘲笑与模仿，对于有着正统的社会观念的人来说，王朔笔下的人物就是痞子、无赖。可以说，这些人物的心态和行为方式都是反传统的（中国当代社会生活的近传统）。只有卑下，没有崇高；只有渺小，没有伟大；只有罪恶的动机和卑琐的欲念，没有坚定的情操和高尚的信念，确切地说，是崇高和伟大隐去了，卑下和渺小才凸映在我们眼前。王朔通过他的作品颠覆了一切：这不是一般的否定，不是一般的诙谐、调侃或幽默，而是一种怀疑一切、抛弃一切、扫荡一切的轰轰烈烈的大嘲谑，是一种反文化反文明的嘲谑。顽主们无所不嘲：崇高、理性、社会、人生、道德、伦理、历史、政治、性……以及一切禁锢人性装饰禁欲理想主义的东西，一切理性文明所造就的等级秩序。有人曾说“当王朔的‘顽主’或‘痞子’们表达对传统价值的不信任时，也许不是对社会共同享有的价值观念故作标新立异的反叛，而只是在表达这个文化圈在这个历史背景中所具有的真实信念。他们的存在和挑战因此而成为中国都市文化价值观念分裂的一个最鲜明的标志。王朔作品所描绘的那种巨大现实失落感在“文革”结束后数年内是整整一代人的总体精神特征，他们的对理想和文化的厌弃以及对未来的渺茫和空虚是一个时代的时代病。”

王朔小说大多以反映平民生活为主，写小人物、小市民的生活体验，用淡化的语言表达他们的平民意识和颓废意识：《痴人》中司徒聪、阮琳不安于人浮于事的工作而想飞；《给我顶住》中的方言在“烂熟的环境和人群”中的郁闷和烦躁；马青“谁他妈敢惹我”的叫喊；赵尧舜“丢你妈”的挑衅电话；方言“我是流氓我怕谁”的声明。这帮顽主们，大多经济富裕，不愁吃来不愁穿。他们穿高级西服、抽高级香烟、坐高级轿车出入高级宾馆，背地里，他们却搞赌博、闹商海、玩女人，竭尽所能、别出心裁、寻求刺激，游刃有余地徘徊在法律的界限之外，似乎其人生理想与信仰已经幻灭。他们通过嬉戏达到消解传统国家政治体制、消解知识分子的作用，通过游荡去追求个人享受和满足。

首先，在语言方面。王朔笔下的人物“说起话来真真假假，大大咧咧，札札刺刺，山山海海，而又时有警句妙语，微言小义，入目三厘。除了反革命煽动或严重刑事犯罪的教唆，他们什么话——假话、反话、刺话、荤话、野话、牛皮话、熊包话直到下流话和‘为艺术而艺术’的语言游戏的话——都说”。那些从前不能进入正统的文学作品的话语一下子都出现在王朔的作品中，其中最为“正经人”诟病的也是最能引起读者共鸣的就是王朔作品中对政治语言的戏仿和詈语黑话的运用。

王朔作品中的人物时常不合时宜地运用政治话语，尤其是“文革”话语。《玩儿的就是心跳》中吴胖子和方言先后对李江云说：“本党的宗旨一贯是这样，你是本党党员就将你开除出去，你不是党员就将你发展进来。”“本党此举完全是下意识的，凡本党党员均要轮流蹲班房——为了活跃党内政治空气。”他们甚至把打麻将称为“组织生活”。王朔小说中还有大量对文革话语的戏仿，在《一点正经没有》中，曾经深刻影响中国社会的“毛主席语录”“最高指示”“样板戏”等都被改头换面地出现在文本中。例如：“我是主张文学为工农兵服务的，也就是说为工农兵而玩文学。”“我多次在一些会上语重心长地讲：什么时候也不能忘记百分之九十九，八亿农民。三百万解放军稳住了，天下就太平了。”

在《顽主》中，我们可以看到如此激动和奋不顾身地冲向食物的人群：“衣冠楚楚的男女……像攻进冬宫的赤卫队员们一样黑压压地移动着……像是国庆检阅时的步兵方阵，对前面桌上的啤酒行注目礼。”他们越走越快，“最后终于撒腿跑起来，冲向所有的长条桌……”当于观等人步入舞会大厅时，展现在面前的是一个“大型庆丰收群雕”，男人们和女人们从堵住嘴遮住脸的倒竖的酒瓶后面露出喜悦的眼睛。“天哪！中国老百姓其实是世界上最好的老百姓”，于观激动地说，“他们其实并没有什么过奢的要求”。

《枉然不供》中重要嫌疑人李建平的笔记本提供了他与四名有夫之妇有奸宿关系的线索，警官向她们调查，女甲曰：

> 李经常向我吹嘘他出身名门，家里有的是钱，就是没处花，说是要送我串珍珠项链，说我的脖子、胸脯长得是那么科学，美中不足的就是略显光秃、呆板，‘要是配上串珍珠项链就旖旎了’，这是他的原话。也怪我理论水平低，没有辨别真假马列主义的能力，就信了他的，跟他到家里去取项链，结果遭了他的毒手。更可气的是那串项链，我戴回去给别人看，别人说是假的，是化学的。我恨死李建平这个言行不一的骗子了。我平生最恨的就是欺骗，我认为骗是最大的恶行，党中央不也号召我们实事求是么？我们中国的事情搞不好不就是因为很多人不讲实话，有李建平这样的人存在……

不难看出，上述两处的共同特点是在猥琐、卑俗的语境中掺入了神圣和庄严的东西，使得神圣变为戏谑、庄严变为滑稽。男女人群为着满足低级的生理和感官需要而集团式地冲向食物的奋不顾身姿态，竟被比喻为进攻冬宫的赤卫队员和国庆阅兵式上步兵方队的庄严英姿。这种以雅喻俗方式，意味着通过比喻性语言把卑俗的、感性的东西神圣化和理性化，既对于人的低级需要有着某种提升作用，又对政治传统中神圣的东西构成消解效果。“辨别真假马列主义的能力”和“实事求是”是每一个置身于社会政治生活中的国人所十分谙熟的两个词语，它们本身具有价值品格的涵义，以至于成为中国当代政治生活中两个时代（分别为20世纪70年代初期和末期）在汉语言集合体中的某种标识，暗示着独特的时代精神和文化氛围。因此，当这种政治性的独特标识被随意地运用于这个特定的环境中时，其原有的价值品格发生了逆转，该词语就产生了反讽意义。在这里，反讽不仅仅是一种小说的叙述态度，更是一种人生态度。正是反讽使王朔的小说具有了他个人独特的智慧。不理解反讽，就不能把握王朔，就不能真正懂得王朔的意义。

此外，詈语和黑话的泛滥也是王朔作品的一大特色，这种带有发泄意味的语词在他的文本中也屡见不鲜。“他妈的”“妈的”“操”“混蛋”是王朔笔下人物的口头禅，他们将脏话与嬉戏紧密地结合在一起，对这些把生存当做嬉戏的嬉游者来说，竞相讲脏话、骂人，并不是他们生存嬉戏中偶尔外加的‘剩余精力发泄’或什么即兴表演之类，而就是这种生存嬉戏本身。说脏话以获取狂欢，已深深地嵌入他们的日常生活中，成了这种生活的重要组成部分。“王朔的作品之所以在民间得以迅速流行，很大程度上就是因为作品的语言通俗逗趣。然而，笔者认为，这些只是表面的狂欢，背后隐藏的反而是深深的悲哀。笑就它本性来说具有深刻的非官方性质；笑与任何的显示的官方严肃性相对立，从而造成亲昵的节庆人群。草人、木偶、机械——这些都是对严肃性的化解，是狂欢节上的‘地狱’，是奢望活下去的衰老。”1949年中国人民迎来了独立于世的时代，但人民的思想并不因此而得到彻底的解放，直到“文革”结束之前，中国人民几十年一直生活在“政治国家”特有的“革命化生活”中，“革命”是那样无所不在的嵌入中国人的生活。这几十年的生活对于那些曾经生在其中的人来说并不可笑，他们也不敢笑，时过境迁，他们得以通过王朔笔下的“流氓”的口进行发泄，对于那些曾经经历过的人来说，他们恐怕会笑到颤抖，笑到辛酸含泪，这不能不说是一代人的悲哀，甚至是一个时代的悲哀。在王朔笔下，神圣的“革命话语”的意识形态功能被抽空，形成了一种滑稽的效果，他“一方面实现了个人和社会心理的紧张关系，同时又消解这种紧张。王朔把握了大众的文化心理（‘中国人需要的那种发泄就是开玩笑式的’——《王朔自白》），因此从某种意义上，他的‘破坏’又绝对是温和中庸的，阅读者接受了一种安全的承诺，这正表现中国的市民阶层某种怯懦的文化品格”，因此，在王朔作品颠覆性的话语背后实际上是一曲丧失身份的“流氓”的怯懦的聊以自慰的心态。

其次，在人物形象塑造方面。从“部队大院子弟”到“城市流浪汉”再到“游手好闲的顽主”，王朔笔下的人物从本质看都是一群在转型期没了身份的人，他们对于生活、对于自己的调侃背后其实仅仅是为了维持自己残存的自尊。

“我知道我是有来历的，当我混在街上芸芸红尘中这种‘卓尔不群’的感觉比独处一室时更为强烈”，王朔作品中的主人公开始就这样直言不讳的表白。多年以来王朔的确贡献给文坛一群“卓尔不群”的被称为“顽主”的形象。他们调侃传统、嘲讽现实、戏谑人生。一方面过着最刺激、最冒险的迥异于常人的生活，横冲直撞、左右逢源、能伸能缩、随心所欲。一方面又时时露出忧郁或痛苦。一方面既把这个世界的一切都看得一钱不值。一方面又从极端的恶作剧中体现出对生活的执著探索。承认顽主，标榜痞性，努力把痞性精神发扬光大。故此王朔笔下的顽主们，什么都玩，什么都敢玩。玩理论、玩深沉、玩文学、玩自己……只要是世俗生活中有的，他们就玩。另外还要玩得成功，玩得潇洒，玩得无牵无挂。在顽主们看来生活本身就是一场游戏，犯不着为某件事发愁伤神。王朔笔下的顽主形象大致分为四种类型：

第一种是挣扎于叛逆思想的末路英雄。这是作者“玩文学”塑造出来的第一代“顽主”，以《橡皮人》《一半是海水，一半是火焰》等小说中的主人公或人物群为代表。《动物凶猛》《过把瘾就死》承其余续，这些人开篇就以迥异于常人的姿态出现，性情之逗乐、调侃、努力展现他们是反抗社会旧有规范的“英雄”。不过从各部作品来看他们只能是一种挣扎于叛逆思想的末路英雄。

“顽主”们的第二种形态是出于“零”点生存和价值真空状的人生风景的戏耍者。这里以《顽主》《一点正经也没有》里杨重、于观为代表。这些人一本正经的模仿着主流话语的腔调做着荒唐的事，以自身的荒唐影射社会主流意识形态的荒唐。

“顽主”们的第三种形态，其特征无非是粉墨登场却忘了自己是什么角色的江湖骗子。他们的特异之处在于不惜以小丑自居，不遗余力的卖弄自己的厚颜无耻和不择手段，如《千万别把我当人》里出现的刘明顺、赵航宇等。

“顽主”们的第四种形态，《千万别把我当人》中唐元豹是同一篇小说的另一面，也是作者笔下“顽主”的第四类。可以概括为“别人玩我，我只好玩文学”的弱智人。这类人有象征意义，王朔暗示这部小说的主旨是一个人对全体中国人的恳求：“千万别把我当人，把我当人就坏了，我就有人的毛病了，咱民族的事就不好办了。”

王朔笔下的“痞子”，如于观、杨重、马青、石岜、方言、张明等，他们无一例外地丧失了理想信念，热衷于亵渎神圣、嘲弄规范、消除人生的意义，以玩世不恭的调侃挣扎于现实世界。但此类挣扎是徒然的，这缘于他们生存的困境。

王朔笔下的“痞子”们多是出生于20世纪60年代前后的京城军官子弟，在“文革”中，他们度过了特殊时代所赋予的空虚但自在放纵的童年和少年时期，他们虽说不上是上流社会子弟，但确实曾有过时代性的、其他阶级所匮乏的临时特权，因此，优越感、无羁感和乌托邦的理想主义是“文革”岁月留给他们的精神“赠礼”，他们的美好记忆就是“从小一块偷幼儿园的向日葵，一块从楼上往过路人的身上吐痰”。即便在中学，也“只是勉强认了几个汉字”。大多在狂热的运动中自由地度过。

“文革”结束了，政治上的拨乱反正结束了一个封闭、荒谬的生活模式，社会走向正规化、秩序化、知识化。从噩梦中恍然醒来的这批年轻人，他们面对的是理想与现实的双重幻灭，难以找到自己安身立命的归宿，且始终无法排遣那种被愚弄被欺骗的感觉。荒诞不经的历史赋予他们怀疑主义的性格。随着商品经济的发展，中国都市开始了由传统向现代化的转型，旧的不合时宜的观念遭到抛弃，金钱至上的价值观取代了政治意识形态至高无上的权威，享乐主义取代了理想主义和英雄主义，都市文明的负面又在“痞子”们的心灵上投下浓厚的阴影，他们感到从未有过的失望、空虚和茫然。他们痛苦地发现自己生活在一个非理性的不可理喻的世界（与他们头脑中想当然的理想世界完全不同），过着一种没有意义、没有目的、没有出路的荒诞人生，巨大的无力感、虚弱感围绕着他们。因此，“当作为个体的人感到无力去获取某种价值时，很容易走向否定和诋毁价值本身……”在这种状态下，他们很自然地对于社会现有秩序以及和他们的文化心理相背离的传统思想（也是现实秩序的主流思想）进行反叛与抗击，并且由于他们强烈的个人情感，这一反叛还呈现出了强烈的非理性和破坏色彩，于是活化为王朔笔下放浪形骸的“痞子”行为——无奈的徒劳的挣扎。

在固有的传统与浮华的文明的双重挤压下，痞子们难以主宰自己的命运，想冲决传统而不得，欲救赎现实却又无力，他们只能以玩世不恭的方式对人生的意义进行一次不动声色的却极其彻底的颠覆。他们大胆挣脱传统因袭的羁绊，恣意妄为，游戏人生，“依照生活快乐的原则”而生存。同时为证明自己存在的价值，他们也试图用冷漠的心态去排解人生的悲哀，用调侃的方式去冲淡人生的残酷，如《顽主》中的主人公于观、杨重等人本着“替人解忧，替人解闷，替人受过”的宗旨，创办了“三T公司”，他们为欺世盗名的作家颁发“三T文学奖”，替情人赴约会，甚至代人挨骂……最后他们自己压抑得受不了，恨不得上街打人；到了《你不是一个俗人》，这些痞子们又成立了一个“三好协会”，“首先是一片好心，其次是各种好话，最后汇成一刻骨铭心的好梦”，他们立志将“捧人”职业化，为了扭转社会风气，坚持义务“捧人”，最后累倒在“捧人”的光荣岗位上……类似这样的荒诞行径还出现在《千万别把我当人》《玩的就是心跳》《一点正经没有》等作品中。这些行为看似荒谬滑稽，实际上却在游戏中表达了对现实秩序的反抗。

他们还拼命借生理感官的满足和物质刺激来填补巨大的心里空虚；通过借、拐、骗他人财产以纵情挥霍；他们痛恨所谓的英雄，鄙夷文人，借此来嘲弄规范、虚假和矫情，但在嘲弄表现出的坚强背后却是一种更深刻的软弱，旧的价值取向在他们心目中已经被否定了，但新的追求和理想还未能建立起来。否定一切、嘲弄一切固然痛快，可随之而来的就是无所依傍的孤独和无所执著的空虚。痞子们沉溺于声色犬马戏弄人生的行为，那种不可救药的厌世情绪，正表明他们无法与世界发生积极有效的关系，从而无法获得自身的社会归宿。痞子们意识到这一残酷现实，并陷入深深苦闷之中。《许爷》里的“我”，对自己的胡作非为不乏深刻的反省，“我不是说我自己就不感到厌恶。……我一直真切清楚地注视着我的丑恶行径，并为之寒噤，恶心不已。”他们尚未从生存的困境中得以解脱，便又被精神上的巨大危机所困扰。现代都市文明注定了他们没有足够的心智与能力拯救自己于困境，因而只能听凭命运之舟载着他们的肉体四处漂泊，而精神便在生存世界中逐渐萎缩直到消弭。

在现实社会这个庞然大物面前，痞子们的挣扎往往是软弱无力的，甚至是徒然无效的。任你百般挣扎，现实却依然故我，痞子们的反叛行为最终归于失败。他们从亵渎人生的激流中无奈地退下来，慨叹人生的苍凉悲茫。《你不是一个俗人》中支撑“三好协会”的于观最终想沉静下来，胡亦（《一半是海水，一半是火焰》）随着回程的开始，又回到熟悉的旧有世界……痞子们的挣扎反抗违背了社会、自然的法则，个人与社会发展的对立，决定了他们所有的努力都不可避免地归于幻灭。他们的独特意义在于：

首先是客观反映了当时社会生活中的真实存在。正如一位评论家指出：“这些人物及其活动确实是我们社会中的一种存在，是一种无法否认的现实，作家这种正面的不掩其丑恶的描述，毫无疑问提供了一种文学现象。”这些人物不同于以往中国文学中的善恶分明的人物形象，首次以另类形象堂而皇之地走进中国当代文学艺术画廊，并显现出独特的审美价值和认识价值。

其次，作者对痞子稍带夸张和虚构的描写也揭露了现实生活中的某些丑陋现象。比如《顽主》中“三T公司”为“作家”宝康颁发“三T”文学大奖（奖品是一个大咸菜坛子），这明明是作者虚构、想象的产物，生活中根本不可能有这等事情，读过之后，你会觉得荒唐可笑，但笑过后你会联想到当今社会上各行各业、各式各样的评奖、颁奖大会以及评奖过程中的形式主义、弄虚作假、暗箱操作、请客送礼等；又如《千万别把我当人》中的那一帮人，打着为民族争光的旗号，瞒天过海、大吃大喝、为所欲为，很容易让我们联想到现实中借着各种名目和理由，屡禁不止、愈演愈烈的“公款吃喝风”，这些看似荒诞不经的痞子行为，却有着尖锐辛辣的讽刺意味。

再者，另类形象也给读者以重要的启示：人要怎样生活，生命的价值何在？

受传统儒家思想的影响以及进步的时代语境，时代的主流价值观总的来说重意义、重人生价值的实现、革新创业和理想的张扬。文化边缘人却与之相反。他们对现实不满，在生活中失意，巨大的无力感和虚弱感困扰着他们，潜藏于心的优越感和等级观念使他们步履沉重，找不到自己的价值定位，看不到生活的前途和方向。同时，他们又不愿意像平常人一样过平常的生活，总想做一些“惊世骇俗”的大事业。另一方面，他们靠沉迷于过去或者嘲笑现实来缓解内心的无奈与痛苦，靠享受现实、寻找感官刺激来填补巨大的心灵空虚。所以王朔作品中的人物往往对他们放纵而优越的过去生活津津乐道，而在现实生活中，往往十分消极，他们宁愿放弃自己正常的工作而作一个无业游民，或者靠父母的荫蔽度日，或者靠拐骗他人财产纵情挥霍。

价值观的虚无与唯物欲倾向导致了道德观上的极端个人主义。小说中的人物在生活准则上的唯一标准就是他们自己，他们不爱任何人，也不承担任何义务与责任。对于他们来说，“他人就是地狱”；“我从内心里摆脱不了一个人对另一个人永远是陌生人这一偏激念头”（《痴人》）。在这种个人主义的支配下，他们以嘲讽理想、及时行乐为荣。为了自己的虚荣或者纯粹为了刺激，他们可以把自己的朋友推向死亡陷阱（《痴人》《玩的就是心跳》），可以把深爱自己的妻子推向别人的怀抱（《给我顶住》）。当然，这类人物从终极意义上来说还是悲剧性人物，当世界失去了意义，他们本身也变成了调侃的对象以后，他们就陷进了虚无的泥淖不能自拔。文化边缘人在被命运抛弃、捉弄，反过来又嘲讽命运以后，他们的幽默就是对不可改变的荒诞世界的无奈而表现出的黑色幽默。

文化边缘人对主流文化的悖逆和疏离还体现在向恶的人生态度上。善恶是非观是传统道德的一个重要范畴，也是新时代的一个重要道德范畴。经历了“文革”十年浩劫的国人深深地厌倦了恶，普遍表现出一种向善的积极性。但是，文化边缘人却背弃了向善的努力。王朔说：“是非观念在生活中是微妙的，关键时候就乱了……。很多事物是无法用是非观和道德观去衡量的。”① 王朔的是非观显然就是他笔下的文化边缘人的善恶观。在这一善恶观的指导下，他们无情地嘲弄善，对自己的种种危害社会、他人的行径津津乐道，并以种种托辞或借口为自己辩解。如《玩的就是心跳》中李江云对方言夸赞道：“你已经活得很有点豪杰的味道了，不是杀过人就是奸过人，沾上哪条都够人尊敬的，都算没白活。”在他们眼里，自己的享乐是唯一的生活原则，其他人的生命价值、传统的善恶观不屑一顾。

如《一半是海水，一半是火焰》中的张明，欣赏生命的绝对放纵，自由自在，张明说的话可以说是文化边缘人的生活宣言：“所以我一发现要当一辈子小职员，我就不去上班了”，“所以我抓得很紧，拼命吃拼命喝拼命玩”。在这种失去了崇高理想的生活观的支配下，无论他怎样轻松吃喝玩乐，他依然体会不到生活的乐趣。在《一半是海水，一半是火焰》中，一个人物为了表达对生活的失望，竟然直言不讳地说“谈恋爱没劲，不谈恋爱也没劲，总之，活着就没劲。”最终张明痛苦地踏上了反省与回归的艰辛之路。《浮出海面》历经反抗和放纵的男女主人公虽然结了婚，但放纵的过去造成的巨大心理阴影依然横亘在他们的生活当中，煎熬、压迫着他们。他们失败的结局及内心的痛苦会让类似他们或喜欢他们的青年读者陷入沉思：自己的路究竟该如何走？

第二节　用身体写作·情感消费的代价与启示
——卫慧《上海宝贝》、棉棉《糖》

卫慧做过咖啡馆女伺，编剧。除了刘晓庆，卫慧也觉得自己是品牌，专供都市白领阅读的《时尚》杂志说她把自己的头像与小说片段印在了七条勇士的内裤上，这与纽约的前卫艺术相比也不太离谱，在脸上身上贴小图案，自慰、乱交、高声尖叫和其他，更像什么？卫慧很有点

① 王朔．我是王朔［M］．北京：国际文化出版公司，1992：79.

自恋和自虐，她把昆德拉的话奉为宝典，“同男人做爱和同男人睡觉是两种互不相干的感情……前者是情欲——感官享受，后者是爱情——相濡以沫。”棉棉讲的更让人心跳，她说自己拥有“18岁的脸80岁的生殖器”。

读完卫慧的《上海宝贝》和棉棉的《糖》——这是两篇很尖刻的小说，其共同特点是煽情、疯狂、颓废和希望并存，都真实描述了一个存在于历史断层中的灵魂。两部小说用很直白的方式描述当今社会中一个个失却自我的底层中产分子青年，在他们的人性中，纯洁、糜烂、现实、浪漫、世俗、自私等色彩混杂在一起却不能融合，像是一盆令人作呕的泔水，但却不能否认其中单一成分的完整。事实上，这种人性在这个社会并不少见。社会体制的突然改变，让大多数人无法适应但却不得不适应，人类千百年来的演化已足以应付这种突然的变化，但在内心深处，却又互相矛盾与抵制，这造就了一大批迷失的人群。而这些人，却将要成为20世纪的主体，那些国家改革的先驱者们，真不知是否曾预见到这种局面。在给人民大众带来物质享受的同时，那些人也同时给他们带来了精神领域的折磨，青年们在一个个厚厚的面罩下备受着痛苦的煎熬而越来越颓废，往日的自信与目标正在一个个失去意义，纯真的爱情也在受到严峻的考验，在一些人眼中，爱情正悄悄地成为20世纪的神话。而人与人之间，上辈与下辈之间，不信任的气味在四处传播，处处是提防与戒备。人们之间借以联系的感情变得若有若无，让人难以琢磨。这种环境下的人，正变得越来越自私自利，他们用放纵来解脱自己的压力，用随意来寻找一点的真诚，在左或右之间寻找自己的定位，而这种跳跃式的生存已经让生存本身失去了意义，没有目标、没有自我。除了疲于奔命的求生欲望外灵魂本身并没有安息之所。

进入20世纪90年代中期以后，中国文坛进入了一个以精神消费为基本特征的阶段。在这一阶段，人的欲望在整个社会舆论视界内获得空前的合法性，所以，也可以说这是一个欲望合法的时代。人们日益膨胀的享乐主义思想强烈冲击着传统道德的每一条底线，而以消费、享乐为内质的现代都市文化为高涨的欲望提供了最好的实现场所。以卫慧、棉棉等为代表的“70后”作家就是在这样的时代语境中茂盛地生长起来的，她们被称之为“新的欲望一代的代言人”，她们的写作被比作“盛开在夜的下腹部”的“有毒的玫瑰”；而卫慧她们对自我显然有着更为准确的把握和恰当的描述：“某种意义上，我和我的朋友们都是用越来越夸张越来越失控的话语制造追命夺魂的快感的一群纨绔子弟，一群吃着想象的翅膀和蓝色、诱惑、不惹真实的脉脉温情相互依存的小虫子，是附在这座城市骨头上的蛆虫，但又万分性感，甜蜜地蠕动，城市的古怪的浪漫与真正的诗意正是由我们这群人创造的。”① 温情、性感、甜蜜、浪漫、诗意，这些诱人的质素“像狂热的植物蔓延”，而“欲望”构成它们的真正内核。欲望，这个在中国传统文化中从来都是被千方百计加以禁锢、加以防范的“魔鬼”，于今终于堂而皇之地跃出潘多拉的盒子，乘着都市消费文化的快车，一路风行，势不可挡。它与年轻的狂想、汹涌的激情、最前卫的时尚、最实际的世俗理性紧密相伴，形成一股前所未有的诱惑力量。卫慧曾经有一段话被视为这种欲望时代的女性宣言：“我们的生活哲学由此而得以体现，那就是简简单单的物质消费，无拘无束的精神游戏，任何时候都相信内心的冲动、服从灵魂深处的燃烧，对即兴的疯狂不作抵抗，对各种欲望顶礼膜拜，尽情地交流各种生命狂喜包括性高潮的奥秘，同时对媚俗肤浅、小市民、地痞作风敬而远之。”②

这一“宣言”，再清楚不过地表明了“70后”作家们在生活态度及文学意识上的消费本质，她们热烈拥抱着高度物质化的现代城市生活，领受着城市生活带给她们的无穷压力与刺激，并疯狂释放因抵御各种压力而产生的无穷欲念。她们聪明、自信、年轻、漂亮，被冠以“美女作家”的美妙称谓，有着过剩的青春激情；她们崇尚自由，敢于逾越现实规定的位置而从事自由撰稿职业；她们追崇时尚，姿态前卫，热衷引领潮流，具备明星风采；她们实际、世故，深谙俗世机巧，善于把握当下，懂得享受生活，并且具有很强的行动能力。所有这一切，汇集于情感领域，则使她们追逐即刻的狂欢，迷恋身体的欲求，过度放纵内心的冲动，以至于最终陷入一种心灵迷失状态——对欲望冲动的无力控制，

① 卫慧．卫慧精品集［M］．长春：时代文艺出版社，2000：180.
② 卫慧．卫慧精品集［M］．长春：时代文艺出版社，2000：3.

对灵魂寂灭的恐惧，对自我人格分裂的绝望。

显然，“70后”为我们敞开的是一个令人新奇而又陌生的情感世界。那里，身体具有了“本体”意义，一切源自身体的欲念均被赋予了存在的理由和践行的权力。在卫慧的《上海宝贝》中，女主人公倪可有着与男性广泛的亲密接触经验，即便在情感最为稳定的时期，也同时保持着与中国男人天天和日耳曼男人马克的特殊关系，他们分别给她带来了精神的深层慰藉和性的极大满足。让普通读者最难以接受的，是女主人公对身体欲望的过度纵容，随时随地都可能发生的“性”使人觉得它过于远离了文学应有的基本的伦理边界。棉棉的作品同样将当下的欲望视若生命，叙述话语毫无顾忌，“脱衣”“做爱”“高潮”“尖叫”遍布文本。

理智的、理想的、形而上的一切均受排斥，卫慧明确表示自己“对形而上的幽灵敬畏有加”，棉棉则在她的《白色缥缈》中通过优美诗句表达着一种“即刻”的愿望：

> 我是一朵战栗的棉花/亲爱的/请带走我幻想中的颜色/请把我的理智悬挂在空气中。

然而，在“70后”笔下出现的新的两性关系书写，绝非真正意义上的对两性和谐关系的积极建构。对于这些疯狂迷恋身体、注重当下体验、信奉“性本论”的“70后”女作家而言，抒情化、诗意化的两性关系只是现代都市文化激情涌动时泛起的一些色彩斑斓的泡沫而已，这些“泡沫”之下依然是城市消费文化写满欲望的面孔。欲望是隐身此间的真正上帝，一切于此都具有了游戏的色彩，而游戏的内容、游戏的规则统统为人的欲望所构成的消费市场秘密掌控。在这样的“市场”中，一切皆具备了消费性质，人与人之间的关系根本上成为一种消费关系，包括爱情这种最为神圣的人类情感。我们知道，在人类情感世界的未来建设意义上，情感的消费状态绝对不是我们追求的目标，我们希望的是借助日趋开放的情感空间，去追寻那具有永恒价值的诗意情感，包括爱情。这种目标应该是人类的永恒目标。

正因如此，我们看到了“70后”在消费行为与精神理想之间、性的享受与爱的信仰之间、欲望与诗意之间所暴露出的巨大裂隙，也由此暴露出她们创作所陷入的困境—— 一种严重的倾覆状态，抑或一种女性精神自我的深度迷失状态。而这种“迷失”，正是由于她们无法回避和克服来自自身及外部的一系列矛盾。这些矛盾在作品中主要体现在即兴狂欢中难以掩饰内心的焦虑。“70后”上演的世纪末狂欢根本上是源于内心深深的焦虑。可以说，狂欢与焦虑是人类灵魂深处久已盘踞的两种隐秘力量，它们意向背离，却又相互纠缠，难以分离：焦虑总是借助狂欢得到缓解，而狂欢的结果则进一步加剧了这种焦虑。卫慧、棉棉她们内心的焦虑是什么？一是现代都市生活的强大压力所引发的内心恐惧，这些恐惧来自成名、就业、赚钱、出国、交友、恋爱等多个方面。消费的时代也是诱惑充斥每一个生活角落的时代，而诱惑愈多，欲望愈强，焦虑就愈甚。这也是一种“影响的焦虑”① ——只不过这种“焦虑”不是来自于“诗歌传统”，而是来自于消费欲望。欲望在满足的过程中总会遇到多种现实阻碍因素，这反过来又进一步激发了内心的欲望，并强化了它的非理性程度。卫慧在《像卫慧那样疯狂》中曾经这样坦言：“我们的想法太多，实现的可能太少，这种障碍使我们的热情只关注于那把短暂的欲望之火……”正是这把“短暂的欲望之火”使“70后”不断陷入狂欢，也不断陷于精神的混乱无序状态。二是对于自己“生为女性”的过于敏感、自爱与怜惜，她们自忖有着优越的青春资本与智商资质，又适逢20世纪末百无禁忌的“女权时代”，所以总是难以克制自己因时光飞逝、青春难驻而徒生的烦恼和“及时行乐”的欲念。

在《像卫慧那样疯狂》中主人公“我”告诉“因爱而悲伤”的阿碧：“忘记这些烦恼最好的办法，就是以更快的速度寻欢作乐，情人们会像大白菜、茄子一样自动地摆在你新一轮的欢爱之旅上。”这种教诲虽然可以当作女性在对抗男权、自我觉醒过程中的一些小招数、小伎俩来看待，但是，陷于这种女性意识状态，也自然会限制她们对于两性关

① ［美］哈罗德·布鲁姆. 影响的焦虑［M］. 徐文博，译. 北京：生活·读书·新知三联书店，1989：5.

系的合理指引，这也使她们作品中的女性总是漂浮于欲望表层，而无力沉入坚实的生活内部。

在性与爱情之间不断地自我诘问与痛苦挣扎。相比之下，批评界普遍注意到的是“70后”女性写作中对“性”的凸显，而不大愿意承认她们对于爱情所抱的严肃态度。我以为这一问题直接关涉对这一代女作家创作的基本价值评判，有着再探讨的必要。诚然，“70后”很难给当代文学提供可资蓄存的丰厚精神，限于她们成长的经历、所处的生存境遇（介于城市白领与大众文化之间）和复杂的自我意识，使她们成为热衷行动的一代，而思想却处于生活的边缘，精神信仰趋于涣散状态。然而，她们的文字是带着她们生命的体温，是真实的，因而也是锐利的，对于男权传统的冲击力其实具有相当的致命性，这一点是对陈染、林白她们那一代的承续，但这一代做得更投入、更“疯狂”，接近某种类似“行为艺术”的极端。对于爱情，她们内在的基本立场其实与绝大多数女性一样，是极其看重并努力坚持的，只是在面临世纪末暴涨的中国消费文化狂潮，要处理好生存与情感等各个方面的关系时，显出了她们的年轻、稚拙和力不能胜，也暴露出她们的肤浅、急躁、功利、缺乏责任感以及对自我欲望的过度纵容等弱点。这肯定影响到了她们作品的“气象”，不够阔大，不够深广，然而，这并不影响她们面对文学、面对写作、面对文字时的那种真诚与投入，更不决定她们对待爱情的严肃态度。在卫慧的《蝴蝶的尖叫》《床上的月亮》中，朱迪、小米等女性因执着于爱情而于现实中碰磕得头破血流；在魏微的《情感一种》中，栀子始终不甘心自己对于男人而言只意味着女性身体这一现状，不惜放弃欲望而寻求那种精神的东西；在《爱人的房间》这篇小说中，一个女孩对另一个从事艺术的男子的房间的独自眺望和柔情幻想，突破了欲望狂欢的俗界，而给予空灵、圣洁之爱留下了一间难得的“空房”。这间眺望中的“空房子”可以视作这些“另类”女性始终不忘为爱情寻找立身之地的一个象征。

在消费生活过程中总是不断被生活置于被消费的位置上。“70后”女性作品充分显示了她们对这个消费时代的热烈拥抱，对于卫慧、棉棉、魏微、周洁茹等代表的“70后”而言，都市是她们唯一的家园，在这样的都市生活中，她们看到了人的欲望得以舒展的无穷空间，也深晓这种欲望空间要靠什么来支撑。她们的精神世界于此已经呈现裂隙，而日渐沉湎于欲望之河只能使她们和她们笔下的人物的人格分裂更加严重。这就出现了我们现在要讨论的一种悖谬现象：在作品中女性激情飞扬，欲望恣肆，主体意识、主动意向似乎十分鲜明，男人于中主要作为女人们的性启蒙者、性伴侣、生活教父而存在，消费意义大于精神意义；然而，在作品之外，我们发现，此时的女性主体处于一种很不可靠的位置，其主动性在实施过程中已被悄然置换，成为“被消费者”，成为男权阅读的“看点”。于此女性的主体人格和尊严被置于一个十分尴尬的地位：看似主动，实则被动，看似主体化，实则宾格化，连一向洒脱的女主人公都不免在某些“纵情时刻”对自己产生厌恶之情：“我越来越对自己丧失了信心，我觉得自己比楼下那些职业娼妓还不如。”对于卫慧写作中这种女性人格屈从于欲望的情形，有的论者发出了严厉的批评：“在现代的狂欢中，当即时的快乐与欲望的满足成为生存的终极目标，当女人可以自由地找男人性交追逐‘高潮的尖叫’，是否意味着女人真正摆脱了男权规范的束缚而获得了与男人在行为和人格上的平等与自由了呢？也许，后现代的女人们对诸如女权、平等之类压根儿就不屑一顾。然而，回避并不意味着超越，逆水行舟，不进则退。在一个男权中心的社会里，女性必须为争取自己的权益而努力，漠视则意味着放弃与退让。”① 综上所述，我们看到在“70 后”的作品中，以往女性对于男权的批判主题在这里显得有些暧昧，而对女性自我身体与灵魂的紧密贴合、纠缠不清的状态的深入描述，特别是对身体欲望的难以遏制、对女性之于“性”的快感体验的大胆揭秘，以及在传统伦理的边界上快乐舞蹈时的自我陶醉与心虚辩解，构成了她们文学写作的基本生态。而思想的匮乏、信仰的混乱、消费欲望的钳制、享乐主义的作祟，也使她们在放肆消费生活之同时也为生活所消费，成为新的市场化的男权视界中的“观赏之物”，这是情感消费主义者必然要付出的代价。基于此，

① 于展绥．从铁凝、陈染到卫慧：女人在路上——80 年代后期当代小说女性意识流变［J］．小说评论，2002（1）：28－32.

她们的情感困惑也就与陈染她们有了很大不同，借用女性文学批评家杜英的一句话："如果说陈染们对于爱情的绝望来自对男性的绝望，那么'70后'的绝望来自对自己的绝望。"[①] 在此，我们应该意识到，当有一天女性解放的敌人真正成为"自己"时，也正意味着这一解放事业开始趋于真正的深入。从这个意义上讲，"70后"与以往的女性写作之间有着深刻的精神联系；而她们于今的自我迷失本身就构成一种启示，这种启示不单是给女性的，而应是指向包括男人在内的整个人性的弱点。

"每天早晨睁开眼睛，我就想能做点什么惹人注目的了不起的事，想象自己有朝一日如绚烂的烟花噼里啪啦升起在城市上空，几乎成了我的一种生活理想，一种值得活下去的理由。"《上海宝贝》开头的这一段话似乎一开始就揭示了卫慧、棉棉们想要表达的东西：生命正变得越来越卑微。你是谁？似乎你我都应该加入到这个自我反省的问题中……

---

① 杜英．"70年代后"的世故［J］．小说评论，2002（4）：23－29．

第九章　采菊东篱下，悠然见南山

——审美人生

审美是一种人生实践，美是一种人生境界。

审美人生，是按照美的规律改造自然的同时，也用美的规律塑造自身的人生，是在物质文明基础上的对精神生活的美好与幸福的希望与追求。

第一节　不知有汉，无论魏晋·潇洒

——陶渊明《归园田居》

1500多年前的诗人陶渊明的生平留下了许多不解之谜。但无数人知道他怎样率性决绝地走出衙门，“载欣载奔”地回到故乡。庐山脚下那条深深的山垅，所有的花和草、树和溪举行空前的盛典，掩盖了他来时的道路。从此他在沉闷的公文中消失，在酒和诗文中大放光芒；从此他永远地脱离物欲的役使，日月星辰、风霜雨露、山川田园充盈了他的身心。

他的“宅边有五柳树”，“因以为号焉”；他“闲静少言，不慕荣利”；他“好读书，不求甚解”；他“性嗜酒”，“期在必醉”；他的家“环堵萧然，不蔽风日”；他总是“短褐穿结，箪瓢屡空”；他“常著文章自娱”，“以此自终”。

他放牧，他耕作，他戴月荷锄归；他采菊，他醉酒，他登高赋新诗。一杯酒在手上连接着另一杯酒，一首诗在胸膛里燃烧着另一首诗。他的叹息，使一溪清流落英缤纷；他的呐喊，使一天流云无心出岫。他宁肯乞食而不肯为五斗米折腰，他日渐衰弱却只顾寻寻觅觅，唯愿后世的人们，在桃花源的风景里男耕女织。它描绘了一个动乱时代文人隐士们理想化的世外桃源。陶渊明所设计的桃花源里，先辈们为了逃避战乱而来到这个大同世界，他们“不知有汉，无论魏晋”，“黄发垂髫，并怡然自乐”，“童孺纵行歌，斑白欢游诣”，一派歌舞升平的极乐世界。陶渊明以那种“忽逢桃花林，夹岸数百步，中无杂树，芳草鲜美，落英缤纷”的大自然纯美境界托出了自己梦幻中的理想世界。

在《诸人共游周家柏下》一文中，陶渊明写道，他在一次到家族世交周家墓地时，百感交集，墓地的柏树下长眠的先人，不论在世时是功名彪炳，还是默默无闻，如今静静地长眠地下，永远不会再活过来了，想到这里，怎么能不珍惜自己有限的生命时光呢！他写道：“今天天气佳，清风与鸣蝉。感彼柏下人，安得不为欢。”诗人对生死的豁然通达，清晰可见。他在墓地跟同行的亲朋好友和着笙琴唱起新近谱成的歌，酒也摆好了，新酿成的酒面上还漂浮着绿色的酒糟，大家举杯畅饮，欢乐荡漾在每个人的脸上，人们几乎忘记了这里是死亡者葬身的墓地，看到众人欢愉的心情，诗人心里感到自我满足，人生还有什么值得牵肠挂肚？他在诗中写道：“清歌散新声，绿酒开芳颜。”陶渊明高高超脱于死亡之上，随遇而安，把酒高歌，享受着人生的乐趣，足见他逍遥自得的人生态度。而他的心随风景而去，苍茫不可知，连自己也不知自己是“何许人也”；“无怀氏之民欤？葛天氏之民欤？”

在他的故里，像所有名人故里一样，很自然地有许多关于他的故事流传。后人以他的私谥建的祠堂设置了“柳巷”；他醉卧过的石头被奉为醉石；他辞别高僧有虎啸送行因留下虎溪……这类故事有一点是共同的，那就是突出了他的隐士特征：逍遥自在，落拓不拘，超凡脱俗，无牵无挂。认为有“隐士”美名的人不免被人“当作笑柄”的鲁迅，一面认同“陶渊明先生是我们中国赫赫有名的大隐”，一面又指出“陶潜因为并非浑身都是静穆，所以他伟大”，“他非常之穷，而心里很平静……这样的自然状态，实在不易模仿……”鲁迅明白而准确地给了陶渊明一个定位，同时也就给了陶渊明的崇尚者一个难以达成的人生命题：自然。

自然是静穆的：“暧暧远人村，依依墟里烟”；

自然也是激动的："刑天舞干戚，猛志故常在"。

自然是健全的生命活力。

自然是一种极度的简朴："甘天下之淡味，安天下之卑位，不戚戚于贫贱，不忻忻于富贵"；

自然也是一种极度的奢侈："登东皋以舒啸，临清流而赋诗。聊乘化以归尽，乐乎天命复奚疑。"

自然是内在精神的富有。

自然是一种选择："久在樊笼里，复得返自然"。

自然也是一种随意："问君何能尔，心远地自偏"。

自然是独立人格，是不在万丈红尘中迷失自己。

一首伟大诗篇的诞生，也就是一个诗人的永生。那个天蓝日丽的上午，陶渊明悠然面对南山采摘的菊花，便是性灵和诗歌的本质。他蹲下身子，自己就成了一株悠然的菊花。不知是该他采菊，还是该菊采他；不知是该他生在疏落的篱下，还是该菊在篱外开花。其实这是他们的相约：在一个百花萧瑟的季节，笑傲天下。

因为他们都认定：只有自然的田园，才是心灵栖息的屋舍。

第二节　我挥一挥衣袖，不带走一片云彩·浪漫
——徐志摩《志摩的诗》

陶渊明追求隐士境界，徐志摩则表现绅士情怀。

绅士气度所体现的人生观念有许多特别的内容，最关键的则是，正如一些文化学者所概括的那样，"把人生看作是一项体育运动"[①]，即重在参与和体验，不强调目的与结果，尽量体现出"洒脱的漫不经心的""热心的彬彬有礼的""善于思考的满不在乎的"乃至"圆滑的风雅的"[②]

① ［英］丽月塔．绅士道与武士道［M］．王晓霞等，译．杭州：浙江人民出版社，1990：145.

② ［英］丽月塔．绅士道与武士道［M］．王晓霞等，译．杭州：浙江人民出版社，1990：130.

等气度。这样的人生观念由于与相应的人生品格密切联系在一起，故而特别适宜于文学表现，而且表现起来也特别能见风格。徐志摩的诗歌一般都有轻盈、潇洒、躲避沉重和黏着的风格，这种风格正来自于“洒脱的漫不经心的”绅士气度，而这种绅士气度又导源于不讲究目的与结果的“绅士派”文人的人生观念。

徐志摩的那首脍炙人口的《再别康桥》抒发了他对康桥无法言说的挚爱之情。而之所以对一所学校产生如此深厚的感情，原因在于在剑桥留学的两年对徐志摩的思想具有决定性的影响。他在散文《吸烟与文化》中如此说：“我在康桥的日子可真是幸福，生怕这辈子再也得不到那样甜蜜的机会了。我不敢说康桥给了我多少学问，或是教会了我什么。我不敢说受了康桥的洗礼，一个人就会变气息，脱凡胎。我敢说的只是——就我个人说，我的眼，是康桥教我睁的，我的求知欲，是康桥给我拨动的，我的自我意识，是康桥给我胚胎的。”康桥的美点染了徐志摩的空灵，使他惊醒。而康桥对于徐志摩的影响还表现在，徐志摩在这里形成了在其一生的思想和生活中起主导作用的“单纯信仰”。“他的人生观真是一种‘单纯信仰’，这里面只有三个大字：一个是爱，一个是自由，一个是美。他梦想这三个理想的条件能够会合在一个人生里，这是他的‘单纯信仰’。他的一生的历史，只是他追求这个单纯信仰的实现的历史。”（胡适《追悼徐志摩》）

徐志摩经常表现的意象有“雪花的快乐”，有轻松的“云游”，有“沙扬娜拉”式的甜蜜的忧愁，这些都是洒脱、轻盈的风格的体现，是相关人生品格的文学展现。当他想象着“我就像是一朵云，一朵/纯白的，纯白的云，一点/不见分量，阳光抱着我，/我就是光，轻灵的一球，/往远处飞，往更远的飞……”于是“什么累赘，一切的烦愁，/恩情，痛苦，怨，全都远了”，这时他的人生、他的气度、他的风格便是一个整体的轻盈和潇洒，是对于沉重、黏着的坚定地拒绝。正因为有着这颗不黏着的心，诗人才可能这样向他十分钟情的母校告别：

轻轻的我走了，
正如我轻轻的来；

我轻轻的招手，
作别西天的云彩。

既然康河的波光在心头荡漾，在康河的柔波里，诗人都甘心做一条水草，可见他对这一片河岸、这一条河道，是何等地富有情感，但这情感贵在“不黏着”，既然离别，吹响的就应该是“悄悄”的笙箫：“悄悄的我走了，/正如我悄悄的来；/我挥一挥衣袖，/不带走一片云彩。”连一片云彩也不带走，那是何等洒脱的气度，是何等轻盈的风格！这一切都与绅士文人的人生贵在过程体验的观念有关。

静谧的康桥满载丝丝离情是这般的动人，轻轻的，脉脉的，不许一点儿尘世声响破坏此刻的佳境。诗人重游故地，没有遇见故交，只好向“西天的云彩”告别，这便跳出了“执手相看泪眼”或寒暄叮咛的俗套，用虚实相间的手法，细致入微地将诗人对康桥的爱恋，对往昔生活的回味，对眼前的无可奈何的离愁，表现得真挚、浓郁、隽永。

那河畔的金柳，
是夕阳中的新娘；
波光里的艳影，
在我的心头荡漾。

夕阳下的新娘，是披着余晖的垂柳，在微风中轻轻飘漾，尽情地向世人昭示着她的美丽。映在粼粼波光里的俏影，让诗人的心也不禁为之倾倒。如此美景，怎不令人心旷神怡？金柳的艳影，不仅在水波里荡漾，更在诗人的心头荡漾。此时在诗人心中荡漾的不仅是金柳的艳影，更有对往昔生活的眷恋和感慨。

软泥上的青荇，
油油的在水底招摇；
在康河的柔波里，
我甘心做一条水草！

那软软的河泥里，油油的青荇悠悠地随波招摇。这一切，在诗人眼中显得那么美好，他也想象青荇一样，在心爱的康河里自由地、快乐地展示自己，不必被琐事羁绊，也不必被世俗侵扰。因此，在康桥的柔波里，诗人甘愿做一条永远在水里逐浪而舞的水草！

那榆荫下的一潭，
不是清泉，是天上的虹
揉碎在浮藻间，
沉淀着彩虹似的梦。

陶醉在康河美景中的诗人蓦然回首，看到榆荫下一潭似梦的清泉，漾漾地承载着彩虹似的颜色，在浮藻间闪烁的不就是诗人揉碎沉淀的梦吗？“彩虹似的梦”里有往昔五光十色、充满青春朝气的梦想、理想，再游康桥唤醒了久蛰在他心中的激情。然而梦想有如彩虹，虽然绚丽无比，但却无法永恒。

寻梦？撑一支长篙，
向青草更青处漫溯，
满载一船星辉，
在星辉斑斓里放歌。

浪漫的诗人希望他的梦能够永恒，于是他撑起一支长篙，荡着一只寻梦的小船，向青草更青处漫溯，夕阳渐渐隐去，夜带着帷幕降临。此时星光灿烂，河面洒散着点点幽蓝。此刻的诗人，怀抱着满天星辉，满载着一船星光，重温少年意气，想在“星辉斑斓里放歌”，唱出心中的自由，唱出今夜的美好。

但我不能放歌，
悄悄是别离的笙箫；
夏虫也为我沉默，

沉默是今晚的康桥！

夜幕中的康桥具有无穷的魅力，让诗人不忍打扰它的宁静，只能以浓浓的离情表达对康桥无尽的爱恋。诗人满腹的兴致一点点被渐渐弥漫的愁绪占据了，不知何时，夏虫停止了私语，远方断续地传来一声声凄怆的笙箫。这箫声，犹如一把把匕首，一寸寸割断了诗人的愁肠，周围是一片沉默……理想幻灭，爱情失落，生活也就失去了信心，他从“在梦的轻波里依徊”到“在梦的悲哀里心碎”（徐志摩《我不知道风在哪一个方向吹》）。他感到“不论你梦有多么圆，周围是黑暗没有边”（徐志摩《活该》）。

悄悄的我走了，
正如我悄悄的来；
我挥一挥衣袖，
不带走一片云彩。

悄悄离开吧，带着无尽的惆怅。在充满别绪的诗人眼里看来，康河也为人将离去，黯然无语，诗人不愿打破这宁静，潇洒地“挥一挥衣袖”，与最爱的康河作别。爱的最高境界是成全，尽管诗人对康河爱到极点，但他为了保全她的美丽，只把回忆带走。诗人的离愁别绪正如康河之水，一波三折！

于是带着同样的人生观念，带着同样的人生气度，带着同样的轻盈、洒脱和不黏着的风格，诗人在歌咏最美好的感情甚至恋情的时候也十分别致——他觉得一切都当作《偶然》更好：

我是天空里的一片云，
偶尔投影在你的波心！
你不必讶异，
更无须欢喜！
在转瞬间消灭了踪影。

你我相逢在黑夜的海上，
你有你的，我有我的方向。
你记得也好，
最好你忘掉，
在这交会时互放的光亮！

对于一般的诗人而言，天上的一片云投影在池塘的波心就是一种美丽的机缘，黑夜的海上不期而遇更是一种千载一时的邂逅，这样的偶然得来不易，怎能轻易忘掉，怎能不惊喜万分、孜孜以求？可以说许多诗人会以十分“黏着”的态度对待这样的“偶然”，因为人们一般比较多地接受了目的论的人生观念，人们习惯于表达对结果矢志以求的坚韧不拔的意志和坚定执著的气度。现代社会普遍的教育一般都是在培养这一方面的人生观念，现代人也多养成相应的人生品格，这就使得徐志摩式的轻盈、洒脱和不黏着的诗风获得了凸显。

雪花的快乐

徐志摩

假如我是一朵雪花，
翩翩的在半空里潇洒，
我一定认清我的方向——
飞扬，飞扬，飞扬——
这地面上有我的方向。

不去那冷寞的幽谷，
不去那凄清的山麓，
也不上荒街去惆怅——
飞扬，飞扬，飞扬——
你看，我有我的方向！

在半空里娟娟的飞舞，

认明了那清幽的住处，
等着她来花园里探望——
飞扬，飞扬，飞扬——
啊，她身上有朱砂梅的清香！

那时我凭借我的身轻，
盈盈的，沾住了她的衣襟，
贴近她柔波似的心胸——
消溶，消溶，消溶——
溶入了她柔波似的心胸！

《雪花的快乐》就集中体现了徐志摩的"单纯信仰"，那翩翩飘飞的雪花，潇洒自由，充分享受着选择的快乐，有着自己的方向，并自如地向着自己的方向飞舞。它要追寻的方向，不是冷漠的幽谷、不是凄清的山麓、也不是惆怅的荒街，而是一所雪中花园。花园里出入的是自己的所爱——诗中的"她"。"她"，住在清幽之地，出入雪中花园，浑身散发着朱砂梅的清香，心胸恰似万缕柔波的湖泊，正是诗人孜孜以求的理想的美的幻象。自由、爱和美的追求在诗中被轻快而又深情地抒唱着。构思精巧，意象新颖。诗人以"雪花"自比，那飞扬的雪花的意象，巧妙地传达了执着追求真挚爱情和美好理想的心声。那是被诗人的意念填充的雪花，被诗人的灵魂穿着的雪花，灵性的雪花，要寻觅美，充分享受着选择的自由，热爱的快乐，坚定、欢快、轻松、自由。

第三节　妓女也永远这么浑厚·闲适

——沈从文《边城》

由四川过湖南去，靠东有一条官路。这官路将近湘西边境到了一个地方名为"茶峒"的小山城时，有一小溪，溪边有座白色小塔，塔下住了一户单独的人家。这人家只一个老人，一个女孩子，一只黄狗。

> 小溪流下去，绕山岨流，约三里便汇入茶峒的大河。人若过溪越小山走去，则只一里路就到了茶峒城边。溪流如弓背，山路如弓弦，故远近有了小小差异。小溪宽约二十丈，河床为大片石头作成。静静的水即或深到一篙不能落底，却依然清澈透明，河中游鱼来去皆可以计数。小溪既为川湘来往孔道，水常有涨落，限于财力不能搭桥，就安排了一只方头渡船。这渡船一次连人带马，约可以载二十位搭客过河，人数多时则反复来去。渡船头竖了一枝小小竹竿，挂着一个可以活动的铁环，溪岸两端水槽牵了一段废缆，有人过渡时，把铁环挂在废缆上，船上人就引手攀缘那条缆索，慢慢的牵船过对岸去。船将拢岸了，管理这渡船的，一面口中嚷着“慢点慢点”，自己霍的跃上了岸，拉着铁环，于是人货牛马全上了岸，翻过小山不见了。渡头为公家所有，故过渡人不必出钱。有人心中不安，抓了一把钱掷到船板上时，管渡船的必为一一拾起，依然塞到那人手心里去，俨然吵嘴时的认真神气：“我有了口量，三斗米，七百钱，够了。谁要这个!”

在人类历史长河中，“自然”一直是一个非常重要的存在，它是人类得以生存得以发展的物质前提，它是人类的情感最初得以寄寓的空间，同时，它也构成了人类最重要最恒久的审美对象。

但是，从古到今，人类对于自然的情感、立场和态度并不是一成不变的，而是经历了相当大的变化。特别是由于现代社会的到来，“自然”似乎失去了它原先在我们文化/文学中的优越性，逐步退出了我们的感知视野。当代人的感知能力越来越局限于室内，往往不愿意走出狭小的钢筋水泥的森林，也越来越习惯于在各种屏幕上、依照人工编定的方式去感知那一切。这后果是人的感知范围的大幅缩小：不仅是对自然景色没有感觉，审美大面积的迟钝，而且是对这景色所能启发的所有思维的丧失，整个头脑被挤扁了。古代社会中天人合一的人与自然和谐相处的那种“世外桃源”的景观，逐渐成为我们的历史记忆，成为我们怀旧的对象。

沈从文的《边城》大概可以说是在这样的层面上，拨动了我们的心弦。

《边城》在讲故事之前有大段的风景描写，非常引人注目，也引人遐想。要理解《边城》这样的小说，首先要理解自然山水和中国文人之间的关系。了解中国文化的人就会发现，中国文化，包括文章、诗、画甚至曲乐中间，“山水”出现的频率是相当高的，形成了一种特有的人格与山水之间的象征性的关系。中国文人作品中的山水，无论是文学作品还是绘画作品，往往都是人格外化的体现。典型的文人画都是画很高的山上，一个人在下棋、钓鱼。这种作品出现得非常多，大多寄托着自己的志向、意趣在里面。所以，“山水”构成中国文人文化中很重要的一个组成部分——他们内心中寂寞的心境、高洁的人格品行这样一些难以言传的东西，常常要通过对高远幽绝的“山水”的描绘表现出来。所以看中国文化中的“山水”，不能把它简单看成是一种客观自然，它已经被充分的人格化了，被寄予了某种清晰的内涵，包括审美内涵、思想内涵等。

在这个前提下，要讲的一点就是“风景如何成为风景”，它有一个简单的变化过程。在中国古代农业文明的背景之下，风景往往存在于一些人迹罕至的地方，越是没有人的地方越是有风景，它是排斥人的存在的。可以想一想王维的诗——“空山新雨后，天气晚来秋”“明月松间照，清泉石上流”，可以感觉到，在这些诗歌中，诗人所表达的一个很自然、很寂寞的情境。人在这情境里是不存在的，诗人只是提供一个视野，告诉你一幅画面需要你去发现。因此，中国古代文人画，以及文人的文章中，被描绘的“山水”具有一种矛盾性。一方面“山水”是诗人人格的外化，但另外一方面它又排斥了人的存在。越是没有人的风景越是高雅，越是幽绝。这与中国文化的两面性相关：一方面是入世文化，就是儒家文化——“修身齐家治国平天下”；一方面是出世文化，就是老庄文化，越是小国寡民，越是躲到深山老林，越是与世隔绝，越能传达出一尘不染、品性高洁的意味。落实在山水画中，大家能够理解这样一种矛盾：一方面他描写的是看不见人的景观；另一方面这些看不见人的景观恰恰是他高洁人格的象征。这就是古代人对风景、对山水的一种看法。

回到《边城》，我们就能够理解为什么到第四节才切入一个故事的进程了。万事开头难。文章起笔处是最能体现作家运笔艺术功力的地方。如《安娜·卡列尼娜》的开头："奥布隆斯基家里一切都乱了。"一句话便抓住读者眼球，立即进入故事情节之中；再如卡夫卡的《变形记》，第一句话就切入了故事情节："格里高尔在一天晚上醒过来发现自己变成了一只甲虫"，情节马上就进入了。这是非常经典的现代小说的开头，我们知道这句话后面暗含了很多推动性的东西，与情节、动作相关联的东西都已经蕴含在这句话中间。我们现在习惯阅读这样一开头就快速进入情节故事的作品。像沈从文《边城》这样开头，某种程度上，应该说是和我们认为的现代小说之间有很大区别。这样的一个小说开头，它的意义是什么呢？

英国著名的小说家爱摩·福斯特在《小说面面观》里，曾区分过"故事"和"情节"。他说了两句话，一句话叫做：国王死了，王后也死了。第二句话叫做：国王死了，王后因悲伤也死了。他就告诉你：第一句话是一个故事，第二句话就是一个小说。仅仅加了三个字"因悲伤"，其他都是一模一样的。那么，凭什么前面就是讲故事，后面就是小说了呢？因为在他看来，第一句话仅仅只有信息，两个人的死，这种信息是排除情感以及因果逻辑关系的；第二句话好就好在"因悲伤"，加进了情感性，加上一个描述性，加上一个原因的回溯，因此使得这两个本来是孤立的事件，有了某种内在的紧密性。文学家跟其他人不一样的地方，就是用自己的逻辑给世界上的万事万物确立了彼此之间的关系——或者这个世界是荒诞的，或者这个世界是优美的。他会通过他的逻辑关系来传递给你。因此在这里头，"因悲伤"这三个字就非常重要，使原本平淡的事件峰回路转，生动起来，明亮起来，最主要的是有条理起来。第二点，加上"因悲伤"后，故事节奏变慢了。前面一句话是一个事件、一个事件快速连下去的，但后面这句话在"因悲伤"这个地方，隔了一下，延宕了一下，由此我们知道了故事和文学最大的区别在什么地方：故事仅仅是一个叙述，或者说一个叙事，而小说很大程度是一个描绘，描绘从叙事的角度上来讲是没有意义的，是浪费时间的。因为他经常停下来讲这个人长得什么样，这个人心里在怎么想。这些东西如果删掉不影响整个事件的发展，但是文学作品的价值不在于仅仅提供故事，但这并不是说故事不重要。故事也很重要，但文学作品最大的价值在于通过描绘，它提供了比信息更为重要的东西——情感、人物行为举止的原动力，人物之间、事件之间因果逻辑关系等，它把这种东西讲出来了。

《边城》开头的主要内容有二。一是风景“自然”，就是介绍这个地方优美的风景。而这个优美的风景，通过前面对风景所作的一个历史回顾，就知道这样的描写暗含着一种古典的情怀，特别强调人和自然环境之间和谐共处的意味在里面。在这里，有几句话就很有意思：“近水人家多在桃杏花里，春天时只需注意，凡有桃花处必有人家，凡有人家处必可沽酒。”在这里，把人和环境之间高度的和谐统一的景观描写出来了。在这样的对自然环境的重视中，大家也可以感觉到作者的一种潜在用意，就是他凡是描写人，都是把人作为自然中的一部分来加以表现；凡是描写风景，都是把风景作为人类活动可以延伸到的东西来进行描绘。他是把风景和人都作为小说的有机组成部分来加以表现。如关于翠翠外貌的描写——“翠翠在风日里长养着，把皮肤变得黑黑的；触目为青山绿水，一对眸子清明如水晶。自然既长养她且教育她，为人天真活泼，处处俨然如一只小兽物。人又那么乖，如山头黄麂一样，从不想到残忍事情，从不发愁，从不动气。平时在渡船上遇陌生人对她有所注意时，便把光光的眼睛瞅着那陌生人，作成随时皆可举步逃入深山的神气，但明白了人无机心后，就又从从容容地在水边玩耍了。”这样的一种对人外形的描写应该说是比较特殊的，所有的内容实际上都跟自然联系在一起了。在这个地方，翠翠实际上被当作“自然之女”了，她是美好的自然的人格化的体现，她和这个自然之间并不是像我们现代人对待自然那样，把它当作一个客体、一个需要征服的对象来进行处理。

二是风俗纯朴，就是大致讲述了这个地方的日常生活。这个日常生活由两个部分构成的，就是人的一般的生存观念和道德观念：“大人呢，孵一巢小鸡，养两只猪，托下行船夫打副金耳环，带两丈官青布或一坛好酱油、一个双料的美孚灯罩回来，便占去了大部分作主妇的心了。”这个地方的人们对生活的要求很低，每一种梦想都实实在在。沈从文由此写出了一种类似于老庄的“小国寡民”的生活，这种生活是平淡的、简单的、单纯的，梦想也是切切实实的，并不一定要和改变历史、改变时代的大的东西联系在一起。小城的道德观念也是这样：“由于边地的风俗淳朴，便是做妓女，也永远这么浑厚，遇不相熟的人，做生意时得先交钱，再关门撒野，人既相熟后，钱便在可有可无之间了。”我们知道，在通常的描写中，妓女都是一个下层的或者是道德堕落的标志，但在这个地方，放在一个非常淳朴平和的小城环境之中，妓女的“自然”这一面也就被表现出来了。可以理解这样的一个逻辑：既然妓女都被认为是很特别的，比别的地方淳朴，那么整个小镇的生存的简朴、合乎人性当然也就可以理解了。船总顺顺，一个自然长养的理想化人物：

> 自己既在浪子里混过日子，明白出门人的甘苦，理解失意人的心情，故凡因船只失事破产的船家，过路的退伍兵士，游学文墨人，凡到了这个地方闻名求助的，莫不尽力帮助。一面从水上赚来钱，一面就这样洒脱散去。

这是一个扶危济困的地方领袖的完美形象。假如了解20世纪30年代的文学，就可以看到丁玲、胡也频、蒋光慈等人的笔下，“革命文学”对这一阶层人的描写无不突出其杀人越货、为富不仁一面。但在沈从文这里，我们可以感觉到，他有意识地把人世间的矛盾都简化了、都淡化了。这个地方唯一可以压迫他人的人，按照阶级斗争的理论，就是船总顺顺。但船总顺顺却是这样一个仗义仁慈的好人，阶级矛盾也就不大可能存在了。这样，通过描述下层妓女的淳朴、上层人士的善解人意，作者就暗示了这个地方没有什么矛盾，“世外桃源”的景象就这样被塑造出来了。

如果说前面三节主要解决风景和人之间的关系的话，那么作者接下来考虑的第二个问题其实就是“命运”的问题。首先，我们应该可以确认的，就是这个地方的人的命运是非常地顺乎自然。很典型的例子就是翠翠和母亲的爱情选择都是顺乎自然。母亲和那个士兵相爱，但是呢，一个不想离开父亲，一个不想放弃军人的职责，然而母亲又怀孕了，所以他们最后都选择了自杀。有意思的是，讲到这个地方，作者特别描写了老船夫的态度，“事情业已为做渡船夫的父亲知道，父亲却不加上一个有分量的字眼儿，只作为并不听到过这事情一样，仍然把日子很平静的过下去。”他就是这样的一种态度。边城的人在自然的熏陶之下，或者在特殊的环境之中，对待自己的生命采取的是一种自在的态度，这可能是和我们现在的观念不一样的。我们现代人特别强调的一点是：每个人自己要掌握自己的命运，把这种主动性、独立性当作是现代个人确立的一种标志。所以我们会把像《边城》所表现的那种自在的人生观念当作是一种前文明的观念。但在《边城》里，沈从文恰恰赞赏的就是这种自在的观念——如果一个人顺乎命运的安排，他就能够平静、安详地度过一生。所以在这里，老船夫也好，顺顺也好，包括下一代的二老、翠翠等都采取这种无为而治的生命态度，这种自在的对待生命的一种立场，是理解《边城》的一个大前提。这个大前提蕴含着对“五四”以来的社会流行观念的一种反思。“五四”以来，我们特别强调个人主义，特别强调一个人怎么样去改变这个世界。而在沈从文看起来这样的一种意图和观念是非常危险，非常有问题的。它造成了淳朴的人性的丧失，造成这个社会日益丧失了人情味，变成了一个功利化的社会，所以在整个《边城》里，大家可以感觉到人与人之间，基本上是弃绝了功利的一种纯粹的人际关系；人和人之间都是建立在某种感情的联系之上生活着。沈从文在《边城》中所着力塑造的也就是人情、亲情和爱情。他把这种东西当作淳朴的人性重要前提；在前面介绍中，你可以发现，大老、二老被描写得一样优秀，一样心地善良而勇敢，是当地的人尖子，那么翠翠为什么喜欢二老，不喜欢大老？

从表面上看，大老走的是正常提亲的“车路”，没有采取“唱歌”这种更合乎两情相悦的方式，这应该是大老爱情失败的一个原因。为什么呢？因为在边城这个地方，人生活的原则是无为而治，顺乎自然，所以反对一切人力来安排的事情。但还有没有其他的原因呢？

大家看看小说里几个细节的安排。第一个细节，大老看上了翠翠，然后他讲了一段话，前面讲了她一些好处，然后后面又说“翠翠太娇了，我担心她只宜于听点茶峒人的歌声，不能做茶峒女子做媳妇的一切正经事。我要个能听我唱歌的情人，却更不能缺少个照料家务的媳妇。”这里其实也揭示了一个很重要的原因，也就是大老对爱情的想象还是很现实，很清楚他要的是一个会“照料家务”的妻子而不是个娇娇的情人。他更看重的是她是否能够承担起家族中的很多家务活，而不是更看重这个人是否能够和他完成一种心灵上的交流共鸣，这是很重要的区别。从这一点上可以看到大老对翠翠的要求还是带着一种很现实的观念在里面，而这种现实观念在二老那边没有。这个体现在什么地方呢？“有人轻轻地说：‘二老已说过了，这不必看。第一件事我就不想做那个碾坊的主人！’”“碾坊”在这里是一种象征，象征着财富、物质和安稳的世俗生活。碾坊的女儿本来已经看中了二老，想和他结亲，二老却很明显地提出来不想做这个碾坊的主人，拒绝了那种物质性的东西对他的诱惑。所以在这里，大家可以通过这个细节，看到大老、二老两个人对爱情的不同的描绘方式——大老的描绘是比较现实性的，二老的描绘某种程度上是超脱功利的。在这里，作者还特别赋予二老一副好嗓子，能唱其他人唱不出来的山歌，他的一种超脱他人之上的对爱情的很纯粹的想法被描绘得非常明显。在这个意义上，你通过翠翠对爱情的抉择，可以潜在地知道沈从文反思的是什么东西，赞赏的是什么东西。他赞赏的是二老所代表的非常纯粹的那种对爱情的方式，这是排除利益的，排除现实的、世俗的杂念的；他所排斥的是像大老那样循规蹈矩、反自然的、有很多现实性的考虑在里面的追求爱情的方式。这里有一种基于不同的价值立场所导致的选择上的差异。

再回过头来讲老船夫的情况。老船夫隐隐觉得的那种“悲哀”，我们为什么说它是一个转折点呢？假如大家了解一下中国古代历史的话，就会知道合乎自然的命运往往是循回的、重复的、宿命的。这是我们中国人的一种历史观念。但中国人认为这个世界无非就是王道和霸道。有了好皇帝之后，这个世界天下大治，天下太平，如果出现一个昏君、暴君的话，天下就是另外的一种景观。所以中国人就认为王道和霸道是交替出现、循环往复的王道出来之后总会出现霸道，霸道太残暴，人民反抗，又会出现新的好皇帝，又会出现王道。历史就是以这样，像自然的、四季循回的方式来前进——我们知道，春夏秋冬，构成了一个首尾相连的时间景观。所以中国人的自然观和历史观非常一致。这里，老船夫就是很担心，合乎天性的、合乎自然的对爱情或者对自己命运的塑造方式，有可能走到轮回的、宿命的命运上面去，这是很显然的。

其次，在《边城》里面，虽然作者塑造了一个完美的理想的桃花源的世界，但大家已经知道，沈从文写作的时候毕竟是一个战乱的时代，他也会感觉到现实的、暴力的、功利的世界对那个桃花源世界的侵袭。这个在他写《长河》的时候表现得特别明显。小火轮来了，带来了很多棉纱、汽油，破坏了湘西世界的环境（自然环境和人文环境），人与人之间变得越来越功利化，他已经有这样一种隐约的悲剧性感觉在这里面。所以，当老船夫发现翠翠拒绝了大老之后，其实已经知道她拒绝的是一种更现实的、更安稳的命运——这种带着功利性选择在里面的命运，在某种程度上是跟外面的世界同步的，是与时俱进的。但她选择的是和她母亲一样的古老的、合乎自然的，有可能是跟不上时代的步伐、被这时代所淘汰的自然性命运。所以，老船夫已经预感到她的人生前景的黯淡。整个小说一直在铺垫这样的一种恐慌，这样的一种悲剧。比如翠翠和她爷爷在一起的时候，经常会想到她爷爷也许哪天会丢下她走掉，而老船夫就看着他孙女儿一步步走上他女儿的这样一条道路，这样的一种因为无为而难以把握命运的恐慌感、悲剧感一直弥漫在小说中。

那么怎么来理解和评价《边城》所塑造的这种悲剧呢？我们知道悲剧具有净化人心灵的作用，被赋予了很高的使命，所以戏剧的最高样式应该是悲剧。我们一般把文学作品中的悲剧分成若干种类型。一种最简单的方法就是：第一层面是“社会悲剧”，其基本结构是建立在对社会黑暗的认知上，将悲剧理解为，这个社会很腐败，所以有情人不能终成眷属，或者造成生命的无谓牺牲等。像巴金的《家》《春》《秋》就是塑造了社会悲剧。“激流三部曲”所描写的整个社会是由封建的礼教、封建的道德统治着，是非常黑暗的，所以这里面的人都没有好结果。你要解决这个悲剧，你就得推翻这个社会，建立一种更好的能够使人安居乐业的社会体制。这样的逻辑框架就是一种社会悲剧，这是比较简单、低层次的。第二种悲剧就是所谓的“性格悲剧”。它的基本结构是这样：外界的确有很多使你成为悲剧主人公的根源和原因，但最重要的是，你这个人有缺陷，所以最终才真正酿成了悲剧。比如说莎士比亚的《奥赛罗》就描写了典型的性格悲剧。主人公奥赛罗有性格缺陷，他的确很勇敢、坚决、善良；但另外一方面却心胸狭窄、猜疑心重、大男子主义，占有欲极强。这些东西造成了他哪怕拥有了非常美好的生活，有一个美丽的妻子，但最后还是要亲手结束这样的生活。这个悲剧，很大程度上，虽然有小人挑拨，但假如你的性格里面没有这些因素的话，你不可能掐死你的妻子。所以最重要的悲剧根源在于你本身就是一个有性格缺陷的人。一个有性格缺陷的人，自己不一定很清楚。所以往往是他的盲目、无理性造成了最后的悲剧。相对于社会悲剧，这个层面的悲剧就要高级很多了。性格悲剧往往会产生一些非常经典的人物。悲剧的最高层面是“命运悲剧”，它的基本结构是，所有的“问题”都没有“问题”——社会很好，人的性格也不错，但是因为盲目的命运，造成这样一个悲剧。这个悲剧最典型的就是俄狄浦斯的故事。俄狄浦斯一生下来就被预言要杀父娶母的，父母很害怕这个命运，就把他送走，甚至要把他弄死，后来没有弄死又让他流落到国外，经过很多艰难曲折，最终俄狄浦斯还是真的杀父娶母了。但他在这个过程中，一直处在茫然无知的状态之中，他不知道那个人就是他父亲，而那个人就是他母亲。在这样一个冥冥之中根本无法控制的强大力量面前，你再怎么道德完善，再怎么自我修炼，都是毫无用处的。所以这种悲剧实际上就是把人的或者说人生的虚无性体现出来了。在这里，你没有对手，或者说你的对手太强大而看不见。

在《边城》中，翠翠他们的悲剧命运可能没有完全达到命运悲剧这样一种高度，但我们也可以感觉到沈从文很大程度上取消了矛盾的双方——所有的人都是美好的，造成悲剧的原因也是非常微不足道的，仅仅是误解：大老误解了翠翠，误解了她爷爷，她爷爷误解了顺顺，所有的人都存在着一种误解。这样的误解在大的矛盾冲突面前本来应该是微不足道的，但是也足以构成对这个好人世界的摧毁。所以这种力量某种程度上，也暗含着一种命运的力量。而由于他的小说中没有非常狰狞的人物，没有非常激烈的矛盾冲突，所以即使是一个悲剧，你仍然会感觉到它非常美好。

伯伯，算了吧，我们的口只应当喝酒了，莫再只想替儿女唱歌！你的意思我全明白，你是好意。可是我也求你明白我的意思，我以为我们只应当谈点自己分上的事情，不适宜于想那些年青人的门路了。

爷爷死后：过渡人一看老船夫不见了，翠翠辫子上扎了白线，就明白那老的已做完了自己份上的工作，安安静静躺到土坑里去了，必一面用同情的眼色瞧着翠翠，一面就摸出钱来塞到竹筒中去。“天保佑你，死了的到西方去，活下的永保平安。”翠翠明白那些捐钱人的意思，心里酸酸的，忙把身子背过去拉船。小说的结尾：

到了冬天，那个圮坍了的白塔，又重新修好了。可是那个在月下唱歌，使翠翠在睡梦里为歌声把灵魂轻轻浮起的年青人，还不曾回到茶峒来。

……

这个人也许永远不回来了，也许“明天”回来！

假如我们认为理性与感性、人性与动物性的有机结合才能产生出完整的人，那么，在沈从文的小说中，或许我们会受到启发而改变我们之前对于“自然”的单一征服思路。在这个意义上，我们或许也会认识到，像《边城》这样的小说并不见得就是一种梦幻式的“田园牧歌”，回归自然也并不见得就是一种文明的倒退，而可能是一种契合人类生存现实的更文明的生活方式。

第四节　何以解忧，唯有下棋·浪游

——阿城《棋王》

在人的一生中，“梦想”似乎是一个很特殊的东西。人有了梦想，不见得一定有好处；但是，没有了梦想，人生好像又缺少了一块重要的内容。那么，“梦想”在现代人生中，到底扮演了什么样的角色呢？

阿城的小说《棋王》，以大变动、大转折的时代为背景，为我们呈现了乱世之中人的“梦想”的萌生、成形与降落的过程。

《棋王》通过两件事儿，完成了王一生形象的塑造。一件事是“吃”，一件事是“棋”。“吃”就是吃饭，“棋”就是下棋。王一生吃吃得猥琐、小气，下棋下得潇洒、大器。

先来看“吃”。

孟子曰：“食色，性也。”当代作家往往通过对“吃”的书写来关注人性，进而反思历史和批判现实。如，张贤亮写出了“吃”的社会政治内涵。张贤亮的《绿化树》中所描述的是一个物质极端匮乏的年代，高级知识分子章永璘将全部的智慧都用在做一件事儿上——找食物。冒糊窗之名，他领来稗子面，在铁锨头上烙葱饼；打饭时宁可舍弃两个馒头，自告奋勇去刮笼屉布；“哄骗朴拙老乡的萝卜，一转手赚了两元钱；用罐头筒给炊事员造成的错觉，每餐多得半勺稀饭，还不顾一个男子汉的尊严去马樱花家蹭白食。”[①] 小说描述了章永璘不择手段地觅食及由此引起的灵魂冲突：“白天，我被求生的本能所驱使，我谄媚，我讨好，我妒忌，我要各式各样的小聪明……但在黑夜，白天的种种卑贱和邪恶念头却使自己吃惊，……我战栗；我诅咒自己。”《绿化树》通过描述知识分子因饥饿而导致人格尊严的集体溃败来影射时代的可悲和荒谬绝伦。刘恒的《狗日的粮食》吃出了人性的深度。曹杏花这个“脏嘴凶心”的瘿袋女人为了“吃”，从甘愿辗转卖身、偷取粮食、辱骂乡人、得罪亲戚，到拣骡粪里未消化的碎玉米粒，甚至最终为丢失的购粮证而寻了短见。由于内心对饥饿的极度恐惧，她对粮食“着了魔”，进行疯狂、畸形的索求。正因为这种偏执，最终导致了悲剧的结局。当她丢失购粮证没法找回时，便陷入万劫不复的绝望境地而无法自拔，在遭受杨天宽对她的一阵痛打后，最终毅然决然地选择离开这个残酷的世界，结束了她苦难的一生。由此看出，瘿袋女人把吃饭当成了生命中的唯一目的；所以，便因为放逐了意义而使自己的生命也沦为了生存境地。“吃”

① 盛洁．饥饿与救赎——从张贤亮自叙传作品的两大主题看知识青年的出路［J］．宁夏大学学报，2004，26（03）：63－66.

本是人类生存、发展的手段，却成了瘿袋女人的“唯一目的”，“吃”的超越性维度被遮蔽了。

在刘恒的《苍河白日梦》中，曹老爷是一个地主，不愁吃喝，他的“吃”比曹杏花的“吃”更特别。然而，他们有一点是共通的，都是通过“吃”来阻拒死亡，求得生存。曹老爷对各种稀罕食物的迷狂依恋源于他对自身生命的过分怜惜，因此，他怕死的本能都花样翻新地表现在他吃的本能上，让人眼花缭乱。曹老爷在他用了几十年的锅里煮各种稀奇古怪的东西。水蝎、蚂蚁、老鼠崽、九寸长的蛇、蚯蚓、屎橛、蜥蜴、经血、孙子的胎盘等。他越怕死，吃得越疯狂，他每怕一回就加倍地煮各种稀罕东西，简直到了无所不煮，无所不吃的地步。怕死的本能已经把他一步步拖向了畸化的非理性世界，逐渐膨胀的变态食欲使他浑身上下散发着腐尸般的气息，让我们窥见了他混浊不堪的畸态人格。这样一个毫无理性思维、精神极度空虚的人无疑已经丧失了人最起码的尊严，变得乖谬与恶心，几乎与一头毫无理性可言的野兽无异。刘恒通过“吃”这一生存本能把人性中自私凶残的一面暴露无遗。[①]

《棋王》中的王一生吃出了人生哲学。对王一生而言吃不仅是一种基本的生理需求，更是一种做人的享受。也许是某种性格或天资的巧合，王一生爱上了象棋，他的青春生命也因此焕发出了夺目的光彩。

王一生是一位远赴云南边境上山下乡的知识青年，他是生活在社会底层的一个普通人，对他来说，他整个的生活境遇可以用一个“穷”字来概括，从文本中我们得知，王一生全家的生活费每人平均不到十块钱，为省家用，他连上公园、看电影等学校组织的活动也取消了。对王一生而言，生存是他最重要的事情。他自然会因吃不饱而痛苦。王一生对“饥饿”的恐惧恰恰是通过他对“吃”的精细甚至达到一种“惨无人道”的程度表现出来的。

听见前面大家拿饭时铝盒的碰撞声，他常常闭上眼睛，嘴巴紧

---

① 柯志敏，李岚．试论当代小说中“吃”的内涵［J］．重庆科技学院学报，2009（12）：145－146.

紧收着，倒好像有些恶心。

这里有一种欲扬先抑的效果，吃饭之前先有一个前奏。实际上是讲一个人极度地渴望粮食，但他就是因为太渴望了，所以才表现出一种“恶心”的感觉，这样就把他内心的一种焦虑、不安、紧张的情绪写出来了。大家在紧张中可能都会有这样的反应，因为你太患得患失了，反倒在得到的时候表现出的不是那种欣喜若狂，而是一种看上去和正常的渴望之间的疏离感觉，阿城就把这种疏离感很贴切很到位地表现出来了。

（王一生）拿到饭后，马上就开始吃，吃得很快，喉结一缩一缩的，脸上绷满了筋。常常突然停下来，很小心地将嘴边或下巴上的饭粒儿和汤水油花儿用整个儿食指抹进嘴里。若一个没按住，饭粒儿由衣服上掉下地，他也立刻双脚不再移动，转了上身找。

这里一个“抹”字用得好。“抹”的精准熟练是一种习惯，为什么要“抹”进去？“抹”这个动作照顾到的不是一个点，而是一个面，他把这个面全部照顾到了，从这里可以看到王一生对粮食、油花儿的一种珍惜。只有十分节约的人才会有这样一种习惯性的动作。还一个“按”字表现了其很紧张的情绪，一个人为一颗米粒而不惜工本，那么你可以看到重和轻之间的辩证关系。接下来：

吃完以后，他把两只筷子吮净，拿水把饭盒充满，先将上面一层油花吸净，然后就带着安全到达彼岸的神色小口小口地呷。

在这里“吮”“吸”“呷”把一个人从紧张到放松的一个过程很完整地展现出来了。作者还特别加上了一个细节，描写一颗干饭如何折磨了王一生，形容他和这颗干饭之间的关系简直就是一场非常剧烈的战斗。文中还提到他最终吃到这一粒干饭时的表情：水咽下后，他的眼睛有了泪花，王一生对吃是虔诚的，也是精细的。可见王一生是一个特别清楚“饥饿是怎么回事”的社会底层的孩子。最后作者总结道：

> 他对吃是虔诚的，而且很精细。有时你会可怜那些饭被他吃得一个渣儿都不剩，真有点儿惨无人道。

在这里，作者用了一句有反讽性的话，不是可怜王一生被饥饿折磨得似乎已经不是一个正常的人了，而是可怜一些饭，这是用反语的写法。这种反语的用法还体现在形容词的活用上，如“惨无人道”原本是个贬义词，形容一种残暴的恶行，但在这个地方通过这样一个词折射出来的是王一生这个人的一种生存的困窘，让你焕发出对他的怜悯。通过反用，作者就把这个词原本蕴含的一种情感消解掉了，转移掉了。从王一生“惨不忍睹”的吃相中，我们看到了在特定的环境中饥饿对人的一种极度摧残，对生命的一种极度迫害，在这样的环境中，对吃的执着追求既是人的自然属性，也同样是现实生活的逼迫。

王一生对“吃”的要求却极为简单，只要是能充饥的食物，不论干湿，都能享用，而且吃相极恶，让人觉得惨无人道，但他的“吃”却彰显出中国历史悠久的饮食文化。这一点一部分体现在文中的蛇宴上：在作料上，虽然没有醋精，却也可以找到草酸来代替。在讲究上，蛇肉碰不得铁，碰铁就腥，所以不切，用筷子撕着蘸料吃。最后把蛇骨放进去熬汤，待到茄子也吃净，蛇骨已经煮散，再把野茴香，揪在汤里，然后舀了汤在碗里，热热地小口呷。如此将吃法描述出来，自然字字勾人肠胃，加上有朋自远方来的“乐”，捕得两条蛇的“妙”，调料因陋就补的“适”，最后连骨带肉一并打发，再点上一根烟来吸的“畅”，所有这些凝结成中国传统饮食文化的一个缩影。

相对于曹老爷“吃”的变态，王一生“吃”得超拔。

> 我拿出烟来，请他抽。他很老练地敲出一支，舔了一头儿，倒过来叼着，我先给他点了，自己也点上。他支起肩吸进去，漫漫吐出来。浑身荡了一下，笑了，说：“真不错！”我说：“怎么样？也抽上了？日子过得不错呀！”他看看草顶，又看看在门口转来转去

的猪，低下头，轻轻拍着净是绿筋的瘦腿，半晌才说："不错，真不错，还说什么呢？粮？钱？还要什么呢？不错，真不错……"

阿城的"支""吸""吐""荡""笑""看""拍"一连串具体动作的白描，准确地将那种闲散浪游的情调与无所欲求的心境，以及与知心朋友重逢后的愉悦，再加上洗完衣服抽支烟后的轻松，都糅合在一起，构成了内涵难以言表的"不错，真不错"。知足常乐的超然凸显在读者眼前。

王一生吃的时候是非常"惨无人道"的，但是他下棋的时候恰恰是非常大度的，他会告诉你"你输了"，用这种方式来表达他性格另外的一个侧面。在这个地方，你可以看到王一生是分裂的，在现实生活中，他是受到挤压的，因此他是紧张的、焦虑的，已经不像一个人了，但是他在象棋世界当中，我们可以感觉到他恰恰是一个"人"，而且是比一般人还要高明得多、大度得多的一个人。这样，王一生形象的分裂性就被展现出来了。

王一生特别提出了两个概念之间的差别，即"饿"和"馋"之间的差别，在王一生看来，饿是一种自然属性，一种生存的本能要求，这是不可避免的；馋却是一种超越生存基础的奢侈的追求，它更多地体现出的是人们超越基础的欲望。王一生要求作者给他讲一个关于"吃"的故事，作者便将巴尔扎克的《邦斯舅舅》讲给他听，并好好地描述了一下邦斯这个老饕，不料他听完，马上就说：

这个故事不好，这是一个馋的故事，不是吃的故事。邦斯这个老头儿若只是吃而不馋，不会死。我不喜欢这个故事。

王一生对吃和馋是分得十分清楚的，在他心中"吃"是一种生存之道，而"馋"是解决了温饱之后的一个更高层次的追求，是文人制造出来的一种美食的幻想，吃了好东西还想再吃，是对好东西的一种向往，是一种超越基础生存的欲望的会让人走向不归之路的过分追求。而"吃"仅仅是对食物不加挑剔的属于生存层面的追求，两者之间的距离便划分开来了。如果说，描写王一生"惨无人道"的形象是对其生理层面的吃相刻画，那么“馋”更多地则是从精神层面探讨王一生对“吃”的理解。

《棋王》中，有两处大规模关于吃的描写：一是吃蛇，一是吃脚卵收藏的宝贝。从文章中我们可以看出由于在背景上的差别，脚卵的吃是一种对馋欲的追求，而不仅仅是生存本能的需要。然而，仅仅满足于生存本能需要的王一生也并不拒绝奢侈品。当脚卵拿出巧克力时，文中写道：王一生欣喜地发现，“世界上还有这东西？苦甜苦甜的。”这正说明了王一生在吃到奢侈品时的开心与满足。王一生将饿与馋分得清清楚楚，却也不拒绝一两次的小奢侈，拒绝欲望却又放任洒脱，在宽松的气氛中打破自己的原则，而不至于招惹非议，这也是一种做人的哲学。道家思想认为，实现人生价值的主要途径是“任自然”，自然而然的东西才是最真实的。“半饥半饱的日子”就足以让他满足。可见王一生并不是一个挣扎在贫困现实中的痛苦生命，相反他正好“乐在其中”。

再来看“棋”。

王一生对生活的追求并没有仅仅囿于吃，即便是“惨无人道”他也没有无节制地放任自我。这也使得《棋王》摆脱了浅层的生存意义，让文章脱离庸俗更加真实，更加丰富多彩。王一生作为一个“棋呆子”，下棋就是他吃饱后最大的乐趣。而棋道的感悟又影响到人生价值的拷量。因此，王一生常说“呆在棋里舒服”，“何以解不痛快？唯有下棋。”前一句的“舒服”和解忧并不是一种消极的避世观，也不是一种庸俗的享乐主义，相反它是一种挑战压抑的追求，一种对更高生存境界与精神境界的追求。后一句很容易让我们想起一句话：“何以解忧？唯有杜康。”阿城在这个地方通过对原文的改造，特别和文人的境界划清了界限。“忧”是指“忧患”“忧愁”，有着一种民生社稷关怀在里面，涉及一种大的境界，那是一种能改变一个时代的英雄的境界。但很显然，作者并没有希望把王一生放到那样的一种精神境界当中去，所以，他便把“忧”降低了一个档次，就是“不痛快”，并不是忧患意识。王一生要做的并不是要拯救这个时代、这个国家，而是拯救自己，这就是一个很典型的道家思想。“何以解忧”是儒家思想，“何以解不痛快”是道家思想；“何以解忧”表达了一种兼济天下的梦想，“何以解不痛快”表达的更多的是独善其身。

从“馋”的解读到“解忧”的感悟，作家便将“为棋”和“吃”之间的关系构建起来了。“身体”与“灵魂”在王一生的身上实现了和谐的共生。

对于王一生而言，下棋完全是偶然中的偶然。为了补贴生活，妈妈晚上帮印刷厂叠书页儿，有一回，帮母亲给印刷厂叠书页子，叠的是一本讲象棋的书。叠好了，他妈还没送去，他就一篇一篇对着看。不承想，就看出点儿意思来，从此便迷上了象棋。下棋，改变了他的人生轨迹。

呆在楚河汉界里使其躲避“乱世纷扰”。小说开头给我们呈现的是一个非常典型的“文革”期间“上山下乡”的送别场景：

> 车站是乱得不能再乱，成千上万的人都在说话。谁也不会去注意那条临时挂起来的大红布标语。这条标语大约挂了不少次，字纸都折得有些坏。喇叭里放着一首又一首的语录歌儿，唱得大家心更慌。

成千上万的人都是哭着、叫着离别，而王一生是非常冷静的，一个人非常精瘦地孤独地坐在那里。干什么？找人下棋。这样的一幅图景很容易让我们想起的一句话就是“众人皆醉我独醒”，就是这样的一种姿态。成千上万的人都在哭叫的时候，只有这个人是非常冷静，所以这个人就成为和其他人有着明显区别、明显界限的活生生的个人形象，其他的成千上万的人只是凸显这个人的背景而已。

> 站上的人都拥到车厢前，都在叫，乱成一片。车身忽地一动，人群嗡地一下，哭声四起。我的背被谁捅了一下，回头一看，他一手护着棋盘，说：没你这么下棋的，走哇！我实在没心思下棋，而且心里有些酸，就硬硬地说：我不下了。这是什么时候！他很惊愕地看着我，忽然像明白了，身子软下去，不再说话。

外面生死离别，而他呢？他一手护着棋盘，说：“没你这么下棋的，走哇!”在王一生的视野里，除了棋之外，对周围的世界视而不见。不是因为没有人牵挂他，他才沉浸到冷冰冰的象棋世界中去，事实上是因为他的情感完全和棋联系在一起，才排斥了和那个充满人气的外部世界进行交流。接着作者用了几个词语，也非常好“实在没心思下棋，而且心里有些酸，就硬硬地说：‘我不下了。这是什么时候!’”“硬硬地”这样一个词将人物的一种表情的僵硬，将“我”对王一生这个人物的反感明显地表现出来了。所以作者用了一个对比性的词语，王一生是“身子软下去，不再说话”。一硬一软之间，可以看到现实和理想之间的有一个对峙和置换在这里。阿城经常会把一些形容词活化。“身子软下去了”，“软”在这里是当作动词来用的，实现了形容词的动词化，使这个动词在某种程度上具有了一种非常丰富的意思在里面，“软”不仅仅是一个姿态的变化，而是精神气一下子泄掉了。

呆在楚河汉界里使其“被小偷”。因为老下棋，被人瞄中，就同他各处走，常常送他一点儿钱，他也不问，只是收下。后来才知道，每到一处，呆子必要挤地头看下棋。看上一盘，必要把输家挤开，与赢家杀一盘。初时大家见他其貌不扬，不与他下。他执意要杀，于是就杀。几步下来，对方出了小汗，嘴却不软。呆子也不说话，只是出手极快，像是连想都不想。待到对方终于闭了嘴，连一圈儿观棋的人也要慢慢思索棋路而不再支招儿的时候，与呆子同行的人就开始摸包儿。有心人观察到后，以为二人是同伙，一起扭送交给造反队审。

王一生不怕朝廷怕江湖，认为高手在江湖。对其影响最大的两位高手是妈妈和捡烂纸的老头儿。

他母亲是点化王一生和棋之间关系的关键性人物。母亲代表了一种现实的力量，这种现实的力量具体是什么呢?“可我妈说，‘咱不去什么象棋组，要学，就学有用的本事。下棋下得好，还当饭吃了?’”棋王的母亲一辈子挣扎在贫困中，身体也越来越差，因不想看着王一生因痴迷下棋而荒废学业，她甚至给自己的儿子下了跪，说：“小祖宗，我就指望你了！你若不好好儿念书，妈就死在这儿。”母亲站在现实的立场上、“吃”的层面上反对他下棋，母亲象征着现实的清醒的力量，这种清醒是因为看到了物质的贫乏。我们也可以看到母亲某种程度的不“清醒”，也就是她没有看到除了“吃”之外人生也许还有另外一些东西，这些东西是她所看不见的，但这个时候王一生也看不见。最后母亲留给他一副无字棋。

> 妈要走了，一辈子也没给你留下什么，只捡人家的牙刷把，给你磨了一副棋。说着，就叫我从枕头底下拿出一个小布包来，打开一看，都是一小点儿大的子儿，磨得是光了又光，赛象牙，可上头没字儿。妈说，我不识字，怕刻不对。你拿了去，自己刻吧，也算妈疼你好下棋。

“棋”本身象征了母亲对孩子的爱，尽管她不理解儿子为什么那样迷恋象棋。而“无字”，一方面可以从表层含义来理解，就是母亲不认识字，所以不能把字刻上去；更为深刻的原因是母亲因为不理解儿子对棋的理解，所以不能写上这样的字；第三个方面的原因是这样的“字”应该浓缩着儿子对象棋的理解，应该是通过儿子自身的生命感悟来完成的，应该由儿子自己刻上去的，而不是由他人帮助来实现的。这里的“无字棋”也与最后一节形成了呼应，车轮大战的时候，王一生把棋交给了别人来保存，当他结束了车轮大战，把无字棋要回来的时候他才总算领悟到“人还要有点东西，才算活着”，从而完成了对这一副无字棋的书写。母亲的良苦用心，亲情的巨大力量成为王一生棋艺精进与棋道修炼的内在动力。

捡破烂的老头儿是影响王一生的第二个高人。这个捡破烂的老头儿，可以说阿城是借鉴了民间文学的因素创造出来的。在民间神话、民间故事中经常会发现，故事中的主人公是有奇遇的，而这个奇遇往往能够改变他的一生。所以捡破烂的老头儿在某种程度上就是一个风尘中的高人的形象，他的出现完成了王一生对象棋的理解，即从物质到精神的第一步的转换。王一生原来对象棋的理解就是要取胜，打败他人，这是一种非常简单的理解，这也是大多数人都有的。如果王一生仅仅停留在这个层次上的话，他便永远成不了高人，所以，必须有人把他从输和赢的简单境界中超拔出来。老头儿首先就是帮他解决了这样的一个问题。

老头儿借书给他看，之后跟他进行交流。老头儿在给王一生棋谱时所用的道家术语直接体现出了道家文化对棋文化的深刻影响。

> 咱们中国道家讲阴阳，这开篇是借男女讲阴阳之气。阴阳之气相游相交，初不可太盛，太盛则折，折就是折断的折。我点点头。太盛则折，太弱则泻。老头儿说我的毛病是太盛。又说，若对手盛，则以柔化之。可要在化的同时，造成克势。柔不是弱，是容，是收，是含。含而化之，让对手入你的势。这势要你造，需无为而无不为。无为即是道，也就是棋运之大不可变，你想变，就不是象棋，输不用说了，连棋边儿都沾不上。棋运不可悖，但每局的势要自己造。棋运和势既有，那可就无所不为了。

老头儿给棋王的第一点教训就是批评他“太盛”。这是王一生最大的毛病，然后老头儿就跟他讲棋有棋势和棋运、“势”和“运”的关系，这个老头儿是用下棋来讲个人与这个时代之间的大的关系，“运”是每个人与生俱来的无法抗拒的东西。“势”，则是指个人内心的小宇宙，外部的世界你无力对抗、无法改变，并不是说你这个人就是完全只能是随波逐流的，你可以改变你自己，你可以拥有一个完全和外面的这样一个“运”不一样的个人世界、个人内心宇宙，这个宇宙是属于你自己的，可能有一种超越“运”的东西在里面，比如纯洁、想象、理想等都可以放在你内心世界中间去。你有了这种东西，才不可能完全地成为一个随波逐流的东西，诸如此类。从这个地方开始，就看到了老头儿将下棋和人生联系在一起了。

老头儿传递给王一生的第二点经验教训就是“为棋不为生”。当王一生问那老头儿为什么不以象棋为生时，老头儿叹了一口气，说这棋是祖上传下来的，但有训——“为棋不为生”。为棋是养性，生会坏性，所以，生不可太胜。老头儿的棋道与生道都直接体现出了“无为而无不为”的道家文化特征，棋道与生道是紧密相连的，棋道影响生道。

“为棋”象征着你个人人性的理想性的东西，而生存层面代表了比如说“饮食男女”这样一种物质性的东西，这两块是无法捏合在一起的。你要使得你的精神境界饱满，则“生不可太胜”，即不能太去追求物质利益，或者也可以这样说，若一味追求物质利益，那么你的棋肯定下不好，你的精神世界肯定是残缺的、不饱满的。对这样一个高人的意思，王一生有没有理解呢？有没有贯彻呢？还没有。他只是有了这样的一个理论基础，但还没有变成他个人的一种感悟性的东西。高人的点化有它的作用，但这个作用在王一生这个时候的命运中还没有成为一个决定性的因素。

作为一个参照，书中描写了倪斌的象棋人生态度。在倪斌身上“棋”已经完全成为他的身外之物，一种可以进行交易可以换得更好的生存利益的这样一种东西，所以在倪斌身上体现了一种人与棋之间的分裂，或者说是人的物质追求和精神追求的分裂。而在王一生这里，他拒绝了倪斌的美意，恰恰可以看到，作者是将原来的由文人承袭的这样一种附着在棋身上的那种超越物质的精神性追求扭结在了王一生身上。

作者对于倪斌这种人与棋、物质与精神之间的分裂，采取了比较宽容的立场，他通过画家的话将此表现了出来，画家说：“理想没有了，只剩下目的。倪斌，不能怪你。”这个地方代表了一种宽容的态度。这毕竟是一个“乱世”，在“乱世”之中为了生存，为了活着，似乎做任何事情都能够被理解，更何况倪斌在他的行为中间并没有伤害他人。但王一生和倪斌的区别在第四节中并没有因为这种宽容而被拉近，相反，却进一步地被拉大了。比如倪斌去送那副象棋是为了参加比赛，为了调动工作，他在体制之内要求生活得更好，遵循的是这个乱世之中荒谬的生存规则。而在王一生这里，他看重的比赛是一种友谊赛，是在比赛之外的一种不可能直接带来生存利益、带来生存改观的民间比赛，他没有去参加由官方组织的体制之内的比赛，这就意味着王一生即使取得了胜利也不可能得到体制之内的荣誉或者好处。这是一个非常大的区别。

在车轮大战描绘中完成了王一生精神升华的刻画，写得最精彩的几段是关于王一生的外貌描写，特别是关于他的眼睛的描写。①

---

① 王晓明，董丽敏，孙晓忠．文学经典与当代人生［M］．上海：复旦学出版社，2008：222.

第一段："王一生坐在场当中一个靠背椅上，把手放在两条腿上，眼睛虚望着，一头一脸都是土，像是被传讯的歹人。"

这里的"眼睛虚望着"，展示了王一生内心没有多少把握而显得内心有些空虚的形象。这让我们感觉到在车轮大战开始的时候，他并不是踌躇满志的，车轮大战对他来说其实意味着一种挑战，一种因为认真而显得没有多少把握的挑战。

第二段："他的瘦脸上又干又脏，鼻沟儿也黑了，头发立着，喉咙一动一动的，两眼黑得吓人。"

眼睛由开始的"虚"变得"黑得吓人"，发生了变化。可以看出他逐渐从现实世界中游离出去，进入到那个只有厮杀、只有象棋的这样一个境界当中去了。

第三段："王一生的姿势没有变，仍旧是双手扶膝，眼平视着，像是望着极远极远的远处，又像是盯着极近极近的近处。"

作者对眼睛的把握非常精细，写出了从眼睛中所反映出来的王一生和这个世界之间的莫大的距离，"像是极远极远的远处，又像是极近极近的近处"，这里很显然是表明他已经完全进入到了象棋世界中去的一种目光，这种目光看起来非常空洞，但又蕴含着非常丰富的内容。

第四段："我找了点儿凉水来，悄悄走近他，在他眼前一挡，他抖了一下，眼睛刀子似地看了我一下，一会儿才认出是我。"

假如有人用刀子似的眼睛看着你，不知你是什么样的感觉？肯定是觉得这个人非常厉害，觉得这个人像是要疯了。作者由此将王一生进入到象棋境界的癫狂状态——常人无法了解的状态表现了出来。

第五段："王一生孤身一人坐在大屋子中央，瞪眼看着我们，双手支在膝上，铁铸一个细树桩，似无所见，似无所闻。高高的一盏电灯，暗暗地照在他脸上，眼睛深陷进去，黑黑的似俯视大千世界，茫茫宇宙。那生命像聚在一头乱发中，久久不散，又慢慢弥漫开来，灼得人脸热。"

这里写出了王一生由凡人到非凡人的转变，"似无所见，似无所闻"，表明他已经完成了个人宇宙的内化。有拜菩萨经验的人都知道菩萨的眼睛就是这样的，在你进入到庙堂时就觉得好像她看到了你，但实际上她并没有看到你，这是作者在小说中对王一生的眼睛的描写所借鉴的眼光—— 一种非常独立于红尘俗世之外的超然的眼光。

所以还有一段就写到了王一生从“似无所见，似无所闻”的状态中松懈下来的过程：“人渐渐散了，王一生还有些木。我忽然觉出左手还攥着那个棋子，就张了手给王一生看。王一生呆呆地盯着。似乎不认得，可喉咙里就有了响声，猛然‘哇’的一声儿吐出一些黏液，眼泪就流了下来。”在其他的一些文学作品中，如赵树理的《小二黑结婚》、萧红的《呼兰河传》等，里面都有对所谓“跳大神”人物的描写，据说他们的一种癫狂的状态结束之后停下来的时候人一下子就瘫掉了。王一生也是从“神”的境界回到“人”的境界，似乎就变得不认得人了，这是从一个紧张的、另外的世界回来必然会出现的一种表现。

对王一生在下棋中完成的一个心路历程的展现，是第四节写得最精彩的地方。它让我们完整地看到了一个棋手如何从一个“人”变成一个“神”，又从一个“神”跌落到凡世的这样的一个完整过程。

人毕竟不是动物，因为人在“饮食男女”之外别有一种精神上的追求，别有一种自己对人生的把握，能够完成一个建立在充盈的精神世界上的“个人”的建构，这里的“个人”是其他所有的动物都没有的，也不可能建构的。王一生之所以得到“棋王”这个称号，不仅仅是指他在下棋上胜过了他人，更在于他能够在人格的境界上超越仅仅满足于“饮食男女”的庸庸碌碌的俗人，所以他是一个名副其实的“棋王”。

从一个懵懂无知的少年到万人敬仰的“棋王”，王一生走过的人生道路是坎坷的，也是奇特的。他之所以能够成为超越众生的个人，原因当然是多方面的，但毋庸置疑，“理想”是其中一个重要的推动力。

在王一生的成长过程中，“理想”的表现形态是不一样的。最初的时候，它可能只是一种欲望，一种想要战胜他人的欲望。这种欲望我们每个人都有，但并不是我们每个人都能掌控好这种欲望使之向一个非常远大的人生目标进发。很多时候，也许这种欲望会蜕变成另一种东西。这时候，作为一种参照，我们就要来看一看另一部作品《渔夫和金鱼的故事》。普希金在这部著名童话里，让我们看到了“理想”的变异形态。渔夫夫妇本来过着贫穷但平静的生活，有一天这一切都改变了——渔夫捕到了一条会说话的金鱼，金鱼有满足人欲望的神奇魔力。渔夫的妻子尽力利用这魔力，一步步地成为了女皇。但她还不满足，甚至想称霸海上……终于成为一枕黄粱。在这个故事中，我们可以看到，尽管理想的最初形态是一种欲望，但仅仅是欲望，却并不就能构成理想。渔夫的妻子和王一生最大的区别就在于，她误以为欲望特别是财富、权利等世俗欲望就能代表人的全部理想，误以为不经过努力、奋斗就能到达理想的彼岸；却没有意识到，有上进心、想改变现状，只是人有自我意识的开始，但人的自我其实要经过一番风凰涅槃般的艰苦摸索才能脱颖而出，寄寓在其中的理想之花才会开放。在这过程中，人也许会收获各种各样的世俗财富，金钱、名声、权力、地位等，但这些并不能代表理想的获取。而更为重要的是在这过程中人的精神境界的提升，人对生命的独特感悟。

但是，如果在追求理想的过程中，只追求金钱、权利等外在物质，会怎样呢？刘震云的小说《一地鸡毛》，也可以说提供了另一种参考。小林夫妇作为年轻有为的大学生，很想做一番事业，但却深陷位子、房子、上学、调动、请保姆等一系列生活琐事中，为了摆平这些琐事，他们使出了浑身解数，最终生活安稳，但却失落了曾经的不落俗套的理想。在这个作品里，我们可以清晰地看到，理想与世俗生活之间，是有着很大的反差的。理想不是为了解决我们世俗生活中的种种烦恼，恰恰相反，理想所关注的问题，是世俗生活不关心的问题——比如说王一生那样的“个人”问题；反过来，也可以说，世俗生活关心的问题，也是理想不太涉及的领域——假如王一生和小林夫妇一样，只在吃喝拉撒中兜圈子的话，他也就只能成为小林，而不能成为“棋王”，甚至他都不会在高人的点化中收获什么。

“衣食是本，自有人类，就是每日在忙这个。可囿在其中，终于还不太像人。”

王一生说得好：“人还要有点东西，才算活着！”

主要参考书目

[1] 埃伦·迪萨纳亚克．审美的人［M］．户晓辉，译．北京：商务印书馆，2004.

[2] 柏拉图．文艺对话录［M］．朱光潜，译．北京：人民文学出版社，1959.

[3]［俄］车尔尼雪夫斯基．艺术与现实的审美关系［M］．周扬，译．北京：人民文学出版社，1979.

[4] 蒋孔阳，朱立元．西方美学通史［M］．上海：上海文艺出版社，1999.

[5] 陈望衡．艺术创作之谜［M］．北京：红旗出版社，1988.

[6] 陈平原．中国小说叙事模式的转变［M］．北京：北京大学出版社，2010.

[7] 陈望衡．审美伦理学引论［M］．武汉：武汉大学出版社，2007.

[8] 傅才武．中国人的信仰与崇拜——中国社会生活谈丛［M］．武汉：湖北教育出版社，1999.

[9] 范玉吉．审美趣味的变迁［M］．北京：北京大学出版社，2006.

[10] 冯友兰．人生哲学［M］．北京：中国国际广播出版社，2012.

[11] 郭柏春，尹玉英．德育过程审美论［M］．成都：四川大学出版社，2005.

[12] 黄建，王东莉．文学与人生［M］．杭州：浙江大学出版社，2004.

[13] 黄健．意义的重构：中国新文学生成的文化阐释［M］．北京：中国社会科学出版社，2011.

[14] 黄力之．中国话语——当代审美文化史论［M］．北京：中央编译出版社，2001.

[15] 黄明理．社会主义道德信仰研究［M］．北京：人民出版社，2006.
[16] 黄力之．颠覆与拯救：现代性审美文化批判［M］．上海：上海人民出版社，2014.
[17] 海德格尔．人，诗意地安居［M］．郜元宝，译．上海：上海远东出版社，2004.
[18] 黑格尔．美学［M］．朱光潜，译．北京：商务印书馆，1996.
[19] 花建等．文化软实力［M］．上海：上海人民出版社，2013.
[20] 季羡林．季羡林自选集——谈人生［M］．北京：华艺出版社，2008.
[21] 荆学民．当代中国社会信仰论［M］．北京：人民出版社，2008.
[22] 李连科．世界的意义——价值论［M］．北京：人民出版社，1985.
[23] 李健夫．文学审美透视［M］．成都：四川大学出版社，2002.
[24] ［美］理查德·舒斯特曼．生活即审美：审美经验和生活艺术［M］．彭锋等，译．北京：北京大学出版社，2007.
[25] 马斯洛．人的潜能和价值［M］．林方，译．北京：华夏出版社，1987.
[26] ［英］梅内尔．审美价值的本性［M］．刘敏，译．北京：商务印书馆，2001.
[27] 尼采．悲剧的诞生［M］．周国平，译．北京：生活·读书·新知三联出版社，1986.
[28] 钱理群．心灵的探寻［M］．石家庄：河北教育出版社，2005.
[29] 钱理群．我的精神自传［M］．桂林：漓江出版社，2011.
[30] 荣格．现代灵魂的自我拯救［M］．黄奇铭，译．北京：工人出版社，1987.
[31] 史铁生．灵魂的事：关于生命、爱情和信仰的沉思［M］．天津：百花文艺出版社，2005.
[32] 苏珊·朗格．艺术问题［M］．滕守尧，译．南京：南京出版社，1983.
[33] 孙绍振．审美价值结构与情感逻辑［M］．武汉：华中师范大学出版社，2000.

[34] [爱沙尼亚] 斯托洛维奇. 审美价值的本质 [M]. 凌继尧, 译. 北京: 中国社会科学出版社, 2007.

[35] 陶东风, 徐莉萍. 死亡·情爱·隐逸·思乡 [M]. 杭州: 杭州大学出版社, 1993.

[36] 檀传宝. 德育美学观 [M]. 增订版. 北京: 教育科学出版社, 2006.

[37] 檀传宝. 信仰教育与道德教育 [M]. 北京: 教育科学出版社, 1999.

[38] 汪晖. 反抗绝望——鲁迅及其文学世界 [M]. 石家庄: 河北教育出版社, 2000.

[39] 王乾坤. 鲁迅的生命哲学 [M]. 北京: 人民文学出版社, 1999.

[40] 王安忆. 小说家的十三堂课 [M]. 上海: 上海文艺出版社, 2005.

[41] 王晓明. 人文精神寻思录 [M]. 上海: 文汇出版社, 1996.

[42] 王晓明, 董丽敏等. 文学经典与当代人生 [M]. 上海: 复旦大学出版社, 2008.

[43] 邬昆如. 人生哲学 [M]. 北京: 中国人民大学出版社, 2005.

[44] 徐葆耕. 西方文学: 心灵的历史 [M]. 北京: 清华大学出版社, 2003.

[45] 徐放鸣. 审美文化新视野 [M]. 北京: 中国社会科学出版社, 2008.

[46] 休谟. 人性论 [M]. 关文运, 译. 北京: 商务印书馆, 1980.

[47] 余英时. 士与中国文化 [M]. 上海: 上海人民出版社, 2003.

[48] 杨平. 多维视野中的美育 [M]. 合肥: 安徽教育出版社, 2000.

[49] [英] 伊格尔顿. 审美意识形态 [M]. 王杰等, 译. 南宁: 广西师范大学出版社, 2001.

[50] 朱立元. 接受美学导论 [M]. 合肥: 安徽教育出版社, 2004.

[51] 朱寿桐. 文学与人生十五讲 [M]. 北京: 北京大学出版社, 2006.

[52] 朱光潜. 西方美学史（上、下）[M]. 北京: 人民文学出版社, 1979.

[53] 朱狄. 信仰时代的文明——中西文化的趋同与差异 [M]. 武汉:

武汉大学出版社，2008.
[54] 朱志荣．中国审美理论 [M]. 北京：北京大学出版社，2008.
[55] 赵红梅，戴茂堂．文艺伦理学论纲 [M]. 北京：中国社会科学出版社，2004.
[56] 周宪．超越文学——文学的文化哲学思考 [M]. 上海：生活·读书·新知三联书店，1997.
[57] 郑晓江，程林辉．中国人生精神 [M]. 南宁：广西人民出版社，1998.
[58] 郑承军．理想信念的引领与建构——当代大学生的社会主义核心价值观研究 [M]. 北京：清华大学出版社，2010.
[59] 张竞生．美的人生观 [M]. 北京：生活·读书·新知三联书店，2009.
[60] 张君劢等．科学与人生观 [M]. 合肥：黄山书社，2008.

后　记

亲爱的读者：这是《文学与人生》第二版。呈现在您面前的这本书或许还是一本不很成熟的作品，却是我真诚捧出的一杯融入了自己几十年的人生审美、文学感悟的五光十色的鸡尾酒，有咸有甜有酸也有苦……并真诚地请您一起品尝！

20世纪30年代，吴宓先生就率先在清华大学、西南联大开设了文学与人生课。素质教育的今天，文学与人生的价值日益彰显，复旦大学、浙江大学、暨南大学、安徽师范大学、安徽师范大学皖江学院……纷纷将《文学与人生》作为大学生素质拓展的核心课程而开设。学界对文学与人生的审美关系作了深入探讨，同类教材、专著也大量出版。与同类作品比较，本书的特点主要在于：一般学者是用人生实践诠释文学，让人生实践观照文学，创造更有价值的文学作品，是属于文学理论的范畴；而本书则是用文学指导人生实践，让文学观照人生，创造审美人生，属于人生哲学的范畴，是思想政治教育课程的延展。

本书参考了大量国内外相关学科的材料和成果，尤其是黄建、王东莉的《文学与人生》，陈望衡的《审美伦理学引论》，朱寿桐的《文学与人生十五讲》，赵红梅、戴茂堂的《文艺伦理学论纲》，王晓明、董丽敏、孙晓忠的《文学经典与当代人生》等对本书的写作有很大的启迪，并提供了很多借鉴。谨向诸位学者表示我真诚的谢意！

这本书是我近十年《文学与人生》课程教学实践及教学相长的收获。大学生很喜欢文学与人生这个话题，一些学生选不上该课程，就不要学分来听课，很是让人感动。每届同学都为《文学与人生》课程的改进提出过很好的建议。谢谢同学们！这本书又是国家社会科学基金重点项目“道德领域突出问题及应对研究（13A2X020）”“安徽省思想政治理论课建设工程（20122013SZKJSG（9－3））”的阶段性成果。

感谢安徽省高校人文社会科学重点研究基地安徽师范大学马克思主义研究中心的鼎力资助。

这本书更是一朵盛开的友谊之花。倾注了安徽师范大学政法学院副院长李廷宪教授、路丙辉博士的心血与智慧，从体系的创新到文学作品的选择，他们都提出了很好的建议与意见。特别地向二位朋友道一声感谢！

赵　平

2014 年 7 月